听孩子说，胜过对孩子说

王双双 ———— 著

青岛出版社
QINGDAO PUBLISHING HOUSE

作者序

▶ Preface

以爱为光

生命是一趟充满未知冒险的旅程，旅程中，我们与生命之初最重要的人相逢，他们与我们的缘分天生注定。我们的唇发出最美、最初的声音是爸爸、妈妈。当一个生命在我的身体中住了十个月后降临尘世，从此我们血肉相连，我生命中的爱之光，因她们的到来，由暗淡变得明亮，我也由忐忑变得笃定，由惶恐变得自信。为了她们，我努力变成更好的人，更努力成为她们的好妈妈。

学习成为一个好妈妈，简单九个字，却是从无数件看似不值一提却又令人心生挫败的小事中不断获得成长。

在孩子歇斯底里的哭闹声中，我曾经引以为傲的耐心顷刻粉碎瓦解，我变得束手无策，我想方设法地去回应她们的哭声，努力捡回属于自己的那份“耐心”。而在深夜的自省时分，我发现我的耐心还在，只是我将自己放在高高在上的位置，企图以母亲之威让女孩们臣服于我。为了我可爱的女孩们，我愿意弯下膝盖，与孩子们比肩而立，从她们的角度看问题，倾听她们内心最真实的声音，我从孩子们身上看到了她们最善、最美的纯真。

当孩子们鼓起勇气向我倾诉心事时，我的一番看似安慰的肺腑良言，却让孩子面露失望直至离开，我将这些画面在脑海中反复回放，才惊觉，孩子要的并非我的意见，更非我的教导，她们只是希望自己的心声被人听见，且被具有同理心的人听见。

唯有身为父母的我们觉察到自身的缺失，才能够在这条陪伴她们成长的道路上走得得心应手。

母亲一职并非与生俱来，更非信手拈来，正因为如此，在学习成为好妈妈的最初，首先要将自己所有的情绪、耐心归零，以孩童的纯真之心开始学习，更重要的是，要带着饱满的爱以及对父母之责的热忱，把爱融入生活的细枝末节中，把爱渗透到孩子们的眼中及心底，把热忱带进孩子们对世事万物的探索中。当我自己做出这些改变时，女孩们独特的个性便在她们的生命中得到舒展，我们因此变得独立、自由、洒脱，也很甜蜜。十年光阴，成长的不仅是她们，更包括我。

因为女孩们，我热爱一蔬一果，我相信，万家灯火中，厨房的温度与幸福的指数息息相关，厨房热气腾腾，幸福必然爱意满满，而在这样的背景下，我会将自己的身心全部交托给女孩们，任由她们在我耳边分享着学校里的大小事情，让我们每一秒的相处都变得有意义。我不再做橡皮擦妈妈，她们的字却写得越来越工整、漂亮；我学着了解她们，她们的个性愈发独特；我不要求她们获得第一名，而是陪她们一起纠正考卷中的错误，与她们一起学习尊重老师上课的辛劳，她们的成绩因此更加稳定，大女儿获得“市长奖”，年年都获得奖学金，小女儿人缘颇佳，学习成绩名列前茅。我以自己独特的教育方式教养她们，反倒让她们活出了自己的样貌。

十年光阴，她们成长得甜美、懂事，她们做的贴心事何止一桩？我们用阅读学会了拥抱、分享；我们用写作学会了包容、成长；我们在厨房里酿造人世间的酸甜；我们在每一次说走就走的旅行里学会了陪伴，学会了让自由和创意无边际地飞翔……

家长是孩子的第一个老师，是孩子成长过程中最好的镜子。我非常喜欢一句话："凡植木之性，其本欲舒，其培欲平，其土欲故，其筑欲密。"陪伴孩子，我顺应孩子们的天性，并遵从她们本身的习性，就像树根需要舒展，孩子的心灵同样需要如此，一旦她们的心灵获得舒展，她们心灵的成长必然也会郁郁葱葱吧。

王双双

2016 年 6 月

目录

▶ Contents

妈妈，我跟你说哦……

每一个人都很特别

给孩子满满的阳光

开始当个小大人

陪伴是最深情的告白

阅读是爱的探照灯

陪孩子读懂一本书的N种方式

附录

后记

妈妈，我跟你说哦……

倾听亦是爱

我的两个女儿上学后，我跟两个女儿的同学妈妈成了无话不谈的朋友，我们偶尔会通电话，节日的时候彼此问候，也会相约在假日时去河滨公园野餐。

有一回，我跟美珍的妈妈相约一起去公园运动，不可避免地，我们的话题又回到孩子的教育问题上。她跟我抱怨："你知道吗？美珍每天放学回来都跟我不断重复讲学校发生的一切。"

我向来都是以这样的方式跟女孩们相处，所以眼神里带着赞许地点头说道："哇，很棒耶！这是促进感情的好办法。"

"可是我觉得她好吵，每天回来话怎么那么多……"美珍妈妈转头看着我，问，"我好羡慕你跟你女儿，你们的感情看起来非常好，你到底都用了什么方法？"

"我跟女孩们的相处，没有捷径，所有的感情都是我们一点一滴、从无到有、慢慢经营起来的，而我给予女孩们的，除了陪伴以外，最多的就是倾听。"

"啊，可是我根本就没有那么多时间……"美珍妈妈停了停又说，"是不是听她说，关系就会慢慢改善了？"

"倾听，不仅是听，还有很多窍门。"说完这句话，我跟美珍妈妈分享了我跟女孩们之间的一些小故事，就算是跟女孩们亲密相处的我，在倾听这件事情上，也不是每次都做得尽善尽美。

女孩每当回到家，都乐此不疲地跟我分享所有的事情。有一次，比姐姐早回家的小女儿又跟我讲了最近重复发生的事情：“妈妈，我跟你讲啊，今天我在滑滑梯的时候，小新又推了我一次！我真的觉得我很不幸运，这样的事情已经发生三次了！”

“下次你要小心一点，不然跌倒会很痛的。”

我承认我应付得非常草率，但至少回应了她的问题，是不是？

小女儿无奈地耸耸肩：“妈妈，小新前几天推我的时候，你也是这样说的，我这次真的很小心了。”

“会不会是他觉得你在跟他玩，所以才会推你呢？”

小女儿突然很严肃地看着我，她摇着头纠正我的说法：“老师说过，滑滑梯的时候不可以跑，可是他每次都跑得特别快，而且我已经跟他说了别这样，他根本就没有听进去。”

“既然你看到他跑得很快，就要小心避开他，这样才不会被他撞到，是不是？”

女孩陷入沉思，我自以为聪明地帮她摆平了这件事情，这件事情就此告一段落。

晚餐时，读小学的大女儿回来了。姐妹俩在餐前自觉洗手，还帮忙摆好碗筷，趁着这点空当，小女儿将跟我讲的事情原封不动地再次告诉了姐姐。我不动声色地佯装忙碌，其实也暗自观察，看看大女儿会有怎样的反应。

听完妹妹的讲述，姐姐表情很吃惊，她拉过妹妹的手询问：“他又推你了，你这个小可怜，你摔倒了吗？有没有受伤啊？”

我原本若无其事的心被姐姐对妹妹的这番安慰打动了，小女儿在放学后跟我诉说这件事，要的并不是身为家长的我的管教，也不是要我给予建议，她只是需要跟我分享。如果真的有所求，也只是希望我给予同理心的关注，这么简单的事情，我在女孩跟我倾诉时却忽略了。

那天晚上，姐妹俩相谈甚欢，不太喜欢画画的妹妹居然主动拜托姐姐做她的小老师，愿意跟姐姐一起完成一幅画作，姐姐教得很有耐心，而妹妹也颇有定力地将一幅画作完成。在这一晚，姐妹之间的情感升华，不仅是因为那一幅画作，更多的是因为妹妹更加依赖和信任姐姐，她热爱的姐姐无时无刻不在陪同她面对生活里的任何关卡。

我本来对自己未能及时地倾听而心存失意与内疚，在那一刻我变得有些释然，因为大女儿将我尚未圆满的同理心补充得恰到好处，而且姐姐给予妹妹同舟共济的帮助，是我一直以来想要培养的。我知道，那种共同进退的情感不容易培养，这种情感与生俱来，却又与日常生活的灌输有着密不可分的联系，正因为如此矛盾，所以才更显得珍贵。

此后，每当我倾听女孩们的话语时，不仅要用耳朵去听，还要听懂女孩们所想要表达的情绪，不仅要听，更要听懂。听懂，拥有同理心，站在她们的角度，可以快速地抓准她们想要跟你透露的“关键字”，这是非常重要的。

有一次，我去学校接大女儿放学，她一路上都闷闷不乐，我问她：“你看起来特别累，还好吗？”

她撅着嘴摇摇头，不愿意直面我的问题。回到家，女孩坐在沙发上，还是不愿意说话，我并未勉强她，只是告诉她：“妈妈随时都在，只要你想找人聊聊，随时都可以找我。”

直到睡觉前一刻，在我读完睡前故事时，女孩才吞吞吐吐地跟我讲述了今天发生的事情。原来女孩在上自习课的时候，趁着老师不在，跟着全班同学擅自离开教室，大家结伴到每个教室“打探”别人的上课情况，这群同学无一幸免地被当班老师罚“蹲马步”。

“宝贝，妈妈很开心你主动把这件事情告诉我，妈妈现在只选择

‘听’，不会在这件事情上表达任何意见，你明天想好了，再把你的想法告诉我，好不好？”

女孩点了点头。

第二天，女孩告诉我，她给老师写了道歉信，称自己应该尊重老师，更应该尊重其他班级的老师和同学们，她觉得自己的行为错了。

我把这些事情告诉美珍妈妈的时候，她很惊讶地看着我说：“你明明可以用更好的方式来纠正她。”

“她跟我分享事情的经过，并不是让我说服她，那一刻的我只有两件事情可以做——听她怎么说和看她后续怎么做。”

有多少家长是借沟通之名，行说服之实呢？在跟女孩们的相处之中，我日渐行走得宜，因为我知道，“倾听”的最终目的，不是说教，更不是批评，而是理解。

陪伴女孩们成长，我总想给她们满满的爱，我期冀这些爱足以让她们能够应对生活中的每一个挫折，而陪伴中必不可缺的，非倾听莫属。通过倾听，我们才能看到孩子的内心世界，才能毫无障碍地行走于孩子们内心的花园，看见孩子们内心的缺失，抑或见证她们因我给予的爱，而让内心变得丰盈饱满。

我是她们的秘密树洞

女孩们的记忆力惊人，几天前的事情我都可能已经忘记，但她们仍旧记得几个月前的事情，而且顺着记忆之绳可以清楚地找到线索，理出情节，还能补充彼此的记忆。我们常玩的游戏之一叫作“翻记忆”，就是回忆过去的一件事情，分享再补充，往事浮于心头，我们感叹时光流逝，同时见证彼此的成长，这是一段非常美妙的亲子时光，让我跟女孩们增添了很多的乐趣。

有一次，我陪姐妹俩玩游戏，我们列举生命中对自己影响最深的人，是什么事情让自己感动或难过。

我跟女孩们分享儿时母亲对我的关爱照顾，以及语文老师对我的赞美让我从此与文字结缘的事情。小女儿则说她曾得到同学的帮助，让她感觉很贴心，从此她也愿意伸手帮助别人。大女儿此时抬头问我：“是不是难过的事情也可以说？”

“当然，我很愿意听。”

“可是……我又不知道要怎么讲。”

从女孩们出生至今，我跟女孩们无所不谈，此时的大女儿心底装有什么秘密？到底是什么困惑让她不知道怎么讲？她的担忧与顾虑是什么？

微博有个 ID 名叫“说给树洞听”，很多陌生人都将自己的秘密讲给那个树洞。人人皆有倾听的能力，但在倾听的同时还要替别人保密，让说出自己秘密的人心里有份安全感。想到此，我小声对女孩说：“姐姐，你就把妈妈当作是一个秘密树洞，你把所有的秘密都告诉我，我呢，负责帮你保管这些秘密，绝对不会让第三个人知道，好不好？”

“真的不会有第三个人知道？”

我点点头：“等你想说的时候，随时都可以来找妈妈，妈妈非常乐意听你说你的小秘密，不管多晚，我都会等你哦。”

“好。”

女孩答应我之后，我并没有着急地将她拉进房间，让她跟我分享秘密，也没有尽快地结束我们正在进行的游戏，我希望她有足够的时间去整理心底令她感到难过的事情。

周末的午后，妹妹在睡午觉，姐姐突然站在我面前，小心地问：“妈妈，请问你现在忙吗？”

“一点也不忙，有什么事情？你说。”我放下手边的工作，和女孩一起坐在客厅的沙发上，“从现在起，妈妈的时间都是你的。”

“真的不会让其他人知道吗？”

“妈妈每一次都遵守跟你的约定，对不对？”

女孩的眼神里添了笃定的信任，她将藏在心里的难过之事坦白地告诉了我。

因为是秘密，请允许我遵守与女孩的约定，不能将这件事透露出来，但在我记录她们成长的此刻，我的泪水依旧不自觉地涌出。

女孩的叙述确有其事，长辈在某些事情上的表达方式缺乏理性，长辈一时的“无心之过”成了女孩恐惧的恶魔。女孩形容那件事情时说：“我觉得自己被他放弃了，他完全不想见到我。”回想女孩曾饱受压抑的心灵，我却未能在第一时间为她解惑。

我抱住女孩说：“对不起，妈妈不知道这件事情。”

“我不敢告诉你，是因为不希望他为难你，我不想看到你被他责怪，我不想看到妈妈为我的事情难过。”

女孩个性敏感，情感丰沛，在事件发生的第一时间想到的不是自己，而是始终与她并肩的妈妈——我。我虽觉察到长辈的教育方式有欠缺，但从未想要将那个欠缺补齐，这是我的错。

因为我答应过女孩，这件事情是我们专属的秘密，我不能讲出这件事，以免让女孩失去对我的信任，更要避免让一件小事恶化，但是从那天起，我开始留意女孩与长辈之间的互动和沟通，在我有充分的理由时，我找到机会心平气和地向长辈说出自己的心情以及我的教育观念，用一种和平的方式将这件事解决。

再次跟女孩聊天，我们依旧坐在沙发上，相互靠得很近，我说：“宝贝，妈妈感谢你在事情发生之后想到的是妈妈，为了不让我那么难过，你把那件事情藏在心里那么久！但是你不用担心了，妈妈已经处理好那件事情，之后他不会再为难你。”

女孩忐忑地问我：“妈妈，你说出那件事情是我说的吗？”

“没有，妈妈每一次都遵守跟你的约定，对不对？”

“对！”

“姐姐，妈妈还有一件事情，想要跟你约定，好不好？”

看着女孩点头，我继续说：“妈妈知道，姐姐的记性一直都非常好，所以很多事情都会一直记得，你就像活字典，妈妈想不起的事情随时可以问你，因为你总能帮我厘清那天发生了什么事情，但是，如果那件事情让你伤心难过，我觉得我们应该把那件事情丢掉。”

“丢掉？”

“人生会发生很多事情，不需要每件都记住。”

“不需要吗？”

“那些让你觉得难过、伤心的事情，我们应该把它丢掉，不然怎么装得进快乐和开心的事情呢？”

“怎么办？我对每件事情都记得好清楚，不知道哪些事情该丢掉，哪些事情该记住！”

“妈妈愿意做你的‘秘密树洞’，我们一起分享所有的事情。”

“妈妈知道哪些事情是快乐的事情，哪些是难过的事情吗？”

“如果你愿意告诉我，我们就能知道这些事情到底有没有那么重要，对于重要的事情，我们记住，但对于那些会让你难过、让你哭、让你觉得失望的事情，我们找到原因后，就把它们丢掉好不好？”

“丢到哪里呢？”

“丢在树洞的垃圾桶里，妈妈会定期把那些垃圾清理掉，好不好？”

“好！我把我分不清的事情全都交给妈妈，妈妈是我的‘秘密树洞’！”

后来“秘密树洞”的事情被妹妹知道了，她也急着说：“我也要把所有的事情都讲给妈妈听，让妈妈帮我把快乐和难过的事情分类，我也要把不快乐的事情丢进垃圾桶。”

某一天，我问女孩几天前发生了什么事情，她耸耸肩说自己已经忘记了。我相信，现在的女孩已经全然可以自己判断心里该盛放的是难过之事，还是快乐的回忆，因为我这个“秘密树洞”，每一天都装着新的快乐故事，她们每一天都会贴在我的耳朵，声音轻柔且带着热烘烘的暖意，她们把手轻轻地掩在我的耳边低语：“妈妈，我跟你说哦……”

让她们知道语言的力量

某天女儿们放学回来吃水果点心，妹妹的水杯突然翻倒，手忙脚乱的我让姐姐帮我拿抹布，此时姐姐说："哎哟，妹妹，你真的很会添乱啊，怎么那么笨呢？"

我深知，孩子说出怎样的话，跟父母的言传身教很有关系，但此时女孩说话的口吻跟我完全不符，我询问她："你怎么突然这么说妹妹？"

"上次我们在公园玩，有个妈妈也这样说她的小孩啊！"

女孩的模仿力有多惊人？就算一个素不相识的人，她都可以成功复制对方的话语，而且见缝插针地灵活运用，但我一点也高兴不起来。

从拥有生命的那一刻起，愉悦和轻松的氛围对孩子的情绪和性格都影响至深，舒缓的音乐对胎教也有帮助。婴儿喜欢看到周遭人的笑脸，他们来到这个世界，睁开眼睛打量这个世界的同时，身边人的情绪和说话的语气对他们的影响是潜移默化的。

"可是，你为什么要学她说话的方式呢？"我问女孩。

"觉得很好玩呀。"女孩的回答天真无邪。

年幼的女孩知道语言可以变得好玩有趣，却不知道语言具有负面和正面两种意义，我很想跟女孩们分享"语言的力量"，但是又不想把这归于说教，于是我跟女孩们玩一个游戏——谁在说好话。

游戏的规则很简单，一句话有多种情绪的表达方式，比如："我口渴。"可以变成："我快要渴死了，倒杯水来行不行！"还可以变成："我现在口很渴，我需要你的帮忙，请问你愿意帮我倒一杯水吗？”

我看着女孩们问：“如果是你们，你们最想听到哪一种话呢？”

“第二个！”女孩们异口同声地选择了好话。

“如果今天我不小心踩到你，你会怎么说呢？”

“很痛啊！”小女儿的回答很直接。

我建议道：“如果换另一种说话的方式呢？”

大女儿则说：“会不会是我走得太慢了？”

“还有呢？你们会不会换另一种说法？”我继续问。

小女儿此时也意识到好话的重要性，她说：“我知道你不是故意的。”

见女孩们的回答渐入佳境，我继续问：“如果是你们请别人帮忙，你会说‘喂，不会帮我拿一下吗？’还是别的？”我故意将说好话的机会留给她们，让她们自己寻找善意的力量。

妹妹开始说：“姐姐，我太矮了，拿不到那本书，你可以帮我拿吗？”

姐姐则说：“妈妈，我需要你的帮忙，可以帮我拿那本书吗？”

我笑着说：“你们看，当你们说好话的时候，我觉得你们都好棒。不管我们当时在忙什么，心情有多糟糕，听到这样的话，心情应该都会变得愉快了吧！”

女孩们都点了点头。

我想起曾经在某所学校看到的实验，将同一锅煮的米饭放入两只相同的碗中，分别用赞美及嫌恶两种不同的语言对它们说话，它们会产生巨大的质变。当时我觉得此实验拥有不可思议且难以解释的魔力，但是从来也没有过自己试一试的念头。看着女孩们的脸庞，我在那一刻，很想和女孩们一起试试“米饭实验”。

我们在两只相同的碗里装入同一锅煮的米饭，并将它们放置在同一个环境中，第一碗，我们每天都会跟它说好话；第二碗，则是跟它说坏话。

我陪着女孩们一起轻轻地说着好话与坏话，此时家长的陪伴是非常必要的，说好话固然就是赞美，但说坏话时要尽可能地避开粗俗的语句。一周后，我们验收实验成果，两碗米饭果真产生巨大的变化，第一碗，因为说好话的关系，长了一层浅白色絮状的“雾”，散发出发酵的酸味；而我们一直对它说坏话的那一碗饭，不仅长满了黑色的真菌，还散发着明显的臭味。

“为什么会这样？！”

女孩们的惊讶跟当初看到实验结果的我很相似，这是科学至今无法解释的现象，却也让我们知道，我们每个人都需要学习语言，更需要学习用善意的方式表达，用说好话的方式表达，彼此鼓励、赞美，让女孩们感受到说好话的神奇力量。

“我们要多说好话，多感激生活里遭遇的一切，减少抱怨，这样我们每个人就会更快乐。”我跟女孩们说。

孩子们在成长，我们想要传授给孩子们的知识和观念太多了，不如先让他们学会如何赞美，不要轻易否定别人和自己的成果，在遇到压力挫折，甚至是批评时，都能将其转换成正面力量，鼓励他们多做好事，多说好话，让“真善美”的好品德在孩子的身上延续。此时我也要让女孩们知道，如果我们不小心说错了话或做错了事，道歉的话就要及时说出口，还可以利用手里的笔，及时表达谢意或歉意，让她们都拥有一颗柔软的心。

孩子回来我们聊什么

朋友问我：“每天在家里带孩子是不是特别累？她们放学回到家，你有没有一种快疯掉的感觉？”

疯？是指玩疯的感觉吗？

虽然我工作的时间比较自由，但每天的思维都处于激战的状态，我期待的轻松时刻，并非一人独处的时光，而是从我出发接女孩们的那一刻开始。当女孩们看到我，隔着落地玻璃就会展露笑颜，在里面狂喊：“妈妈！妈妈！”有时候妹妹喊的声音太小，出来后就会紧紧抱住我：“妈妈呀！我的心肝宝贝，你终于来啦！”

我接过她们的书包，母女三人散步回家，我会问：“今天在学校的午餐吃什么呀？”

女孩们就开始吧啦吧啦地讲述今天的午餐，我便可以了解她们午餐的进食状况，比如水果吃得是否多、有没有喝水等。我们的话题从这时候被开启，直到打开门回到家，女孩们的脸上依旧洋溢着欢快的笑意，简直一刻也停不下来。

我们接下来的聊天，是在饭后吃水果的时候。我洗好水果，将水果切成大块，再由姐姐帮忙切成小块（这是姐姐今年新学习的技能——握水果刀），妹妹则准备水果叉，重回二楼的客厅，那里将是我们的“疯乐”天堂。

客厅的电视只有在周末才会被打开，这时女孩们可以自由选择一部影片，当然也可以是她们最爱看的动物节目。我的工作在此时也会告一段落，此时手机绝对不会出现在视线之内。

“今天老师教了什么呀？”虽然我的开场白普通，但她们每天分享给我的信息都是丰富有趣的。

“妈妈，我跟你讲哦，今天我们学了‘端午节’。”这是妹妹的声音，她已经迫不及待地跟我分享她今天所学的知识。

我故意问：“‘端午节’吗？会有月饼吃吗？”

妹妹看着我说：“妈妈，我跟你讲哦，端午节的时候不吃月饼，中秋节才会吃。”

我依旧保持好奇心：“那端午节会做什么呢？”

“会包粽子，还有划龙舟比赛……”妹妹说完犹豫了。

姐姐接着说：“我记得还会挂香包！”

“对，奶奶有一年送给我一只‘牛’的香包，非常可爱，我好喜欢那个香包。”妹妹说完突然眼睛一亮，“对了，还要挂艾草！”

我趁机跟女孩们分享儿时的我是怎么过端午节的，我告诉女孩们，我的妈妈会采各种药草，将它们全都放进锅里加水煮热，用来洗澡，除此之外，我们还会穿上新衣，手上还要系上五彩线。

“知道五彩线有什么特别之处吗？”我问女孩们。

“该不会是你的平安符吧？”姐姐回答我。

我点点头：“应该算是我的平安符！更特别的是，我们都会在农历七月初七这一天，把它剪下来丢到屋顶。”

“为什么？”姐妹俩异口同声地问道。

“这一天是牛郎和织女相会的日子，喜鹊会把五彩线带给他们，为他们搭起一座桥，这样他们就可以相会了。”

“妈妈，你小时候……”

女孩们对于我的过去充满了好奇，我跟她们分享过去怎么采药草，甚至跟她们谈论卖五彩线的老婆婆，她的相貌以及她家的环境，屋内的摆设……一个话题就此展开，远远超过了她们今天“学习”了什么，而且成为我们的共同记忆。在这些记忆长河中，新旧交叠，我看到了儿时的自己，在端午节前夕，跟我的阿姐一起系五彩绳的光景，笑声在记忆的长廊里回荡，回头再看眼前的两个女孩，笑逐颜开地看着我，我的眼眶总能一热，却丝毫不觉半分的惆怅。

女孩们不仅跟我分享学了什么，还会聊跟同学相处的话题。我很想以此了解女孩们跟同学的互动情况，以及她们看待朋友的方式。有一次，姐姐很烦恼地跟我说：“妈妈，王小凡今天不让班上所有的同学跟我一起玩。”

“他为什么这么做？你不是他最要好的朋友吗？”

“小凡不让我跟林佩佩说话，他说只要我跟林佩佩做朋友，他就会联合其他同学都不理我。”

我送女孩去学校的时候曾经见过林佩佩，那天下着大雨，走道里挤满了正在脱雨衣的孩子们，佩佩见到我们后，远远地朝我弯腰打招呼，一直在等待我的女儿。为了不影响其他人，她移到了走廊边，雨水打湿了她的外套和马尾，她却一直面带微笑，没有半分焦急，等女儿走近了，两个人牵手踏向阶梯的那一刻，佩佩再度朝我点了点头，是个非常有礼貌的孩子。

我问女孩：“即使他让所有的人都不理你，你也坚持跟林佩佩做朋友，为什么你要这么做呢？”

“小凡是我的好朋友，但林佩佩也是，妈妈，你告诉过我，朋友是不应该选择的，王小凡虽然不喜欢林佩佩，但是不能影响我跟佩佩做朋友吧。”

“宝贝，妈妈觉得你做得很棒，别人的确不应该影响你对朋友的选择，任何人都可以成为你的朋友。”

女孩听到我这么说，眼眶突然红了："可是怎么办呢？王小凡和班上的其他同学都不理我，我好难过。"

我抱紧女孩："姐姐，你不要担心，妈妈相信这只是暂时的，而且就算真的没有朋友，你还有林佩佩和我呀。"

女孩的双臂环抱着我，从刚才的哽咽变成了大哭，她边哭边说："妈妈，谢谢你愿意跟我成为朋友。"

"你需要妈妈的帮助吗？需要妈妈去找王小凡解释吗？妈妈有他家的电话。"

女孩摇摇头："我明天找机会跟王小凡说，不管他怎么'威胁'我，我都觉得佩佩是无辜的。"

"你做得很棒，只要用心去交朋友，我相信不管是佩佩还是小凡，都会很开心有你这样的朋友。"

女孩要跟王小凡说清楚之前，我再度表明我的立场："妈妈随时都在，只要你需要妈妈，妈妈就陪着你一起去解决这件事情。"

女孩希望由她自己先试试，如果王小凡不听的话再请我出马。第二天，女孩一改昨日的愁眉苦脸，脸上充满笑意地说："妈妈，小凡跟我道歉了，他觉得我说得对，他说他不该影响我对朋友的选择，而且他也决定跟林佩佩做朋友了！"

"那其他同学呢？"

"他们昨天也是一时听了小凡的话，今天都跟我和好了！"女孩突然抱着我说，"妈妈，昨天真是谢谢你！你真的愿意跟我做朋友，没有错吧？"

"当然！"

每天抽空陪孩子聊聊家常，为每一天的获得或失去做一个总结，不仅可以及时了解孩子的心情，还可以为孩子不安或忐忑的情绪提供一个宣泄的出口，而且我和她们因此成为亲密无间的朋友。更特别的是，以前我常常以询问者的身份问女孩们：“今天过得好吗？”而有一天，女孩回家后问我：“妈妈，你今天过得好吗？”

那段时间我因为工作超负荷累得快要窒息了，故事的线索怎么理都不顺，女孩轻轻地拍着我的背说：“不要担心，我相信你一定可以的，你也要相信自己哦。”

有一天我下班回家，因头痛坐在客厅的沙发上发呆。大女儿走过来伸手摸了摸我的额头，又用她的额头跟我的额头轻轻碰了碰，女孩一脸担忧地跟我说：“妈妈，你的额头有点烫，看起来也没有精神，你先回房休息，妹妹洗澡、刷牙这些事就交给我吧，我会照顾好她的。”

爱的蜜方，给予的永远都是彼此，你来我往，蜜汁才会源源不绝。

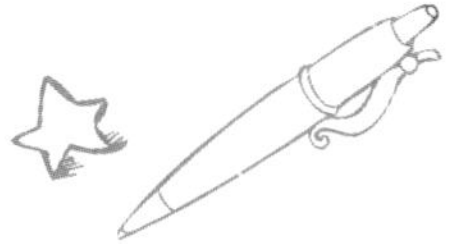

我应该相信你

朋友觉得我跟女孩间沟通毫无障碍，有一次她问我："你们感情那么好，一定没有过半点儿不愉快吧？"

有件事情虽然已经过去快七年了，但每每回想起女孩的哭声，我总是百感交集，不只是沉重，更是沉痛。

那时我尚未怀二胎，在家里除了带女孩之外，还在写作和家务之间忙碌，虽然时间紧凑，我却乐此不疲。那天清晨，一如往常，我跟女孩在房间里玩，编辑临时找我商量书的内容，为保险起见，我将女孩暂时放在长辈的房间，拜托长辈临时帮我照顾。

女孩那天很听话，让我很顺利地完成跟编辑的沟通工作，我回长辈的房间将女孩抱回来没多久，长辈就怒气冲冲地跑来质问我有没有看到她放在床前的金元宝。

"我没有看到。"我回答。长辈又问我："你女儿拿了吗？"

"她那么小，应该不会拿吧。"我回答得并不确定。

"你都还没有问，怎么知道她没有拿！"长辈失去了耐性。

"宝贝，你有没有看到金元宝？"女孩摇摇头回答我："没有。"

"金光闪闪的，很漂亮的，像这样……"我还特别画了图形给她。

女孩皱着眉，若有所思地想着。

我安慰女孩："宝贝，你不要怕，如果你拿了，就告诉妈妈，你放哪里了，我们把它放回原位好不好？"

女孩很认真地想了又想，再次摇头说："我没有看到。"

长辈叫道："怎么可能！除了你以外根本没别人看到，你知道那个金元宝对我有多重要吗？我每天都要摸它的！我昨天摸它的时候它还在！”

长辈认定是女孩拿了她的金元宝，但是女孩并不承认，此时我做了最错误的决定！我相信了长辈的话，因为除了女孩以外，没有别人再接触过那个金元宝。我蹲在女孩面前故意诱导她：“宝贝，是不是你拿了？是不是因为怕被妈妈骂，所以不敢告诉我你把那个金元宝放在哪里了？”

女孩依旧摇头：“我没有拿。”

长辈站在我面前，她凌厉的眼神几乎将我的身体穿透，我硬着头皮继续问女孩：“你是不是特别喜欢那个金元宝呀？妈妈知道哪里有卖的，可以买个一模一样的！”

“金元宝？”女孩的眼睛亮起来，她指着我给她画的图问，“跟这个一模一样吗？”长辈更是一口咬定：“你看，一定是她拿的。”

长辈这句话足以让我万念俱灰，小心隐藏在身体里的自尊心像是着了魔似的逐渐膨胀，我自身的恼怒，未能看管好女孩的自责，以及忙碌之余被人质问的羞愧，皆在此时汇聚成一团，拧成了一个信子，只待怒火一燃，就要“砰”的一声炸开了。

“为什么刚才问你的时候你没有说呢？你到底把那个金元宝藏在哪里啦？拿出来给我！”我的情绪失控了。女孩惊呆地看着我。

如果我面前有一个镜子，镜子里的我一定是青面獠牙怒发冲天！

女孩突然放声大哭！我的心在此时软了，想伸手抱抱她，长辈在背后又补一句：“一定是她拿的！她害怕被你知道！赶快问，我要赶快找到我的金元宝！”我的心只软了一秒，随即用更凶的语气逼问女孩：“你到底放哪里了，赶快找出来好不好？”

女孩此时担忧地看着我，她似乎意识到金元宝对我们有多重要，她的脸上还挂着泪珠，摇晃着站起来，小身影在房间里慌张地走来走去，时而趴在床底下看看，时而又翻开今早她动过的玩具箱。

“一定是她拿的！”长辈没有罢休的意思。

我着急地跟在女孩身后，但凡她找过的地方我都再一次细细检查，可惜我们什么也没有找到，长辈的一再催促使得我无法平静，我让女孩伸出手向我保证，她并没有拿金元宝。女孩不安地伸出她的小手，我重重地拍下去，她的脸涨得通红，哭声如寂静夜海中鸣起的船笛声，我逼问女孩：“金元宝到底在哪里？你不可以说谎，今天必须找出来！”

长辈在旁边补话：“对！那不是你的东西！一定要拿出来！”

女孩哭得上气不接下气，不知道逼问了多久，女孩哭得累了，最后竟然趴在地板上睡着了。

长辈的怒气依然未消，她认定金元宝是女孩拿的，我因没有尽好照顾的责任也受到了责难，我向长辈道歉，希望她能够原谅我跟女孩的过失，同时愿意赔偿一个金元宝给她。

“那个金元宝对您一定很珍贵，对不起，我暂时找不到那个金元宝，我买一个一模一样的给您，您觉得怎么样？”

长辈毫不领情地说：“对不起有什么用？赔？可以百分百一模一样吗？你让她别再装睡了，赶快问！我的金元宝到底在哪里？”

我无法责怪长辈对于晚辈的不体恤，或许金元宝的分量在她的心头比我们两个都重要，所以她才如此有架势地让我们必须交出金元宝。

我一整天的时间都花费在“逼迫”女孩交代金元宝的下落上，女孩的手心被我打得红肿，她哭得满脸都是眼泪鼻涕，却依旧用啜泣的声音小声地说：“妈妈，我没有看到金元宝。”

我咆哮着：“我不相信你！我一点也不相信你！”我们身心俱疲，稍稍有时间休息，长辈又在耳边提醒：“赶快把金元宝找出来给我！”

苦无对策的我只能打电话求助先生，询问他是否知道长辈有一个珍贵的金元宝，先生安慰我好好陪伴女孩，这件事情交给他处理。

先生带回了三个金元宝，长辈看到后眉开眼笑地接了过去，但依旧认定金元宝是大女儿弄丢的，她说大人不计小人过，此事就这样过去了。我询问先生三个金元宝的价格，先生称金元宝是用塑胶做成的，外层贴了金纸，金元宝原本是个糖果盒，因为长相可爱讨喜，长辈习惯每天早上摸了金元宝之后才出门。此时的我，无心去管金元宝是否贵重，我只想知道，原来的那个金元宝究竟去了哪里。

在家人的询问下，长辈这才承认是自己将金元宝放进包内没拿出来，一时忘记了，后来发现了却不愿承认错误，还继续“冤枉”是大女儿拿的。

我的耳朵听不下去长辈那番所谓的解释，我的眼泪在那一刻如决堤般地涌了出来！女孩一直在我耳边说“我没有”，我却固执傲慢地说：“我不相信你！我一点也不相信你！”

女孩手心的红肿很快就会消除，但我对她不信任所产生的伤害，要经历多长时间才能够慢慢消退？我要做多少补救，才能重新让女孩建立对我的信任？我在女孩睡醒后跟她道歉，但她对我的过错毫不在意，在我抱着她哭着说对不起的时候，女孩伸出她的小手，双眼泛红地帮我擦掉泪珠。

如今，时隔七年之久，每每回想此事，我的内心都一片酸楚。女孩或许对这件事情早已忘记，因为她每天都在记录我跟她的快乐往事。

我跟女孩的相处依旧偶有小冲突，我们各有各的倔强脾气，不过，不管发生任何事情，我都要先听她怎么说，再来决定我如何做。我不会武断地切断与她之间的亲密关系。现在，我跟女孩的沟通依旧如此。

唯有相信彼此，才能让我们之间的沟通永远保持畅通无阻。

女孩，我愿意了解你

说来有趣，在女孩出生之前，我对看手相颇有心得。这招在面对初次见面的朋友时特别管用，不管她们刚开始对我有多疏离陌生，听闻我会看手相，都迫不及待地将手递给我，且奉上一张笑脸："能不能也帮我看看？"

我靠这招走遍天下，那时候我就想，如果我有一个女儿，我也会拿起她的手，顺着她掌心的纹路一点点地将她未知的一切讲给她听吧。我一直期待未来可以拥有一个女儿的梦想，随着大女儿的到来而实现，让我觉得人生圆满，但是很显然，我高兴得太早啦。

女孩对于我的满心期待毫不买账，初来世上用力大哭的模样惹人心疼，也常惹得我这个新手妈妈跟着她一起落泪，我们母女两个都时而惶恐，时而幸福，我在这样的情绪中陪着女孩一天天长大。

长大后的女孩，越发有自己的个性，我尽显母亲之本能，自诩将她的身心照顾得非常好，当她读了幼儿园之后，倔强独立的个性还是越发明显，而我的耐心被磨得所剩无几。

有一次，女孩因为没有把饭菜吃完而让我大发脾气，我失控地吼道："宝贝，你知道我们每天可以吃到饭菜有多幸福吗！"我罚女孩背十次《锄禾》，女孩笔挺地靠在墙壁上，在委屈的痛哭中背完了《锄禾》，女孩背完后反过来安慰我："妈妈，你不要再生气，我下次不会再浪费食物，我会乖乖听你的话。"

女孩的这席话，似雨后甘霖般浇熄了我心里的怒火。我张开手臂，女孩立刻投向我的怀抱，还不忘跟我说："妈妈，我爱你。"

那天晚上，女孩睡着了，我却失眠了。

我在女孩出生之前，写了那么多的期待，而今等到她的降临，我应该怀揣感激才对，我怎么会为了鸡毛蒜皮的小事而大发脾气？

我不是生来就会做一个好妈妈，我也经历过童年，我很清楚地记得，我的童年是怎样的光景，父母对我是多么耐心和疼爱，是多么宽容，我何苦要把自己弄得这么小家子气？

原因只有一个，我只是站在“母亲”的高度，却从来没有去了解女孩的想法和思维，我不够了解她。

为了能了解女孩，我去图书馆借了很多书，除了借关于如何跟孩子们相处聊天的书以外，还借了一本《如何读懂金牛座》，我其实是从那时才开始慢慢了解女孩的。她慢热的个性时常惹恼我，记得有一次，我希望她能够整理好玩具箱，她却迟迟没有动静。我的耐心所剩无几，最后三下五除二地将地上的玩具全都丢进了垃圾桶，女孩痛哭，我却希望她得到教训，但当我看了相关的书之后，才了解女孩内心的潜台词，她不是不整理，只是她的游戏时间还没有结束。

而我没给那个慢热的女孩半点解释的时间，简直就是虎妈的野蛮代表，唯一让我觉得庆幸的是，我愿意踏出了解女孩的这一步，只要愿意去了解，我相信这一步踏出得并不迟。

当我放下身段，开始了解她的性格时，我跟女孩间的互动变得更多了。以往，大女儿在吃早餐的时候，我都会一直催促：“快一点好吗？拜托，时间快来不及了！你为什么每次都吃那么慢？”

现在的我，比以往更早起床，每天清晨将准备好的早餐都摆好，尽量变换花样，因为每天都会有惊喜，女孩对于早餐时光从以前的讨厌变成了期待，甚至每天睡前会好奇地问我：“妈妈，明天早上吃什么呀？”

我也会卖个关子："你明早起床就知道了。"

女孩吃饭的速度依旧很慢，我不会在她耳边念紧箍咒，而是陪着她一起吃早餐。我们打破了"食不言"的规则，我们在清晨读书、聊天，分享彼此的早餐。有一次，她不想吃松饼，我问她："你要不要试试我的香蒜面包？"后来，女孩也会主动跟我分享她的早餐。某一天清晨，我给她做的是胡萝卜苹果水果餐，搭配几片里脊肉，再淋上一点蜂蜜，让一个早上的心情都是甜蜜的，女孩吃完惊声连连："妈妈，没想到味道这么棒，你要不要也试试？"

从早餐到晚餐的水果，我逐渐让她从"小鸟胃"变成了胃口不错的小吃货，她现在每天最期待的事情，莫过于"早餐吃什么"以及"晚餐的水果到底是什么"。

当女孩上小学以后，她的自我开始逐渐成长，我们又经历了一场拔河，我怕我没办法应付女孩突如其来的变化，又进图书馆淘书。这次我没有选星座和血型的书籍，而是选择我需要的关键词"7 岁""小学一年级新生"，我将书从图书馆背回来，除了读以外，还做了笔记。

那一刻我发现，原来我在潜移默化中为女孩们所做的一切——陪伴、倾听、聊天和阅读，为我跟女孩们保持亲密畅通的亲子关系奠定了非常好的基础，有那么良好的基石，纵使女孩的个性再凸显，也不会有太大的偏差。

后来，女孩的学校举办心理课程，主旨是如何为孩子们减压，我起初以为这些课程是为孩子们开设的，我鼓励她："心理咨询是个很棒的课程，你去学了之后，回来再跟妈妈分享，说不定你摇身一变成了心理辅导师。"

"妈，你最近有没有空？"

女孩问我的时候，正是我忙得焦头烂额之际，手里有一堆企划案等着完成，但是女孩之所以这么问，一定是因为有什么事，我反问：“怎么啦？”

“其实这个课程，不是给我们孩子的，是给家长的。”

哇呜！我在心中叫了一声，但是很快就看着女孩说：“妈妈会去上那个课程。”

“真的吗？”女孩的表情里带着惊讶。

后来我才知道，愿意去上心灵减压课程的家长屈指可数，因为忙碌的家长无暇应对每周一次的两小时心理课程，且课程的时间表长达两个月。因为出勤率太低，学校觉得对主导的老师持有歉意，特别叮嘱我们这些已经签字画押的家长们务必要准时上课。每每在上课的前一天，女孩看着还在熬夜加班的我，都会忐忑地问：“妈妈，你确定明天会去上那些课吗？”

“当然，妈妈能从那些课程里学到很多的东西哦。”

“妈妈，我会为你祝福的。”

我从心理的课程中，了解到女孩的敏感，我更愿意在事情发生之后，先不急于批评，也不轻易给予建议，而是站在孩子的角度，拥有同理心，先去问她为什么要这么做，因为只有了解她内心的想法，我们才能继续地聊下去。

我将我上课的笔记做了整理，跟女孩一起打印装订，打算送给班级中未能到场的家长们。陪着我装订的女孩说：“妈妈，我跟你讲，你是唯一没有缺席过心理课程的家长。”紧接着她又问：“如果让你总结那些课程，你还是会记这么长的笔记吗？”

被女孩这样一问，我原本还在装订的动作慢了下来，我摇摇头：“不会那么长。”

女孩好奇地问：“那到底有多长？”

我掰着自己的手指：“大概六个字吧。”

“哪六个？”

“我愿意了解你。”

亲爱的小女孩，从出生到现在，我们经历了那么多的摩擦，我们共同成长，而最让我庆幸，也是最正确的决定，就是在那一天，你委屈地抽泣着，抱住我劝我不要生气时做出的。从那一刻起，我就暗自下决心，我爱你，我要做到比了解自己还要了解你。

了解孩子的过程比我想象得更简单轻松，因为孩童的心对父母从来都没有防备，他们随时都欢迎我们走入他们的心灵世界，但我们也不要因为孩子们的不防备而放慢了自己的脚步。要知道，如果把孩子们的未来比喻成一个迷宫的话，那么，设计那个迷宫的人一定是孩子自己，那个迷宫对于身为“设计师”的孩子们而言是顺畅无阻的，而对于身为父母的我们，有时只是稍稍慢了一步，就得在弯弯曲曲的迷宫中费力地绕上好几天，若你还想追上他，唯有去了解他，了解他手中的笔下一步又画向了何方。

不要犹豫了，想要了解孩子，就从现在开始吧。

家有二女欢乐多

我和妹妹坐在沙发上闲聊，妹妹突然眼睛放空，还流了口水。

我说：“妹妹，你怎么突然流口水啦？”

妹妹不好意思地笑着回答：“哦，可能我想到我们班的帅同学了吧！”

沟通需要好时机

大女儿考完期末考试后，为了帮她减压，我答应她用特别的方式来迎接即将到来的暑期。周末的清晨，我带着女孩们前往菜场，采购了新鲜的食材后直奔家中厨房，大女儿说："我知道了，妈妈是要准备一顿妈妈牌的大餐！"

"好呀！我们也要一起帮忙！"小女儿兴奋地欢呼。

用天然的苏打粉来清洗蔬果的任务由女孩们完成，我负责掌勺。一小时后，不仅五菜一汤大功告成，我准备的四色水果盘也已经摆放好。大女儿准备摆碗筷时，我却从碗橱里拿出一摞保鲜盒，将所有的菜都盛到了保鲜盒中。

"难道我们要去野餐？"大女儿疑惑地看着我。

"是呀，野餐结束后还可以放风筝。"

"耶！好棒哦！"女孩们欢呼着。

"吃的东西由我来准备，其他的外出物品就拜托你们了。"

当我将所有的食物都装进保温的野餐篮时，女孩们也将外出的物品准备齐全，纸巾、野餐垫、水杯、外套、防蚊用品等一应俱全。正当我们准备出发之时，女儿同学的妈妈打来电话，询问我们今天有何安排，我邀请她一起加入我们的野餐活动，对方欣然同意。

女儿的同学是个男生，名叫小凡，是女儿在幼儿园时期结交的玩伴，几年来一直维持非常好的互动关系。当野餐垫铺开后，孩子们的胃口就此打开，他们大快朵颐地分享食物，我则跟好友坐在一旁分享最近的生活，看似和美的画面，却不知一场母子大战即将来袭。

女孩们用餐结束，拿出备好的游戏球准备玩耍，还剩下半碗饭的小凡也想加入她们的游戏，朋友见状叫回小凡："小凡，你的饭还没有吃完，把饭吃完才可以去玩。"

我也叫住女孩们："你们等小凡哥哥吃完再一起玩好不好？"

女孩们坐下来等他，小凡正准备坐下继续吃饭时，朋友却开口说："你看她们多棒，那么快就吃完了，你怎么会那么慢！真是伤脑筋。"

我帮忙缓和："你别这样说，我女儿今天早餐吃得少。"我看着小凡说："你第一次吃阿姨煮的饭菜，不知饭菜合不合你的胃口，你慢慢吃，她们会等你的。"

没想到我不说话还好，我一说话反倒让朋友的怒意更深，她说："阿姨早上起来买菜，煮了这么多的菜，好辛苦，你一点也不尊重别人的劳动成果……"

小凡的脸色渐沉，我拉了拉朋友的衣服，小声说："拜托你别说了，让他好好吃饭。"

朋友却不顾我的劝阻，继续说："就算是你不喜欢吃的饭菜，你也应该记得'粒粒皆辛苦'吧。"

小凡非但没有平静地吃饭，反而被激怒了，他放下手中的碗筷。

"你再不吃，就不准去放风筝！"朋友又对我的两个女儿说，"小凡哥哥不乖，你们去玩吧，不要理他了！"

小凡猛地站起来，他跺着脚说："我就是不想吃了！我根本就吃不下！"

"很简单啊，不吃就不要玩！"

两人你来我往，气氛降到了冰点，小凡生气地转身走到一棵树下，双手抱着膝盖背对着我们，双肩在颤抖，还不时捡起脚边的石头丢向远方。

我将小凡的碗用盖子盖好，将筷子收进了收纳袋，朋友气恼地说：“你别收啊，我叫他回来把饭吃完。”

“不着急，他一会儿饿了自然就回来吃了。”

朋友看着小凡说：“不行，我得去跟他沟通沟通。”她说完就准备起身，我却伸手拉住她问：“你要跟他沟通什么？”

“我要跟他讲道理，浪费食物是不对的，他不仅不尊重食物，而且不尊重你，还有，我是他的妈妈，说他几句不行吗？”

我拉着朋友坐下：“这些话看似有道理，但是你别着急好不好？”

朋友不解地问我：“为什么？”

“现在并不是沟通的好时机。”

朋友奇怪地问：“讲道理需要什么时机？”

我点点头：“沟通可是门大学问，要找对时机，才能事半功倍。”

“你说说看，我倒是愿意听听。”

我跟朋友分享了我跟女孩相处的经验，我也是个爱讲大道理的妈妈（现在仍是），以前的我很像今天的小凡妈妈，不分场合，不管孩子内心的状态如何，就爱讲大道理，直到前一阵，我开始学着了解女孩，慢慢地摸索跟孩子们的相处方式。

经过与女孩的磨合，我们彼此都在成长，我慢慢发现，不管是成人还是孩童，都有两个自我：一种像是婴孩时期的自己，想哭就哭，这时期的沟通多半是无效的，因为他们只愿停留在自己的世界中；而另一种则是成长中的自我，这个自我，理性懂事，愿意为对方着想。

经过我的观察，我发现这两个自我都非常有趣。孩子只愿意把婴孩自我呈现给最亲密的人，这就是为何很多孩子外出时都表现得特别乖巧懂事，因为那时候的他们呈现的是成长中的自我，当孩子在家的时候才会将任性撒娇的那一面展露无疑。

我刚讲完，朋友就问：“小凡居然会在你面前发脾气，他不是应该在你面前表现得很大方得体吗？”

我笑了笑：“可是我觉得很高兴啊，因为小凡接受我，我们都算是他亲近的人，所以他才在这时候发脾气。”

朋友不解：“这跟我要去跟他沟通有什么关系呢？”

“他现在还在生气，说明他现在依旧表现的是‘婴孩自我’，这一刻不管你跟他说什么，他都听不进去。”

“那要等到什么时候谈？”

“等他那个大方且成熟的自我展现，而且一定要抓重点，简单扼要地直奔主题，一句多余的话都不要说。”

“哎哟，太难了！”朋友不管不顾，她迫不及待地站起身走到小凡身边，不断地跟他讲道理，向来温顺有礼的小凡突然情绪大爆发，不管朋友再怎么说都无法安抚他，他跺着脚，眼眶里噙满泪水地吼道：“我不想吃！我不要吃！我不管！我就是不吃！”

原本还拥有五成胜算的朋友，此时全败下阵来，她丧气地重新坐回我身边，感叹道：“现在教育孩子怎么那么难。”

“所以要找到适合的沟通时机。”

“你刚才不是说，小凡也把你当作亲近的人，不然你示范一回？”

我点点头：“不要急，等一个好时机。”

我拜托女孩们邀请小凡一起放风筝，小凡扭捏地站起来，跟女孩们一起放起了风筝。在这个过程中，朋友不止一次地问我：“你看他笑了呀，可以沟通了是不是？哎，你得抓紧，要不然可就晚了。现在呢？

他们准备要收风筝了，时机到了吗？”

我的回答永远都是那句：“再等等。”

太阳快下山了，我叫孩子们过来喝水，朋友见我还不慌不忙，起身去上厕所，小凡此时也走向我：“阿姨，我想要喝水，可以倒一杯水给我吗？”

懂礼貌，大方，是沟通的好时机，我倒了一杯水递给他，等他喝完水，我问：“小凡，真是抱歉，阿姨今天临时约你出来野餐，不知道你喜欢吃什么菜，你告诉阿姨，你喜欢吃什么菜，下次阿姨煮，好不好？”

“我喜欢红烧鱼，还有荷包蛋。”

“哇，好幸运哦，这两样阿姨都很拿手，阿姨下次就知道该准备什么菜了，那你有什么不喜欢吃的菜吗？”

小凡犹豫片刻说：“我不是特别喜欢吃金针菇，也不喜欢洋葱，还有，不喜欢吃胡萝卜。”

小凡不喜欢的这三道菜，都是我家女孩喜欢的，所以今天的每样菜中都可以看到它们，我带着歉意说：“对不起，阿姨不知道你不喜欢这些菜……”

小凡突然说：“阿姨，对不起，我不是故意不吃那些饭菜，我只是不喜欢。”

“不用跟阿姨道歉哦，你也要体谅你妈妈，她希望你健康长大，所以才会着急了一点。”

小凡若有所思地点头，又问我：“阿姨，请问我刚才没有吃完的那些饭，我可以打包带回家做我的晚餐吗？”

“当然可以，阿姨一会儿包给你好不好？”

小凡点点头。

“去整理一下，我们准备要回家了。”

小凡刚走，朋友就从身后拍我的肩膀：“我可是全都听见了，他在跟你道歉，这就是你说的好时机？跟我说说，你到底用什么收买了他，他居然愿意打包剩饭回家吃。”

我摇头：“我可没有收买他，是他主动提出的，他知道你是为了他好，希望他吃饱，好长身体。”

“你用什么条件跟他交换的？他吃完这个便当，你会送五十个机器人给他？”

我笑着说：“你不要再联想了，我们只是简单地聊几句而已。”

“怎么可能？他刚才说话的语气可是很谦卑的，这就是你说的沟通的好时机？”

我很认真地点头：“对，这就是沟通的好时机。”

那天晚上，朋友打电话给我，她兴高采烈地跟我分享：“我告诉你哦，小凡刚才居然写了一张卡片给我，他跟我道歉，说今天不应该跟我发脾气，让我原谅他，你到底跟他说了什么？”

“我们只是简单地聊几句。”

朋友却打破砂锅问到底：“到底聊的什么？内容是什么？”

“抱歉，我不能说，如果小凡愿意告诉你，你不妨听听小凡怎么说。”

挂断电话，大女儿问我：“妈妈，为什么不能把小凡跟你说的话告诉他的妈妈呢？”

“如果小凡的妈妈愿意去了解小凡，她会想办法去问的。”

沟通跟日常的经营密不可分，且没有捷径，我之所以不愿意告诉朋友我跟小凡聊天的内容，除了不想成为他们母子的传声筒之外，还希望我的那位朋友能够以聊天为基础，慢慢地走进小凡的内心世界。

我跟小凡的聊天形式，其实就是多年来我跟女孩们培养起来的聊天方式，不管是跟女孩们交谈，还是回答她们的提问，我都以真诚为原则，因为我相信，唯有真诚，才更容易进入她们的内心世界。

身为家长的我们，往往只注意到问题的本身，而忽略了问题背后隐藏的孩子们的情绪，我们需要陪伴他们一起面对问题。除此之外，我发现，在适当的时候问问题，常常会有意想不到的结果，会使亲子沟通更加顺畅，没有障碍。

妈妈有“读心术”哦

有段时间，大女儿的嘴唇干裂严重，起初我以为是换季所致，每天清晨都会让她喝一杯温水。也是从那时起，我开始仔细留意她每天的饮水量，发现她每天摄取的水量严重不足，我跟她说：“姐姐，水对我们每个人都太重要了，你每天的饮水量一定要足够。”

女孩虽点头答应，但当天的饮水量依旧只有标准值的四分之一，她的嘴角也因干裂而有了更大的伤口。我带她去看了医生，发现除了水的摄取量不足以外，女孩对维生素的摄入也不足。

我问：“你不是每天都吃水果吗？”

女孩点头回答：“回家的时候会吃一些。”

我又问：“学校每天也会准备水果给学生，是不是？”

见我如此问，女孩才缓缓道来，原来女孩的一个同班同学非常爱吃水果，这位同学跟我的大女儿说，她的家中从不准备水果，大女儿出于同情心，每天都将学校分给自己的水果送给这位同学。

我为女孩的举动欣慰又心疼：“你怎么没有告诉妈妈？”

“我回家还是有水果吃呀。”

我有时候会查看女孩的便当袋，看到水果被她吃完了，便以为女孩当日的水果摄取量已经充足，有时候并没有尽心准备。我看着懂事的女孩说：“你以后还是把水果分给同学，跟以前一样，不必告诉她我知道这个事情，好吗？”

“你不生气？”

“妈妈以后会准备足够的水果，让你放学以后吃，好不好？”

女孩点点头，我拉着她的手说：“现在，我们来讲一讲水对身体的重要性，宝贝，你知道树为什么可以长得那么高那么壮吗？”

“因为有阳光，还有水，还要有干净的空气。”

“你呢，也像一棵正在成长的树，你也需要阳光、水，还需要干净的空气。妈妈每周都会带着你去公园散步，所以阳光和空气我们都有了，但是水呢，你每天在学校的时间长达八小时，你要保证自己每天的饮水量，好不好？”

女孩答应了，在随后的一周时间里，她的确有了很大的改善。女孩自己也说：“因为一直保持喝水的习惯，身体会很自然地告诉我，我需要喝水了。”

这样的情况仅维持了一周，虽然我每天都会询问女孩的饮水量，但每次她都会搪塞我：“喝了，我喝水了。”

我也不想揭穿她，脸上带着笑说：“对了，我最近刚学会了一项特异功能，可以看到你们每天吃了什么。”

女孩果然上当了：“真的吗？”

“当然，要不要我帮你看看？”

“好哇！”

我摸着女孩的手说：“哦，你今天的水果是橘子。”

“你怎么知道的？”

橘子是这个季节的时令水果，学校一定会大量采买，不仅价格实惠，而且很新鲜。这虽是我的推理，却让女孩佩服得五体投地，她又问：“那你猜，我今天中午喝的什么汤？”

“玉米浓汤。”我随口一说。

“天呢，妈妈，你真的有读心术呀！”

我当然不是瞎猫遇上了死耗子，而是知道学校营养午餐的顺序，这一周已经过去了三天，这三天中唯独玉米浓汤尚未登场，这靠的是我的逻辑。

见女孩崇拜我的样子，我装模作样地在女孩的手心里一拍，然后迅速地合上她的手：“咦，你今天喝的水太少了。”

女孩急忙地搓着手问：“要看哪里？”

“你看，你握紧拳头之后，手腕间就凹下去了，那是身体在向你求救，让你多补充一些水分，你多喝一些水，再放轻松，把手摊平。”

我打开自己的手掌，手腕间平平的，对女孩说：“如果像我这样，手腕间是平的，就说明你的饮水量是足够的。”

听我这么说，女孩赶快去补充水分，而我呢，每天清晨都会准备一杯温水，让女孩保持着喝水的好习惯。现在的她，回来还会问我：“妈妈，你快点帮我看一看我今天的饮水量够不够。”

女孩渐渐长大，我开始给她一些零用钱，女孩总是拿着零用钱去买造型可爱的铅笔和橡皮擦。我觉得，铅笔和橡皮擦只要能用就行，外观不必太花哨，否则会让学习分心，但每当有新的橡皮擦吸引女孩的时候，她还是会忍不住买下来。

有一天，我在跟她一起画画的时候，发现女孩又有一块我从没有见过的橡皮擦。我一眼就看得出来这是她新买的，如果我很生气地问：“妈妈不是跟你说过很多次，叫你不要买橡皮擦吗？”她一定会在脑海里想出一堆理由说给我听，我不希望她成为“理由制造机”，我便换了别的问法：“姐姐，这是什么，好可爱哦。”

“橡皮擦。”

“好漂亮，哪里来的？”

女孩一听，戒备心立刻加强，她开始陷入沉默，完全不给我机会。每当女孩倔脾气上来的时候，我说一百句也无效，以前我会被她弄得恼怒，然后生气地一直追问：“橡皮擦到底是哪里来的？”

这一次，我决定选用迂回战术，我拉过女孩的手说："宝贝，我一会儿往你的手里哈一口气，我数到三，你的掌纹就会出现变化，可是那种变化是非常疼的，非常非常疼，我长这么大，从小只给舅舅哈过一次，他痛得在地上打滚呢。妈妈觉得犯错误不要紧，承认错误就是好孩子，我给你几秒钟时间考虑，如果你还是决定让我哈一口气，承受那种疼也没有关系哦……"

女孩神情大变："妈妈，对不起！我下次不会再乱买橡皮擦了。"

见女孩如此说，我也将我的观点再次表述："这样的橡皮擦真的很漂亮，但是它并不能把字擦得很干净，买这个橡皮擦的零用钱，你完全可以用作其他的安排，好吗？"

此后，我再给女孩的零用钱，如果她哪天用掉了，回家都会告诉我用途，若是没有用掉，就全被她存进了储蓄罐。

当然，其中也有一些小插曲，例如女孩回来后，会特别认真地把手递给我："妈妈，你快看我今天喝了多少水？今天的水量够吗？"

我会认真观察她当天的表情，判断她是真的想知道自己的饮水量，还是只为了试探我，后来我跟女孩说："宝贝，妈妈练'读心术'不是为了读你们的心事，我们有很好的聊天时间，你不妨在聊天的时候全都告诉我吧。"偶尔我还会唱一句："女儿的心思妈妈真的不要猜，因为我猜来猜去也猜不明白……"惹得女孩们哈哈大笑。

"读心术"是我跟女孩之间斗智斗勇而引发的一阵小旋风，它偶尔还会在我们的生活中转一下。女孩们对拥有"特异功能"的我异常崇拜，她们很怕撒谎或找借口的时候被我抓包，在我尚未握住她们的小手之前皆选择坦白从宽。

女孩有一次问我："妈妈，等我长大以后，你的'读心术'可以传给我吗？”

我摇摇头，一脸认真地说：“宝贝，当你们学会了坦然面对生命中的错误，不轻易为自己找借口的时候，老天就会把赠予妈妈的这项技能拿走了。”

“为什么？”

“因为你们都学会了坦然面对，你们拥有的可是比‘特异功能’更宝贵的东西哦。”

每一个人都很特别。

不，你们都一样

两年前，就读幼儿园的小女儿跟我分享她们班的转学生："妈妈，你知道吗？有个新来的同学，他什么都不会。"

"你当初进幼儿园的时候也什么都不会呀，很多事情都要慢慢学。"因为没有看到这位新同学，我回答得颇轻松。

"可是他咿咿呀呀的什么都不会说。"

身为职业女性且独自在异乡奋斗的我，因为工作的关系，小女儿未满两岁就被送进了小小班，经过一年的磨砺，荣升小班的女儿俨然成了"老鸟"，对那些总是满脸眼泪鼻涕的新学弟学妹们见怪不怪，常搂着他们安慰道："不要哭哦，妈妈一会儿就来接你啦。"这让当时的我看着既欣慰又心疼，欣慰她已懂得安慰别人，心疼她一年前也经历过这样"撕心裂肺"的离别。

我一直认为女儿的那种"老鸟"心态在膨胀，我问她："他和你当初进入小小班时一样吗？可是妈妈觉得他多学习一阵，应该很快就能学会所有的事情了。"

"可是翔翔跟我们不一样。"女儿说完又特别补充，"其他小朋友也这么说。"

能有多不一样呢？我当时并没有说出心里的疑问。

隔天，送女儿去学校的我，看到了翔翔。

翔翔是个早产儿，出生后检查出听力有问题，语言能力发展迟缓，平日里需要助听器的辅助，除此之外，翔翔的各项发育指标也都低于同年龄的孩子，尽管如此，但翔翔在学校并未受到特殊的关照。正因为如此，女儿昨晚的那番话让我有了反思，我决定再跟女儿聊聊。

没想到，女儿竟主动跟我聊起了翔翔。

“妈妈，你今天看到翔翔，你是不是也觉得他跟我们不一样？”

我不知道幼小的孩童从什么时候开始区别“不一样”，而这个“不一样”在她们的脑海里是怎样的呢？

我问出我的问题：“你觉得他跟你们哪里不一样？”

“同学们都说他笨笨的，什么事情都不会，上厕所那么简单的事情，他却不会说，他到现在还会尿裤子；吃饭的时候也是，总是拿不起汤匙……”

我看着女儿问：“那你也觉得他笨笨的吗？”

女儿天真无邪地点点头：“是有一点，而且同学们都说他笨笨的，不愿意跟他一起玩。妈妈，你难道没有觉得他跟我们不一样吗？”

我拉过女儿的手，看着她的眼睛，很认真地说：“不，你们一样。”

听到我的回答，女儿很明显地怔了一下。

“如果真有不一样，妈妈觉得翔翔更棒。妈妈今天是第一次看到翔翔，他独自上楼梯进教室，你却让我送你进教室。他自己背书包，而你的书包却在我的手里。你觉得你们‘不一样’吗？”

女儿沉默了。

“在妈妈的眼里，我觉得翔翔做得很棒！他都不需要别人的帮忙，而且他好有礼貌哦！他早上看到我的时候还跟我点头说早安。要跟翔翔成为‘一样’的人，你就要向他学习哦。而要让翔翔跟你成为‘一样’的人，就要尽力去帮助他，你可以成为老师的小助手，跟翔翔一起努力哦。”

此后，女儿没有再说出她与翔翔的不同，反而常会回来告诉我：“翔翔今天好厉害，他会念一整段的文字！”“翔翔今天教我画长颈鹿，他画得好棒哦！”

在女儿就读幼儿园的这三年里，我在接送女儿的过程中常遇到翔翔。他父母的独立教育让我钦佩，他们完全没有将翔翔跟其他孩子们做所谓的区分。学校也从来没有将翔翔当作是“独特”的个体，在所有的活动中，翔翔都与所有的小朋友们一样，尽情地绽放着属于他的光芒。

在运动会上，他跑得比谁都更卖力。

在手工艺品课上，他比任何人都更专注。

在演讲会上，他虽语速缓慢却坚持读完一首诗歌。

我常借此提醒女儿：“你看，翔翔真的好棒。”

女儿再也不会说：“李晓翔，我们根本不一样！”

她现在会很骄傲地说：“我跟李晓翔一样耶！”

女儿的毕业典礼上，我刚好与李晓翔的母亲坐在一起。她问我是否是某某某的妈妈，见我点头，她红着眼眶面带微笑地看着我说：“你一定好奇我怎么知道你吧。因为翔翔回家常会提起你，说你常会牵着他的手进教室，说你常会轻轻抱住他说‘翔翔好棒哦’，说你的女儿常常告诉他‘我妈妈说，我跟翔翔是一样的’。”

翔翔的母亲看着我说：“谢谢你，你不知道，你每天的鼓励对翔翔的影响有多重要。”

其实该道谢的人是我，翔翔和他父母坚持不懈的努力，才是我最钦佩的。我从来不知道言语的力量如此强大，我也从不知道双唇碰撞后说出的温柔话语会让人红了眼眶。

毕业典礼结束后，因为小学将按区域分校，李晓翔与女儿分在两个学校。女儿偶尔还会问：“不知道李晓翔现在怎么样，他好吗？”

“怎么啦？你担心他？”我故意问。

女儿却摇摇头："不会呀，他真的好厉害，我们是一样的！"

是啊，语言、身形体态、距离都无法阻隔我们。
因为我们，都一样。

写完这篇日记不久，女儿的学校举办了全区的运动会，附近学区的所有学生都在女儿的学校汇集。那一次，我有幸再次见到翔翔，他长得更高了，当看到我时，他的眼里闪出了亮光。我走到他面前跟他打招呼，翔翔的表情虽露羞涩，却向我张开了双臂，他紧紧地抱住了我，用最直接的方式表达了他对我的喜欢。当小女儿看见翔翔时，她也同样激动地跑向翔翔，惊喜地尖叫着："哇，翔翔，见到你真是太棒了，你看起来还是那么棒，怎么样，要不要一起跑步？"

翔翔的同学们纷纷侧目看着我们，小女儿继续说："翔翔好厉害的哦！他跑起来的样子像一阵风，好快的！"

翔翔跟着小女儿一起热身准备跑步，每一个步骤，他都做得特别认真。他跟小女儿一起走上跑道，弓下身体，随时准备全力以赴地往前奔跑。

亲爱的翔翔，很高兴认识你，在未来的道路上，我跟我的女孩们永远都会为你祝福。

我们因为能跟你一样认真、勇敢、踏实而感到万分荣幸，谢谢你，认识你真好。

教孩子换位思考

时光荏苒，我的小女儿也即将迈入小学，成为一年级新生。新生报到的前一天晚上，女孩兴奋又紧张，以往总要我相伴才能入睡的她，那一刻早早爬上床会周公，她太渴望一觉醒来太阳照进窗来的新一天。

清晨，小女儿早早起床，洗漱完毕后进入我的房间叫醒我。我醒来的时候发现，她连自己的衣服都已经穿戴整齐，她穿着红色条纹的 Polo 衫，搭配牛仔短裙，还特别找了双桃红色的裤袜，以搭配她的白色皮鞋。

大女儿见状，也决定要穿裙子，只是女孩们的裙装极少，鲜有的几件裙装都是在特定场合穿的，例如参加喜宴的礼服，且前阵子冷空气报到，女孩们的夏装我还没有全部整理出来。

我给大女儿搭配了跟妹妹类似的衣着，同样是 Polo 衫、牛仔短裤以及白色皮鞋，可是大女儿意见多多，别扭得怎么也不肯换衣服，眼见我们全都着装完毕准备出发，大女儿还是闷闷不乐。

我们当天的行程安排得很满，妹妹去学校报完到之后，我们还需要赶往两个场地，帮家人处理一些琐碎的事务，还要参加一场喜宴。

我跟大女儿商量："妹妹之所以穿裙子，是因为她刚好有合适的衣服可以搭配，夏天的衣服我还没有整理出来，我们先穿短裤好不好？短裤是你最喜欢的呀，柔软又舒服……"

"为什么妹妹可以穿裙子？"大女儿向来都有自己的想法，她依旧坚持着。"我们赶时间出门……"大女儿嘟着嘴，一脸的不情愿。

我非常了解女孩的个性，如果此时不开心，那一整天她的心情也未必能够好转，此时跟她说道理也说不通，因为女孩的固执脾气一上来，我说再多也只会变成念咒的唐僧而已，根本就是治标不治本。

我经历过女孩所经历过的时期，我了解她心里在想些什么，为此我翻箱倒柜想找一条裙子给女孩，但是在收纳柜里一直找不到裙子。无奈之下，我只能把挂在衣橱内的礼服长裙（只在重要宴会时才会穿着，可以称为盛装了）递给女孩："你要不要试试这个？"

女孩如愿穿上了长裙，我还找出了相搭配的头饰，把她的头发扎得很可爱，女孩终于露出笑颜。

出门前，先生问我："她穿成这样陪着妹妹去报到，会不会太隆重了？"

我却不以为然："她或许只是想表现出她对这件事情的关注和重视。"

小女儿摇头表示不理解姐姐。我说："等你们学会换位思考的时候就懂了。"

那天天气闷热，女孩穿着礼服长裙完成了一整天的行程，期间当然听到这样的问话："哇，你陪妹妹到小学报到，穿得这么隆重？""你这样会不会太热？"女孩为了表明她今天早上的坚持是正确的，回答得颇坚定，虽然她几度因害羞或太热而脸红，但她都尽量不表现出来。

那天回家后，女孩洗澡换衣，累得很快倒头大睡。我也不急着跟她来一场深夜谈心，累了就休息，等她休息妥了，情绪妥了，我相信，适合聊这个话题的机会总会来的。

一周后我接女孩们放学，一路上她们迫不及待地跟我分享学校的事情，大女儿突然跟我说："妈妈，今天妹妹在学校哭了……"

在我的询问之下，我才知道，小女儿跟大女儿的同学因为争夺玩具而起了争执，妹妹觉得受了委屈就哭了，姐姐却说："妈妈，我跟你讲啊，明明是小凡先拿到玩具的。"小女儿知道自己理亏不敢发声，而我也通过大女儿对于事件的梳理，彻底了解了事情的经过。

小凡哥哥拿到了熊布偶的玩具，小女儿也非常想玩，于是她想跟小凡哥哥一起玩，但学校规定先拿到先玩，如果你想要玩，请遵守排队的秩序。若是小女儿的同班同学，她必定会遵守这项游戏规则，但小女儿太熟悉小凡哥哥了，知道他每次必定先“礼让”自己。小凡哥哥见小女儿哭了，果真心也软了，将熊布偶递给了小女儿。此时大女儿见状，纠正妹妹这样的做法是不对的，应该让小凡玩完了再轮到她。小女儿执意坚持，但是大女儿觉得应该及时纠正妹妹的行为，两个人僵持不下，另有其他人也加入其中，小女儿可能觉得理亏，又紧张不安地开始哭了。

大女儿说完，小女儿又是一脸的羞愧，我看着小女儿问：“姐姐说的都是真的吗？”小女儿委屈地点头又摇头：“可是我真的很想玩那个熊熊啊，它真的好可爱！”

还不等我说话，大女儿纠正妹妹：“你要让小凡玩好之后你再玩，虽然我说你不可以玩，但是小凡哥哥已经决定让给你玩啦，你为什么还一直哭呢？”“妈妈……”妹妹红了眼眶，求助地望向我。

“妹妹，妈妈觉得姐姐当时的纠正非常好，换作是其他的同学，一定都会迁就你，但姐姐是真心地站在你的角度看问题，她及时纠正你的错，你应该谢谢她。”妹妹撇着嘴，完全不以为然。

大女儿此时看着妹妹，突然问：“妹妹，如果有一天，你先拿到了玩具，但是有一个比你更小的妹妹，也非常想要那个玩具，你也愿意跟她一起分享，可是她还一直哭个不停，你的心情会怎样呢？”

妹妹说：“我应该也会跟小凡哥哥一样，很难过吧。我明天要记得跟小凡哥哥道歉。”

妹妹的事情处理完了，不过我的心情还是蛮激动的，我看着大女儿问：“姐姐，你今天的处理方式很棒，你为什么会想要这么做呢？”

大女儿认真地说：“只有站在别人的角度看问题，才会感受到别人的心情，说不定就可以看到自己的有些做法其实是错的。”

对于女孩说出这番话，其实我很震惊，觉得她跟几天前那个坚持要穿裙子才愿意出门的固执女孩截然不同，但是我也很欣慰，觉得她内心有自己的想法，也有她自己的坚持。

我故意问大女儿："姐姐，我想请问你哦，站在别人角度看问题，这叫作什么呢？""换位思考。"女孩不假思索地回答我。

这四个字，是我在女孩坚持穿着裙装出门的时候，很想跟她分享的话，但是那时候的我不知道要如何告诉她这四个字的含义，而如今看她分析且运用得如此得当，我知道我们的聊天时机到了。

我表扬大女儿："妈妈觉得你当时处理得非常好，也让妹妹理解了'换位思考'的道理。"大女儿有些害羞地笑着。

我故作苦恼地说："我现在也有一个很伤脑筋的问题，我也很希望对方'换位思考'一下。""妈妈，你说出来，或许我可以帮助你。"女孩具备的同理心让我可以顺利地说出我的问题。

我抱着她，在感谢她愿意支持我的同时，说出了我的困扰："如果某天早上，时间非常紧，我们那天还安排了行程，原本是个很美妙的清晨，但有个女孩，非要穿一件裙子才愿意出门，这时候我该怎么办呢？"

大女儿明白我意有所指，她突然抱住我说："妈妈，对不起，我那天不是故意的。"

"妈妈知道你不是故意的，妈妈只是想告诉你，不管是穿裙子还是裤子，目的都是让自己可以更加舒服。"

看着女孩认真地点头，我转身又去忙其他的事情，女孩倒有些不安了，她突然拉住我问："妈妈，你说完了？"

"对呀，说完了，而且你比我更懂得'换位思考'呀，只要你一直都这样想，妈妈相信你以后做任何事情都会很棒的。"

跟女孩们相处，我偶尔也会情绪失控，想要发脾气，但转念再一想，如果我们"换位思考"，多想想她们纯真的初衷，是不是反倒会被她们的用心感动得会心一笑？通过一些事件，让女孩们体会我们成人世界的"换位思考"，她们也会少一些固执和任性，多一些体贴和温柔。

学习尊重

大女儿进入小学后，结识了很多新同学，新鲜的经历让她每天都有太多的信息需要分享，下课十分钟的分享时间或许还不够，她精力充沛地把新学习的语言从嘴巴里说出来，在开学第一周，女孩就获得了“大嘴巴”印章。

每个老师在教育领域都有自己的专长，女儿班级的老师奖罚分明，她有不同的印章，如爱心、大嘴巴等，如果你乖巧有爱心，累计几点之后即可获得一枚爱心印章，大嘴巴印章亦同。上课的时候若是不断地讲话干扰其他同学，在老师告诫无果之后即得到大嘴巴印章，此印章会同联络簿一起请家长签名，由家长跟孩子互相沟通，希望因此得到改善。

面对女孩这个特别的印章，我的心五味杂陈，女孩看着我的眼神也显得非常焦急，她小声说：“妈妈，我不是故意的……”

我不急着给女孩做评判，也不想在此时就指责她。我得先知道事情的由来，我说：“我想你应该不是故意的，你愿意告诉我发生了什么事情吗？”

“同学跟我分享我们看的那本书的内容……”

“这些内容可以下课的时候再讲。”

“他上课前才想起来，所以找我聊。”

“你对这个话题也非常感兴趣，所以才没有拒绝他吗？”

女孩点头：“我知道那样是不对的……对不起……我下次不会这么做了。”

“姐姐，这句道歉的话，你不应该跟我说。”

看着女孩疑惑的眼神，我说：“这句话你应该跟老师说，老师每天不仅照顾关心你们，还要教给你们那么多的知识。你看，妈妈光是带着你跟妹妹两个，一天都会觉得很累，特别想要休息，老师每天照顾你们全班27个孩子，付出的精力是妈妈的十几倍呀！”

“如果还是有同学找我说话呢？”

“如果他在课堂上找你讲话，你可以在下课后跟他解释，告诉他上课的时候需要认真地听老师讲课，学会尊重老师。你以身作则之后，同学们觉得你做出了好榜样，自然就不会在课堂上找你说话了。”

听了我的话之后，女孩果真身体力行地去做了，她再也没有得到大嘴巴印章，而当同学在课堂上讲话时，她也时常跟同学们分享我的话：“老师每天照顾关心我们，还要教我们那么多知识，我们应该尊重老师。”

女孩因为以身作则而深受老师和同学们的信任，老师每每在评语上都写着“善解人意”，也因为尊重老师，女孩在班级里的人气颇高，在民主投票的时候总是可以获得最高分，问她获选的理由是什么，她不假思索地回答：“尊重别人。”

喊出口号教导女孩们尊重别人的我，在经历一系列的事情之后，也慢慢学会了尊重她们。以前我倾向丰富细腻、贴近内心的绘本，而女孩们则偏爱色彩强烈、封面好看的绘本，既然是女孩们自己要读的故事，我当然也需要尊重她们，因为是她们自己选择的绘本，她们对故事才更有兴趣，投入的热情才会更强烈！

有一次，生性活泼伶俐的小女儿跟我们一起读书，从小热爱读书的她总有无数的问题想要问，因为对于知识的渴求，当我们在一起聊天发问的时候，她总是会抢答：“我知道，我知道！”然后语速惊人、吧啦吧啦地讲解。

“妹妹，你要学会尊重别人，让我也有机会表达！”姐姐不错过任何的机会教育妹妹。

“什么是尊重啊？”妹妹不解地问。

姐姐回答：“尊重就是在别人讲话的时候，你保持安静……”

活泼的小女儿立刻举手制止姐姐继续讲下去：“我知道怎么做了！”

当我们在看书讲故事时，或者在读完一本书后，我总是习惯抛出几个书中的问题让她们回答。往常总是乐于抢答的妹妹这一次盘腿而坐，脸上带着一丝微笑，抿着嘴就是不回答。于是我把问题的难度降低，谁知道妹妹依旧微笑不回答，把问题留给了姐姐。

中场休息的时候，我看着小女儿问：“妹妹啊，你不喜欢妈妈今天讲的故事吗？”

“不会呀，妈妈讲的故事超好听的！”

“可是你今天怎么都不抢答呢？”

“姐姐说要尊重别人，给她机会表达呀！”小女儿一脸的天真无邪。

“姐姐，你觉得尊重的意思是什么呢？”

“应该是……对别人决定的事情感到认同吧，我很开心妈妈选择了我想要看的书，我觉得那是对我的尊重。”

大女儿的理解力没有问题，于是我将同样的问题给了妹妹：“妹妹，你觉得怎样才算是尊重别人呢？”

妹妹反问我：“妈妈，尊重别人，就是给别人说话的机会吗？”

哦，原来是妹妹对于“尊重”一词的误会，我抱着她说：“妹妹，妈妈很开心，姐姐可以把‘尊重’这个词教给你，妈妈还没有跟你解释‘尊重’别人的意思，它的确是给别人说话的机会，但更多的是欣赏、认同别人做的事情。打个比方，如果今天妹妹选择读这本书，妈妈一定会尊重你的选择。”

小女儿脸上浮现了笑意，赶紧现学现卖：“为了尊重姐姐，下一个问题我让她先回答怎么样？”

我笑着抚摸她的头：“好女孩，我尊重你的选择。”

常有人说，我跟女孩间的互动胜过亲人，更像朋友。我想，不仅是因为长时间相处相伴，更多的时候，是因为我们彼此尊重。

教她们学习如何尊重别人的同时，我们更要懂得如何才能让自己的膝盖变得柔软，愿意随时蹲下身体，跟她们保持同样的高度，尊重她们。

曾目睹一件事：妈妈带着男孩在甜品屋的蛋糕柜前挑蛋糕，妈妈跟男孩说：“宝贝儿，今天是你的生日，你可以选择你喜欢的蛋糕。”男孩开心地选择了巧克力蛋糕。妈妈又说：“你确定要巧克力蛋糕吗？我觉得草莓奶油蛋糕更好吃。”男孩对于妈妈的建议显然不买账，他摇摇头。妈妈又说：“没关系，今天是你过生日，你自己选择就好，但是如果让我选，我一定会选择草莓奶油蛋糕，你要不要考虑草莓奶油蛋糕？”

给孩子选择的机会，就要尊重孩子最终选择的结果。草莓奶油蛋糕是我们喜欢的，但孩子选择的是巧克力蛋糕，何不去尝一尝？人生未知的每一天，不就像一块巧克力吗？

认识她们的同学

姐妹俩当时在幼儿园大班和小班上学，虽然她们的年龄相差两岁，但两个人已经有共同的朋友，回家后姐妹俩聊起学校的话题时，还不忘掺杂着："姐姐，我们班的某某是不是很帅？"

"才不呢，我觉得我们班的某某才更帅！"

看姐妹俩聊得这么起劲，我也凑过去问："谁啊，有多么帅？"

姐妹俩此时相视一笑，脸上尽是"要怎么跟老妈解释？说了她也不懂"的无奈！不仅话题僵住了，以后姐妹俩再遇见此问题时还会小心回避我，她们对我产生了保护，生怕感性的我因无法加入她们而受伤。

回头想想，我跟女孩们的同学还真是不熟呢！

大女儿就读幼儿园小班时，我每次接送都是来去匆匆，跟她同学相识的真是寥寥无几，想到这里，我暗下决心，希望多认识女孩们的同学。

之后，我送女孩们进教室，不再是马上转身离开，而是仔细地观察女孩们的鞋格。学校为每位小朋友设定了专属的鞋格，且都标注了编号和姓名。我认识女孩同学们的方式，就是这样一点一滴积累起来的。除了鞋格以外，教室的门口还摆放了一个偌大的签到卡，卡片的一面是姓名，另一面是照片，签到的同学则会将照片正面示人，我将姓名记下之后，开始记下每张孩子的面孔。

某天在晚餐后，妹妹小声跟姐姐说："姐姐，你知道吗？今天陈辰居然撕坏了我画的画，老师让她跟我道歉，可是她都不愿意！"

我说："陈辰个性比较害羞，可能不好意思开口跟你说，你不要那么在意，就原谅她吧。”

妹妹可能听得不清楚，特别转头问我：“妈妈，你刚才说什么？”

“陈辰呀！妈妈觉得她的个性很害羞，因为她早上看到我的时候一直低着头，头也不敢抬一下。”

妹妹确定自己没听错，一脸惊讶地看着我问：“你什么时候认识陈辰的？”

“她今天穿的是白色裙子，上面有红色的点点吧。头发不长，但是她的眼睛很漂亮，睫毛好长！”

妹妹拼命点头，眼睛里都是惊喜的光芒。

“她也许不是故意撕坏你的画，可能是不小心的，你就原谅她吧，说不定是她觉得你画得太好看了，想拿来欣赏。”

“好啦，因为妈妈认识陈辰，我就原谅她！”妹妹坦然地放下不愉快，跟姐姐愉快地捏起黏土了。

第二天妹妹回来，手里拿了一幅画，一脸笑意地往我面前递：“妈妈，你快看，这是陈辰送给我的画，她跟我道歉了，说昨天太想看我画的画了！”

女孩的话让我有点怔住了，要知道，我昨天之所以会说陈辰只是想看女孩的画，纯粹是为了让女孩不要计较，让她放宽心去交朋友，没想到竟被我一语说中。

“妈妈，你快看，陈辰这幅画跟我昨天画的那幅很像呢！不过我觉得她画得更好看，颜色也比我昨天涂得多。好啦，我也再去画一幅画，明天送给陈辰，对了，妈妈，你怎么会认识陈辰呀？”

“妈妈想试着认识你们班的同学……”

听到我这么说，两个女孩的表情都特别激动。

姐姐说：“太好了，妈妈，我明天介绍林晓瑞给你认识，她是我最好的朋友！”

“妈妈，我也要介绍吴秉诚给你认识，我觉得他是我们班最帅的男生！”

不久后，我认识了女孩们的所有同学。因为“陈辰事件”，我觉得不仅需要认识她们的同学，还要了解她们同学的个性和特长，在面对她们无法处理的状况时，我才能以更理智的角度去看待问题。

某天，我接女孩们放学，大女儿一脸痛苦地看着我，走路一跛一跛的，老师说她是自己不小心摔倒的。回家后我查看女孩伤口时才发现，她的膝盖摔得挺严重，不仅有大片淤青，还有破了皮的伤口。

女孩此时才委屈地跟我说：“妈妈，其实我不是自己不小心跌倒的，是陈小伍把我推倒的！”

陈小伍长得黑瘦，但是力气惊人，不善言辞，每次都黑着一张脸，不愿意给任何人亲近的机会。他是老师眼里的“头痛人物”，不仅会使用暴力打同学，顶撞老师，当老师纠正他言行的时候，他还会做出很多激烈的举动，听闻他曾因撞破头而被紧急送医，所以当陈小伍在学校有任何失当的行为时，老师都会在第一时间通知家长到校处理。

我询问女孩：“为什么你没有告诉老师呢？”

“我怕陈小伍会被老师骂，更怕老师通知他的家长，妈妈，你知道吗？陈小伍的爸爸会打他的。”

“那你一定也希望妈妈可以帮你保守这个秘密，不告诉老师你是被陈小伍推倒的，是不是？”

女孩点点头。

“那你能告诉我，为什么他会推你吗？”

“他不是只推了我，还推了其他的同学，只是我摔得比较严重。”

“所以你担心，万一你说出是被陈小伍推倒的，还摔得这么严重，老师就会通知他的家长。”

女孩重重地点了点头，我心疼女孩受伤的身体，但更心疼她的同理心，即使她受伤了，她也不愿意看到陈小伍受到他父亲的责难和处罚，可是我能给我的女孩什么保障呢？让她就此远离那个班级里的小霸王，从此跟陈小伍划清界限？

“妈妈，你认识陈小伍那么久了，你知道该怎么做吗？”

“我会尽量让陈小伍跟你成为朋友的，你要相信妈妈，好不好？”

解决问题的最佳办法不是逃避，而是勇敢面对。我希望以自己之力，而不是通过老师或是小伍的家长给他施力，让他的暴力倾向愈发严重。

有一天早上，我送女孩进教室的时候，正逢小朋友们上学潮的时间，大批同学在楼梯前排队向前，人群里正好也有陈小伍，此时女孩的伤势未好，走路还是一跛一跛的，我喊小伍的名字：“小伍，阿姨可以拜托你一件事情吗？”

小伍耸肩摇着头，酷酷地拒绝了我。

“拜托你，阿姨相信你一定可以帮我！”我拉住了小伍的手。

小伍的嘴巴不耐烦地扯动了一下：“有什么事情你快点说。”

“我家里还有事情，可是我女儿受伤了，你可不可以帮我送她进教室呢？”

女儿担忧地看着我，我安抚她：“没事的，我相信小伍这个男子汉一定可以办到！”

“好啦！我答应你！”小伍说着把女孩的书包接过去，大力地甩上了他的肩，说完不忘酷酷地回头对着女孩凶道，“可是你要走快一点哦，我可没有时间等你！”

我无法猜测小伍当时的心情，但那天早晨的五分钟，是我跟女孩至今回想起来仍觉得忐忑的五分钟。

女孩回来跟我说，小伍那天不仅送她上楼，还一整天都贴身保护她。

虽然陈小伍没有开口向女孩道歉，却在放学前偷偷跟女孩说了声：“谢谢你，没有告诉老师。”

第二天，我特意在教室门口等待陈小伍，他看到我时依旧是一脸的酷相。

“小伍，谢谢你昨天保护你的同学和朋友。”

“我才没有呢！”陈小伍矢口否认。

“你昨天帮了我那么大的一个忙！我没有看错，小伍果然是个很棒的男子汉！你知道吗？你是我眼里的大英雄呢！”

陈小伍停下来，他真的很黑，很瘦，一双眼睛因此显得更大。

“为了感谢你，阿姨昨晚做了这个小沙包送给你。”

“我才不喜欢什么沙包呢！”陈小伍虽然这样说，但还是用力地从我的手上扯走了沙包，听女孩说，那个沙包简直成了陈小伍的宝贝。

好像是从那时候起，陈小伍跟班级同学发生的冲突事件越来越少，他开始陪同学一起上楼梯，还会照顾班上的同学，甚至还会跟同学们一起玩沙包，昔日的小霸王成了同学眼里的大英雄。

有一次，我送女孩去教室，女孩伸手要跟我抱抱才肯放我走，此景被其他同学看见了，那些孩子们纷纷跑出来向我讨一个抱抱。孩子们自动排成队伍，我突然瞧见刚才还躲在角落里的那个黑瘦的小男孩，依旧板着脸，酷酷的，不知何时他也站到了队伍的尾端，认真地排着队准备走向我。

如果当初我没有想到要认识她们的同学，没有用我自己的方式了解她们，一步步走进她们同学的心里，或许我今天也就没有机会，等着这个内心其实一点也不冷、需要人关切照顾的小男孩，排在队伍的尾端，一步步地走近我。

每个孩子都需要六个妈妈

某次跟朋友聚会，话题聊到了夫妻关系，她迫不及待地跟我分享前段时间她看的一篇文章，大意是讲一个男人愿意六次成为自己妻子的丈夫，为了配合妻子的浪漫，让自己有责任感，有担当，从而不断地完善自己。我当时听了觉得很有趣，因为平常跟女孩间的互动非常亲密，很自然地将此话题转换为亲子之间的问题：每个孩子都需要六个妈妈。

朋友不可置信地看着我说："怎么可能？六个妈妈耶！你怎么那么狠心呢，孩子们能受得了吗？"

"你跟我说的那个故事里，丈夫可是同一个人？"

朋友点头说："那当然。"她此时开了窍，接着问我："你所说的妈妈，也是同一个人？"

当胎儿还在母体的时候，他需要一个乐观爱笑的妈妈。因为妈妈的快乐可以感染孩子，用笑声和轻松的心态作为养分喂养孩子，那是再幸福不过的事情。我在怀大女儿的时候也阅读，也听胎教的音乐，同时正在创作我的第二本长篇小说，故事中的两位女主角拥有不同的人格特性，因此让我的脾气变得任性、古怪。女孩出生后的不断哭泣让我陷入了人生的灰暗期，那时候我开始意识到胎教的重要性，当小女儿在我的身体里孕育时，我就暗自发誓，不管遭遇多少委屈，我都要乐观面对。

怀小女儿期间，我吃足了苦头，前三个月吐得挂急诊，住院长达一个月。随后分别在怀孕五个月及七个月的时候进行了不同程度的安胎。生活如此辛苦，我依然经常和大女儿一起给肚子里的妹妹读书，鼓励妹妹，赞美妹妹。果真，这个孩子出生的时候乖巧听话，特别爱笑，贴心懂事。成长至今，她是我快乐的开心果。有段时间，我一直处于赶稿的阶段，小女孩竟拿了一只沙漏往我的书桌前一摆说：“妈妈，你看着它，等它漏完了，你也要写完哦。”我灰心地想：她怎么这么严格地对待我？不消片刻她又悄悄地躲在我身后说：“写完才能好好休息，我等不及要帮你捶背呢。”

第二个妈妈，在孩子出生之后，必须是个精力十足的妈妈。在未来的三年或者更长的时间里，她都要随时待命，等着孩子一声令下：喝奶，换尿布，哼歌给他听，不管黑夜白天随时都要抱着他……我们忙得焦头烂额，当看到孩子天使般的笑容时却又立刻精神抖擞地继续战斗。

曾经看过一则新闻，婆婆不让儿媳妇去上班，理由是上班轻松，在家带孩子太累。

我虽然心疼这个儿媳妇，却真心想对那个初为人母的妈妈说几句：“这几年的辛劳不算什么，自己的孩子从小由自己教育，妈妈陪伴在孩子的身边，彼此影响，不管对于家长或孩子，都会充满正能量。要舍才有得，而你的收获是把孩子教育成独立的人。”

第三个妈妈，需要感性和理性兼备。感性地跟孩子们分享生命中的感受，感性地跟孩子们聊聊书籍中令人动容的小故事，感性地陪伴孩子们唱歌跳舞，感性地告诉孩子，身为母亲的自己拥有他们是多么开心。而理性的那一部分负责的是，让孩子们爱上学习，喜欢阅读，拥有同理心……

朋友对这个问题颇有疑义：“为什么要把感性和理性分得那么开呢？为何有些事情，理性的人不能去做？”

如果孩子们想问明天的早餐吃什么，理性的妈妈会说：“没有选择，我准备什么你们就要吃什么。”

感性的妈妈则开心询问：“宝贝，明天吃什么？来个粥怎么样？不好？那烤吐司呢？让妈妈来好好想一想，该如何把早餐搭配得好看又好吃呢？我用黄瓜做一棵椰子树好不好？不管怎样，我煮什么你们就吃什么好不好？”

孩子们会毫不犹豫地选择感性的问话，理性又在何时登场呢？如果发现孩子撒谎了，感性的妈妈可能会满脸疑惑，觉得自己被伤害，变得歇斯底里，表情也带着几分狰狞，质问：“宝贝，你到底怎么了？为什么说谎呢？是不是你怕妈妈生气呀？我跟你讲，宝贝，妈妈不会生气的，妈妈觉得知错能改就是好孩子。”如果让理性登场，理性的妈妈会说：“你想好了就来找我聊聊，行吗？我们一起找找看，到底是哪里出了问题。”

感性和理性同时存在，该谁出手谁就出手，只有一大原则，别以爱的名义绑架孩子的思想。

第四个妈妈，要具备一颗不计较的佛心，及时纠正孩子的言行。儿时的我曾目睹父母吵架，我关心地问母亲怎么了，有什么事情可以跟我说说，母亲却低头不语，事情隔了大半天，她特别把我拉进墙角叮嘱我：“我们大人的事情会处理好，你不要管那么多，乖。”

在成长的路上，我屡屡受挫，每次都会寻求父母相助，我的父母也非常愿意为不同时期的我解决任何问题，他们教会我在人生的路途上不要计较，要学会感恩和尊重别人的想法。

我相信，拥有佛心的妈妈希望将自己毕生的修行传递给下一代，虽是任重道远，却是甘之如饴。

第五个妈妈，拥有勇敢和强大的心，会想尽各种方法安抚受伤的孩子。

这是我的亲身经验，我跟初恋男朋友分手的时候，因失恋大哭，每天都觉得生活特别无趣，一心只想离开家。某天睡觉前，母亲突然问我："要不要喝杯酒？天大的事情，喝杯酒，醉了，醒了，所有的事情都过去了。"

那一次，我真是醉惨了，母亲喝完回到二楼卧室，我在一楼的客厅里吐得一塌糊涂，只记得那一晚又哭又笑，打电话给一堆朋友诉苦，最后都忘记是如何爬回母亲身边，抱着她的脚安然入睡的。次日清晨醒来，母亲见我双眼红肿竟什么都没说，只问我："睡得好吗？还好吗？"

从那以后，我把所有情仇都忘得干干净净，酒呢，好几年都不敢再去碰，像是担心酒精会冲走母亲送给我的那股暖流，但事实证明，那些温暖的记忆任凭岁月再怎么冲刷，都是冲不走的。

这件事情，我尚未跟幼小的女孩们分享，但是我相信，当她们长大以后，当她们的人生遭遇挫败时，我愿意拉着她们的手，递上斟满酒的酒杯，洒脱地跟她们说："来，陪妈干一杯。"

人生苦痛，会在所有的"干一杯"之后结束，喝完这杯酒，只留快乐在心头。

最后一个妈妈，是愿意将对子女的心疼和关爱化成祝福。在孩子们的幸福时刻，我愿意放手，让孩子们去享受自己的新生活，去追逐迷茫青春里的梦，去发现自己生命的意义……

这个过程漫长且艰难，我无法想象我的母亲在午夜梦回时，在她思念我的时候，是否也跟我一样，在深夜仰望夜空中同一轮明月而哭泣，而在这泪水中满满都是对彼此的祝福。

我跟好友分享完六个妈妈之后，我们俩都红了眼眶。我忍住泪水起身说："我想给我妈妈打个电话。"等待电话接通的时候，我对朋友说："不，不是哦，六个妈妈远远不够，妈妈给予我们的，太多太多了。"

有一次，朋友来家里做客，她把我跟她分享的“六个妈妈”的事情告诉了女孩们，两个女孩都红了眼眶，小女儿更是感动地流下眼泪，她上前紧紧地抱住我的脖子，一行温热的泪湿了我的颈，她带着哭腔说：“我不要那么多的妈妈，我只要你这个妈妈。”

我紧紧地抱住她，我想说的话太多太多，只是笑中带着泪说了一句：“小傻瓜。”

当年搂着我哭泣的小女孩长大了，但依旧是个“小傻瓜”。每当别人问起她有多爱我这个妈妈时，她总是眼睛里盛满笑意，语气认真地回答：“很爱很爱，无敌爱，非常非常多的爱……多到抱不下的那种爱……”

拥有感恩的心

从事文字工作逾十年，我所遇见的贵人无数，朋友形容我“每次都那么好运”。我想，除了珍惜与人相处的愉快经验之外，我还将别人给予我的机会记在心上，只有怀着感恩的心，一路上所经历的挫折才能化为动力，不断地推动我们向前，路才能走得更宽阔和长远。

当我有了孩子以后，最先教会她们的就是点头道谢。犹记大女儿未满一岁时，已经坐得颇稳，我跟她坐在地板上，递给她玩具，我以为她会叫我“妈妈”，她却充满童真地说：“谢谢！”

言语的“谢谢”很容易学习，而行动的“谢谢”要怎样通过生活，一点一滴渗透进女孩的内心呢？

女孩们很爱模仿我跟人们的互动，我带她们出去的时候，她们都会跟我认识的人打招呼。家附近的人们都很喜欢我家的两个女孩，常常跟她们打招呼。有一次，便利商店的店员得知妹妹喜欢乔巴，竟送了一只乔巴的小夜灯给她。

担心我会拒绝，店员特别解释：“我集的点数换的，因为抽到了两个一模一样的，其中一个就送给妹妹。”

小女儿对乔巴小夜灯爱不释手，除了道谢以外，她还给那个店员一个温暖的拥抱。此后，女孩与店员便成为最好的朋友，时常去找店员玩。每当这位店员值晚班时，我都会在准备晚餐的同时包一份便当，带着小女儿一起送给她。

大女儿见状问：“为什么每天都要准备便当给她呢？”

小女儿帮她的好朋友说话：“她喜欢吃妈妈煮的菜。”

大女儿的语气却有些不屑：“该不会是因为她送了你乔巴，你才这样说吧？”

大女儿的反应让我觉得很诧异，我说：“宝贝，我们对别人好，不是因为他们给了我们什么，而是我们在这个人的身上学到了什么。妹妹的这位朋友，她记住了妹妹的喜好，她细心观察妹妹，她将自己喜爱的乔巴小夜灯送给妹妹，那是非常棒的分享。而我给她准备便当，不是为了可以从她那里得到更多的玩具，而是妈妈愿意将自己亲手准备的食物和善良的人一起分享。”

听我这样说，大女儿也改变了想法，她认同地点头：“真的是很棒的分享。”

后来，我又把大女儿介绍给那位店员相识，她们三人成了无话不谈的好朋友。每逢假期到来前，店员总能变出花样，帮她们整理出一堆假日的好去处；喜欢画画的女孩们，总是在每个节日来临之前，都给这位朋友画上一幅画。

有趣的是，有一次明明是父亲节，女孩们却觉得她们的好朋友理应收到一幅画作，于是两个人在父亲节的前一周就开始讨论要画些什么送给好朋友。

在临近教师节的时候，学生跟老师渐渐熟悉亲近，就会在此时送上一张卡片，给予老师真诚的祝福。

大女儿做的第一张教师节卡片，是我陪着她一起完成的。那时她还不会拼音，于是我们通过画画表达。除此之外，我还做了很多的剪纸和亮晶晶的贴纸供女孩选择。

亮晶晶的贴纸太小了，女孩认真地将它们贴在卡片的四周，起到了非常棒的装饰作用。教师节那天，不管是送出卡片的女孩，还是收到卡片的老师，脸上都洋溢着幸福的笑容。

上中班的时候，女孩已经学习了拼音符号，在我的协助之下，她用拼音写下："老师，教师节快乐！"虽然写得歪七扭八，却是女孩最引以为傲之事。

随着女孩逐渐长大，她制作卡片的功力越来越棒。对于每一张卡片，她都会想出一个主题，在幼儿园毕业之际，她又亲手制作一张卡片，送给教她三年的老师。

"妈妈，谢老师养了一条贵宾犬，她说那就是她的孩子，我可以把那只狗画进卡片里吗？"

"当然可以，好棒的创意，老师看到你还画上了她心爱的狗狗，一定会非常高兴。"

女孩除了亲手制作卡片以外，还手工扎了一朵玫瑰花送给老师。在她进入小学后，我常带女孩回幼儿园跟她的老师打招呼、合影。时逢又一年教师节，还不等我提醒，女孩已经做好了卡片，这次她不仅把卡片送给了小学一年级的新任老师，还送给了曾教她三年的幼儿园老师。

今年，女孩即将进入小学三年级，教导陪伴她两年的老师将转教一年级，面对这一次的分离，女孩没有哭，她以日记的形式记录了她跟老师之间的互动。女孩在日记里写道："亲爱的张老师，感谢您在过去的两年时间里对我的陪伴和照顾，您不仅是指导我看到未来方向的灯塔，还是我作为小学一年级新生的心灵守护者，这两年的时光很珍贵，我会永远记得它，我会永远为您祝福，祝您健康如意。"

拥有感恩的心，当然不仅是将感激的话写在卡片上，还要多与别人互动。我鼓励女孩多跟同学们打交道，多去发现他们身上的优点，多看多学习。

有一次，女孩所在的班级举办户外活动，我报名跟女孩一起参加。

那天，我负责照顾全班约四分之一的孩子，我准备的水、防蚊液、风油精以及防晒霜在那时派上了用场，烈日当头的孩子们排队朝我走来。

“阿姨，我被蚊子咬了。”

“阿姨，我很热，我也好想用防晒霜。”

还有小朋友询问我：“阿姨，可不可以把你的帽子借给我？”

我很快跟那些孩子们打成一片，他们愿意跟我在一起，跟我分享生活中的点滴，比如家中的大小事。我们在回家的路上唱了一首又一首的歌，回到学校，我跟那些孩子们一一道别的时候，他们向我道谢，我也诚恳地谢谢他们。

大女儿见状问我：“妈妈，为什么你也要谢谢他们呢？”

“你觉得呢？”我反问女儿。

“因为他们跟你分享了快乐！”

“他们分享的事情，是不是很快乐？”

女孩开始列举今天值得感恩的事：“小凡教会你玩游戏，永涵跟我一直牵着你的手，如如那么调皮，却只愿意听你的话……”

“只要我们用感恩的心去看他们，他们所有的举止是不是都很贴心了？”

回家后，我们将这件事分享给小女儿，小女儿认真听完后，竟跑到我身边拥抱我，开心地说：“妈妈，你真的好棒哦，你的背包比哆啦A梦的百宝袋还要厉害，装的东西都是大家需要的！如果下次我参加户外教学活动，我也想带着妈妈。”

姐姐故意问：“妹妹，你是不是不想背那么多东西，才想要带着妈妈？”

“不是，我也想要我的同学跟妈妈分享那些快乐的事。”

原来，将感恩的心放大，她们逐渐吸收就能看到变化，而其中受益最多的其实是我啊。我最初希望女孩们怀有感恩的心，并以此为方向指导她们，而女孩们对我的回报更是多得无法计算。

学校每一次要求做的手工，她们都是按我的角度去设计的。平日在家中的闲暇时光，她们总是拿起笔画一幅画，而她们将画作赠送的首选之人也是我。

大女儿读小学后学会了写信，她时常自己制作信封，以一颗爱心为邮戳，以一颗爱心为邮票，收件人写着：给我最爱的妈妈。

“感恩”是什么呢？

女孩也问过我这个问题。

我当时的回答是：“这两个字都有‘心’，你要带着你的心，也要看到别人的心，这样，‘感恩’二字才能结伴同行。”

学习感恩，愿意以慈悲之心去感受生活中所遇见的人，从所做之事中感受更多的快乐，我相信，即使未来有风雨，有困顿，我亲爱的女孩们也能够用感恩的智慧去一一面对。

给孩子满满的阳光

让孩子从每一件事情中都收获正能量

年幼时，阿姐帮我用橡皮圈扎头发，准备解开的时候却发现橡皮圈紧紧地“咬”住了头发。阿姐“灵机一动”，拿起剪刀剪断了我蓄了近四年的麻花小辫，为求整齐，阿姐拿着剪刀在我面前挥舞了半天，硬是帮我剪出一个如狗啃过的凹凸不平的板寸头。原本还无事的我在望向镜子的那一刻放声大哭，母亲却笑着说：“阿姐洗好头发擦干要很久，你却不用，用水泼一下头发就洗好了，而且干得快，啥时想洗头都行。”见我不哭了，她又说：“而且你脸多小呀，短发衬得你聪明又好看。”年幼的我对于母亲的任何话都很相信，从那时候起，我坚信自己是聪明又好看的，直到多年后，回想那句话还会忍不住发笑，好看跟聪明到底是怎么画上等号的？

有一年冬天，我骑着自行车去上学，在路上看到我们家的狗，狗的脖子上还拴着链子。我唤住它，一手牵住链子，一手扶着自行车想要带它回家。回家的路上，我们必须经过一条狭窄的小路，路的两边都是河，大概是我牵得太紧让狗觉得不舒服，它突然挣脱，而反应不及的我连人带车跌进了河里。

冬天的河水虽然结了一层冰，但因为我和自行车同时跌落，冰面瞬间破了一个大洞。不会游泳的我当时脑袋一片空白，我用尽全身力气划向岸边，再奋力地将自行车拖上来。现在回想起那些画面，都觉得那天的我幸运无比。

那天，我打着冷战哭着回家，母亲见我又折回来，忙不迭地问我怎么了，见我全身湿透，她从衣柜里拿出新的衣服和围巾给我换上。母亲此时乐观地对我说：“新外套和围巾是我前几天买的，本来打算今天早上给你穿的，还好你没有穿，不然就没衣服换了。”等我换好衣服，母亲去厨房看到我们家的狗正躺在草堆里睡觉，又说：“咱们家那只狗特别有灵性，它知道你想把它带回来，心里一定很高兴，我刚才看它睡得好香哦。”

在我心里还未动起任何涟漪之时，母亲已把事情化解了。成长至今，这样的事情屡屡在我的人生中上演，所以我很少觉得人生是失败的。成年之后，不管面对什么样的挫折，我都可以独立承担，并在遭遇挫败之后，自动选择一条充满正能量的道路，说服自己坚持努力地走下去。

母亲给予我的正能量丰沛有力，当我有了孩子之后，我将母亲教给我的能力很自然地教给了我的孩子们。

有一次，朋友打电话给我，称她整理出好几袋过季的衣服，都适合我家女孩，不等我拒绝，朋友就要我去她家搬走那几袋衣服。

我对于女孩们的衣着选择向来都是以简单舒适为主，衣服只要洗干净就可以再穿。为了答谢朋友，我给朋友家孩子买了衣服送过去，再将四袋过季的衣服全都搬回了家，放在三楼的储物间，等到假日再来整理它们。

周六的早晨，我跟女孩们吃完早餐，大女儿问：“妈妈，你今天有什么特别的安排吗？”

“我想把从马阿姨家里拿回来的衣服整理一下，然后看看是不是需要洗。”

“马阿姨说不用洗，前几天你去拿衣服的时候，她说已经洗干净了。”

小女儿也跟着附和：“对呀，马阿姨说都已经洗干净了。”

“这样啊，那妈妈就去把衣服分一下类。”

“妈妈，我们来帮忙好不好？”

我们母女三人来到了三楼，我把衣服全都摊开放在地板上，衣服被随意地塞在袋子里，每一件都皱巴巴的。小女儿特意把衣服凑在鼻子前闻了闻，一脸嫌弃地推开：“哎哟，这个味道好臭啊。”

大女儿则一手拎着袋子，一手捂住鼻子说：“妈妈，你看，这个袋子里还有蟑螂的便便。”

“没关系啦，等一下扫扫就好了，我需要把这些衣服全部洗一遍。”

大女儿满脸疑惑地问：“马阿姨不是说每件衣服都洗过了吗？为什么还会这么臭呢？”

“也许马阿姨很早就整理好了，是妈妈去拿得太晚，好啦，我先去洗衣服，等衣服干了，我们再来按大小分类吧。”

小女儿说：“耶，分类的事情我最拿手了，小的是给我的，大的给姐姐穿。”

因为环保的关系，我们家一直是用手洗衣服。两个女孩那天帮了我大忙，洗净的衣服皆由她们帮我拿到脱水机中脱水，再帮我把衣服从脱水机中取出来，最后再将所有的衣物晾晒起来，四楼的晾衣间首次出现爆满的情况。下楼前，小女儿突然双手合十地对着窗外祈祷：“老天爷啊，今天和明天千万不要下雨哦，这样衣服才能赶快干，我跟姐姐才可以帮妈妈收衣服，让她不要那么累。”

老天爷果然听到了女孩的祈祷，衣服在第二天中午就全部干了。女孩们闻着衣服散发出的味道，一脸的幸福和陶醉。当我们准备将衣服分类整理的时候，一个很现实的问题出现了。

朋友打包来的四袋衣服，女孩们一件都无法穿，全都小了。虽然我在昨天洗衣服的时候就已经注意到了，但衣服还是需要先洗干净才能整理，所以我当时并没有告诉女孩们这件事情。

“全都小了，我们还怎么穿呢？”

“妈妈，你是不是早就知道了？”

面对女孩们的疑问，我很诚恳地点了点头：“嗯，妈妈昨天发现这些衣服的尺寸可能不太适合你们，我只是没有想到，没有一件是适合的。”

“那你为什么还要洗呢？”

“对呀，你看，这件衣服都破了。”大女儿拿起一条裤子，裤子的膝盖处破了一个大洞。“都已经破了，马阿姨为什么还要给我们？妈妈为什么还要洗呢？”

面对女孩们接二连三的问题，我抱住她们说：“宝贝，你们真的很棒，帮了妈妈很大的忙。洗衣服和分类这些事情，有了你们的帮忙，妈妈才能很快整理好。马阿姨送给我们的衣服，对你们来说是有点小了，可是还有比你们更小的孩子，她们很需要这些衣服。”

女孩们看着我，好奇地听我讲。

“你们小时候穿的那些衣服，一部分我留给了晓晓阿姨，剩下的衣服，妈妈全都洗干净，叠整齐，打包寄到儿童福利院了，那里有很多弟弟妹妹需要舒适保暖的衣服。”

“我那件红色的斗篷，也被你寄到那里去了。”

那是小女儿最喜欢的衣服，即使穿得小了，她也喜欢随意地披在身上，当我跟她讲了福利院的故事后，她欣然地将她最爱的红色斗篷放进了我要寄出的箱子里。这几年来，随着她们读的书不断增多，她们对福利院的感受以及拥有的同理心比我想象得更强烈和深厚。

“妈妈，你准备把这些衣服寄到福利院吗？”女孩们仰头问我。

“你们愿意帮我的忙吗？”

“当然！”两个女孩异口同声地说道，“我们非常愿意！”

那天，我们把所有的衣服都按照尺寸、上衣、裤子进行了分类，最后装进了两个纸箱里。这一次，我请大女儿帮我填写快递单，她的笔迹虽然稚嫩，但每一笔都很用力和认真。

“妈妈，寄信人应该写谁呢？”

“你们觉得呢？”

“写妈妈，因为衣服都是妈妈洗的。”小女儿提议。

“不，我们应该写马阿姨，如果没有她整理这些衣服给我们，我们就无法把它们送到那些需要的人手上，你们觉得好不好？”

“那，要不要告诉马阿姨呢？”

“你们可以写一张卡片，向阿姨表达你们的谢意。”

女孩们果真为她们心目中的英雄——马阿姨制作了一张卡片，卡片上写满了感激之语。

当然，朋友给的有些衣物无法寄出，因为衣服的破洞太大了，我们将那些布料裁剪下来，有的被缝成了沙包，有的被做成了耐用的杯垫，更神奇的是，我跟女孩们用剩余的布料亲手编制了一块地毯，那块地毯至今还放在她们的书房里。

在充满正能量的环境中成长，孩子们遇到问题时，就会乐观地想到最好的一面。“人之初，性本善”，身为家长的我们，是一面再好不过的镜子，我们随时都在做一面“真善美”的镜子。相信我，孩子在镜子的另一端，一直在模仿你的言行举止。

放下攻击和充满抱怨的语言，指引她们正能量的方向，带她们走上充满正能量的道路，这条路会越来越敞亮，因为我们和孩子们的手里，皆握了明亮的光。

女孩们一直都以积极正向的态度面对生活，每当我遇到问题时，都会询问女孩们的意见。

犹记一次，许久未联络的制作人突然打电话给我，问我能否抽出时间，她希望我就一个主题提供一些意见和想法。正当我犹豫不决时，女孩询问我发生了什么事情。我把事情经过简单描述了一下，女孩认真地看着我说：“妈妈，她现在需要你，我觉得你应该帮助她。”

事后，我同朋友分享女孩的话，朋友不仅认同女孩的话，还赞赏女孩拥有的气度和格局。

气度和格局的养成，并非点滴朝夕，它靠的是我们每时每刻的陪伴和教养。

不要做橡皮擦妈妈

每个妈妈似乎都会说："孩子虽然是我生的，但他是独立的个体，他不是我，所以我不能，也没有资格用完美主义的标准去要求他的人生。"但人生这条漫漫长路，我们真的能够做到完全"不要求"吗？

大女儿初学写字的时候，因为握笔方式与别人不同，我时常纠正她，只要我看到她又用自己的方式握笔，就会既沮丧又失望地说："宝贝，妈妈不是说了吗？笔不是这样子拿的。"然后继续纠正她。当大女儿的握笔姿势渐渐符合我的"标准"后，她却变得不爱写字了。

"要不要写字呀？"我一如往常地问。

以前女孩一听到这句话就很兴奋，往往在我话音刚落时已经拿起铅笔，满脸期待地问："妈妈，今天我们写什么字？"

可是有一天，她的神情透露着几分落寞，第一次拒绝我："不要，我不要写。"

"怎么了？"

"我又不会拿笔。"

"你现在已经拿得很棒了。"

"可是在你的眼里全都是不对的！"

"妈妈是为了你好，你知道握笔的方式对写字有很大的影响！"

当女孩握笔的方式终于符合我的要求后，我发现她写的字太丑了，我皱了皱眉头，想也没想拿起橡皮擦毫不留情地擦掉。前几次，女孩都没有提出反驳意见，直到我再度朝她写的字"开枪"时，她突然压住我的手，眼眶里已经噙了泪珠："妈妈，那几个字是我好不容易写完的，被你擦掉我又要重新写……"

我在教她怎么写得一手好字，面对她的眼泪我不能轻易妥协，我故作轻松地回答："那就重新写好了！"

女孩的眼泪掉下来："妈妈，这样我会写很久，而且永远都写不完的……"

"没关系，我可以陪着你一起写，你慢慢写。"

女孩果真"慢慢写"，手酸，口渴，假意去厕所，各种借口层出不穷，也彻底摧毁了我的耐心，在她再度起身去倒水之际，我拉住她的手说："把字写完好不好？"

"根本就写不完，我一边写，你一边擦。"

"我也是为你好！你知道写好字对你的将来有多重要！"

女孩哭着放下铅笔，倔强得怎么也不愿意再写一个字，我的情绪管理器在此时也已失控，看着女孩说："你把所有的字都写完，写满三页才可以！如果写得不好看，我等一下一样会把它全擦光！"

女孩委屈地哭起来："妈妈，你不可以这样！我写得很累！"

我陪同且纠正她写字，她非但不感激还觉得委屈。此时，我们两个人都带着怒气，不如都先冷静一下，我回房间，女孩待在书房。

过了半小时，我的怒气也消了一大半。我重新走进书房，女孩的字虽没有写满三页，但每一个字都非常工整，大概是在向我证明或抗议，不可以再擦掉她辛苦写的字。我突然觉得自己刚才发怒的样子好幼稚，我到底凭什么去擦掉她的字呢？

如果今天换作是我，我辛苦完成的成果被别人否定，别人一副"为你好"的态度，一直纠正他们所认为的"错"，而忽视我辛苦的付出，我的心情会是如何？

伤心痛哭？情绪爆发？成人或许已经掌握处理情绪的方法，但是我的女孩呢？她最信任的人是我，最亲密的人也是我，我不管不顾地成为蛮横的“橡皮擦妈妈”，擦掉她所有的成果，她的情绪该如何安放？我必须为自己的“野蛮”行为向女孩道歉。

“姐姐，妈妈不应该擦掉你写的字，那的确是你一笔一画完成的，你所写的每一笔，都是你辛苦的付出。以后，你只要认真、尽力地完成了，不管字写得怎么样，我都不会擦掉它。”

“你保证？”

我点头鼓励她：“我看到姐姐刚才的每一笔都写得非常认真，这么认真的字，是不应该被擦掉的！”

女孩委屈的脸上有了浅浅的笑意，她拿起铅笔说：“那我继续写下面的字。”

女孩从握笔到现在，已经有近六年的时光，她的字迹从最初歪歪扭扭犹如毛毛虫，到现在工整地稳在每一块小方格里，这期间，我跟另一个自己在不断地拔河，不止一次地想要拿起橡皮擦，每当那时，我总会想起跟女孩之间的承诺，我信任她，相信她的一笔一画都是尽力完成的。

人生嘛，谁不曾经历过歪扭跌撞？孩子不是我们操控的工具，我们不能要求她们必须照着我们设定的轨道前进，人生也远远不是只有铅笔与橡皮擦，不是每一次擦掉重写就可以获得更好的未来，理想的人生是放稳自己的态度，一笔一画都尽力地完善、进步。

回到最初的问题，我们能够做到完全的“不要求”吗？

坦白说，我不能，但我愿意在犯错误的时候停下来，往前看，做个常反省的妈妈。

陪她一起慢慢来

大女儿成为小学一年级新生时，我的发条便绷紧了。她放学后我会叮咛她："功课写完了吗？""联络簿签了吗？""书包自己整理好不好？"她在一次次回答"好"之后就没有下文了，常常睡前才慌张地把联络簿拿出来，或是次日上学前才发现要带的彩色笔还没有准备好，运动课该带的跳绳也找不到，让原本可以悠闲吃早餐的清晨变得忙乱不堪。

为了改变这种情况，我建议女孩前一晚将联络簿拿出来签名，但此建议并没有让女孩有多大的改善。除了签联络簿之外，我每天还耳提面命，在她背后不断提醒："功课写完了吗？""宝贝，再去看一下书好不好？"

有时候我觉得自己就像《大话西游》里那个啰唆的唐僧，我何时竟变成一个唠唠叨叨、总是找不到重点的妈妈了呢？为了不让自己成为啰唆话多的妈妈，我决定每天帮她整理书包，负责检查她的功课。当书包变得整齐干净，功课本本皆完成之后，女孩再也不必每天被我念紧箍咒，我却觉得那都成了我每天必须完成的工作，而我不知何时变成了"小学一年级新生"。

回想女孩在幼儿园期间，老师和我会辅助她完成很多事情，加之幼儿园的功课比较少，多半是手工的美术作业，需要亲子互动共同完成。我们在做完美术手工作业时顺便签了联络簿，整理书包，事情完成得顺理成章。再看现在的女孩，刚上小学尚未满月，回家后写完功课就去读书，跟幼儿园时期没什么两样，我稍一提醒："你整理书包好不好？"她立刻启动撒娇程序，像在幼儿园时期一样抱着我说："妈妈，我们一起整理好不好？”

我看着她颇无奈地说道：“姐姐……”我一开口就意识到，如果继续讲下去又会变成“唐僧”，到底要用什么方法，才能让女孩学习整理自己的书包，自发地完成功课呢？

那天晚上我陪着女孩一起写功课，看着她颇为认真地写着字。对于她自己觉得不好看的字，她就会擦掉重写，女孩的投入和专注让我佩服。我回想起我跟女孩的约定，并时刻提醒自己不要再做橡皮擦妈妈，为何我不能把这个约定套用到女孩的“自我整理”中呢？

当我将女孩的书包整理好之后，我说：“姐姐，从今天起，书包你要自己保持整齐，我一周会检查一次，功课则需要你自己每天检查完成，我只负责签联络簿，而且只在每天晚上的九点之前。”

“书包太乱了怎么办？”

“你自己要负责整理。”

“如果你不帮我检查功课，我做错了也不知道啊。”

“如果你有不明白的问题，可以来问妈妈，妈妈会跟你一起看题目，给你解释题面的意思，但不会给你答案。”

“我一定不能做到。”

“不要急，慢慢来，一天不行就十天，十天不行就一百天，养成习惯后就成为自然。”

“可是以前那样也很好呀。”

“姐姐，这是你每天需要准备的工作，你长大了，我相信你可以做得更好，你要不要先试试？不要那么快否定自己。”

“好。”女孩勉为其难地答应了。

在女孩答应我之后，她的书包每天都有剪过的碎纸屑、折断的铅笔，还有画了小素描的小纸条皱巴巴地夹杂在课本里。

我有理由气呼呼地骂女孩吗？责怪她生活邋遢毫无整理章法吗？过去三年的幼儿园生涯，我事事都为她打点整理，凭什么在她刚上小学一年级就宣告她成为“大人”，必须事事亲自来？我虽未严厉要求她必须改善，但明确说出：“你慢慢来。”

我此时发现，与其让孩子“慢慢来”，不如我陪着她一起“慢慢来”。

为了配合女孩的时间，我工作的时间也做出了调整。每天她回家后，我跟她一起整理书包，因为每天都整理，杂乱的现象很快就得到改善。为了减轻书包的重量，我会跟她一起看课程表，觉得不必带回的课本作业，我就请她次日放回教室的储物柜。慢慢地，女孩养成了跟我一起动手整理的习惯，她不仅可以独立整理书包，还会帮我整理家务，我们边做事边聊天，这让我们又多出了难能可贵的亲子相处时光。

整理一事得到了完美的解决，但是她的功课让我们吃足了苦头。

我爱女孩，但爱的方式在功课这件事情上体现得与日常截然不同。学习是女孩自己的事情，她必须从错误中再学习，即使今天的作业题目她做错了，我也很少提出修改建议，我要让她主动发现自己的错误，这样她的记忆才会更深刻。

女孩每天的功课被老师画满了红色圈圈，在这个时候，我时刻都陪在她身边，陪她一起修正，找出原因。

“妈妈，我是不是太笨了？”女孩有点茫然地问我。

“你觉得画满红色圈圈就是笨吗？”我摸着女孩的头说，“一点也不是呀，你比其他同学又多了一次学习的机会，从修正中发现自己的错误，才能够及时去改正，你也会明白自己的问题，是自己粗心写错呢，还是自己真的不会。”

女孩很坦然地承认："这两个问题都有。"

"如果是粗心写错的，妈妈觉得可以反复地检查，每一道题都要仔细地查看，但有时候因为心里相信那是对的，在当时不一定能够检查出错误。如果时间充足，不妨把题目先搁着，从头到尾地顺一次答案，或许你就能检查出错误。"

"好，我下次会用心检查。"

"你不会做的题目，妈妈会跟你一起看，把每一道题都解释给你听，有时候或许你不是不会，只是一时没有领会到题目的意思，多读几次就能够明白了。"

不主动修正她的答案，让她自己从错误中寻找正确的方法，这种教育方法我坚持了大半年。女孩刚开始每天的功课都会被画红圈圈，后来就慢慢地找到了正确的学习方法。遇见不会的题目，她会主动地问我，但我每次依旧只解释题面的意思，从不讲出答案。女孩的学习成绩突飞猛进，在一年级下学期荣获"模范生"称号，在二年级获得"市长奖"。我在陪伴过程中，跟她一样从忐忑慢慢修炼到现在的从容、淡定。女孩的书包整理有序，面对学习，她称现在的自己"拥有坚持努力的态度"。

原来，不去主动修正孩子学习中的错误，陪她一起面对挫折和困难，陪她一起"慢慢来"，会让她的态度更坚定，目标更明确。

我很庆幸自己，在不做橡皮擦妈妈之后，又从女孩的身上获得了一次难得的体验，丰富了我们彼此的人生。

是谁的兴趣

我一直希望女儿们能够拥有一项才能，例如芭蕾、书法、钢琴等，因为这些才能在我眼里都具有国际范儿。在大女儿上小学后，这个念头就像每天必响的闹钟一样在我心里敲响，我开始收集相关资料，比如课程介绍、师资阵容等，经过对比，我留下了画画与钢琴。

坦白说，我对画画没有兴趣，反倒是先生在我孕期的时候常给肚里的女儿画画。先生的画风简单，几笔速成，却生动有趣，不知是胎教的影响，还是来自爸爸的遗传，女儿拿画笔时颇有架势，对各种颜色的调和也非常得要领。

我心里一直都有钢琴梦，小时候参加合唱团时，领唱的老师弹得一手好琴，长长的手指落在黑白的琴键上宛如一幅画。因为家庭条件的限制，我从小未能如愿学习弹钢琴，如今家中有女初长成，让她学习钢琴的大好机会来了！

在“画画”和“钢琴”的拔河之中，我毫不犹豫地选择了后者。不过我们家庭向来都是民主的呀，我不能擅自做主吧？只是女儿向来有主见，我要怎样才能让她如我的愿呢？我非常狡猾地问女儿：“你要不要试试钢琴？我觉得学习钢琴有很多的好处，弹钢琴的人像公主。”

女儿眼珠一转：“我觉得画画也很棒啊，我比较喜欢画画。”

这当然不是我要的答案，我继续放低姿态：“你知道吗？妈妈小时候很想学钢琴。”

“可是我想学画画。”女孩的表情比我更显得楚楚可怜。

这个局势对我大不利啊！她可怜的样子让我心疼，但是我不能妥协，为了圆我儿时的梦想，我一定要坚持!

看来必须跟女儿斗智斗勇，我告诉女儿：“我觉得这两个才艺都非常棒，我可以帮你报名试读，你先去试试看，到时候你可以自己决定是学画画还是学钢琴。”

“真的？”

我非常诚恳地点头：“真的！”

我希望女儿就此爱上钢琴，帮我完成儿时的音乐梦想。我以“民主”的方式让女儿去试读，但我接下来的举动可丝毫不民主。我擅自做主帮女儿报了整年度的课程（根本不是试读）；擅自地搬了一台钢琴回家（要让女儿知道妈妈不可动摇的决心）；并没有帮她报名画画课（我真的很自私）。

到时候生米煮成了熟饭，我甚至开始畅想，当女儿对钢琴产生浓烈的兴趣之后，某日我要午睡，女儿悠扬的琴声飘进了房间，陪伴着我进入梦乡。

一周后，女儿问我：“妈妈，我已经试学钢琴一周了，是不是可以去试着学画画了？”

“才一周，基本功都还没有练成呢，你再多学学。”

女儿对我的敷衍并没有起疑，我虽然也愧疚，但本着“万事都是为她着想”的自私心态一直安慰自己。

“那一个月后呢，你可以帮我报名学画画吗？”

“当然，当然可以。”我在用拖延术。

一个月飞逝而过，女儿问我：“我试学了这么久的钢琴，我还是想要学画画。”

我听了心头一惊，决定稳住女儿：“你的钢琴弹得很棒啊！”

“可我还是喜欢画画。”

“宝贝，你看，妈妈把钢琴都买回来了，妈妈多用心啊，希望你也多用心。”

“可是当初你不是说试学吗？”

“我有吗？”现如今，我只能耍赖了。

“你有。”连小女儿都开始帮腔说话了。

“哦，我觉得你学习能力非常强，所以决定让你继续学。”我强词夺理地回答。

“可是你说让我自己选择和决定。”

我的情绪管理器在女儿说出这句话之后开始失控了。

“你几岁？可以决定什么事情？”

“我现在这么做都是为了你好。”

“学钢琴有什么不好？有多少人想学还没有条件，当初我不也是这样！”

“你怎么可以这么不懂事！”

女儿很委屈地哭了，但还是不忘她的画画课：“你答应帮我报名的画画课，有帮我报名吗？”

“没有！”我的回答真是混蛋，我摧毁了女儿对我的信任，但当时的我顾不了那么多！

女儿默默站着，双肩耸动着，眼泪一滴一滴涌出来，我想伸手抱抱她，但女孩转身就走，她拒绝投入我的怀抱。

我的怒意又腾起来，我做错了什么？我不过是指引她未来的道路，我不过是希望她好好学习一项技能，我不过是希望她承载我儿时的梦想！我不要看到她的眼泪，我不能让自己心软！

我看着她说：“不要哭，擦掉眼泪，继续弹琴！”

女孩一直都很听我的话，她慢慢挪步走向了钢琴，泪珠砸在琴键上，我不打算妥协：“快一点，从第一课弹到第十课！”

女孩的手放在琴键上，音乐断断续续地在客厅里响起，我心里乱糟糟的，听着她的琴音丝毫感觉不到愉悦，我严厉地指责她：“节奏，快一点，手指的位置不对，你到底怎么回事！再快一点！”

每次上钢琴课时女儿都如坐针毡，而我总以为，再坚持一下，说不定明天她就会对钢琴产生兴趣。

时间飞逝而过，在我生日那天，女儿用钢琴演奏了生日快乐歌送给我，我很感动，觉得这段时间的严厉总算得到了回报。正当我矫情地准备流泪时，女儿突然走向我：“妈妈，我准备了生日礼物给你哦。”

这首歌不算是礼物？我心里很纳闷。

“这个礼物是我精心准备的！”女儿开心地从书包里拿出一张卡片，“这张卡片是我亲手做的，里面的画是我自己画的哦。”

认真向老师学习琴谱，每天偷练的钢琴曲生日快乐歌称不上礼物，而她精心画的卡片，在她眼里才称得上礼物。

我顿时明白钢琴与画画在女儿心中的分量。

我问女儿：“你喜欢画画还是弹钢琴呢？”

“画画。”女儿不假思索地回答，但随后她又补充，“钢琴也喜欢。”

“为什么喜欢钢琴呢？”我问。

“因为妈妈喜欢。”

因为妈妈喜欢。

六个字，字字分量沉重地砸在我的心上，我开始认真地反思，过去几个月，我多么混蛋！有多少父母跟我一样，将自己儿时未能达成的愿望强行塞给下一代，逼迫他们帮我们完成？

更可悲的是，我打着“民主”的旗号，却绑架了她的决定权。

我诚恳地向女儿道歉：“妈妈不该擅自决定你的喜好，你喜欢画画，那要加油喽。”

我履行了自己的承诺，帮女儿报了画画课，女儿在得知这个消息后兴奋地抱住我：“妈妈，是真的吗？我好爱你！”

此后，家里虽没有再听到琴声，但是欢笑声更多了；女儿在画画的课程中，从来都没有让我有当初逼她学钢琴时那种不可遏制的怒意，她甚至还会告诉我色彩要怎么调才会更饱满好看，我们母女的心也因此更紧密了。

我们爱孩子吗？得到的答案一定是爱。

而我也相信，每个孩子都有属于他的特质与强项。

在给孩子选择兴趣的时候，我们不妨用心想一想，他的专长是什么呢？既然我们爱他，就给他选择兴趣的空间，并给他决定的权利，这才是真正的爱。

最初的坚持

长久以来，我都保持着记录女孩们成长的习惯。我给大女儿报名学习钢琴一事，当然也记录下来了，不仅如此，我还把这件事告诉了两三知己，只是后来女孩对钢琴没兴趣，我也彻底反省钢琴究竟是谁的兴趣，钢琴一事就此作罢。

前阵子，好友突然找到我，询问女孩学习钢琴的情况，得知我们早已没有继续上钢琴课时，好友的语气里透露出惋惜和责怪："你怎么不让她学习呢？这样跟半途而废有什么两样？你应该让她坚持下去，这样好可惜哦。"

可惜吗？那根本就不是女孩的兴趣，她学了也觉得痛苦，不要把父母的兴趣强加给孩子，适时的停止是再好不过的，但朋友所说的坚持和半途而废，也让我想起了另一件事。

女孩在一年级上学期的某一天放学后，突然兴致勃勃地跟我说："妈妈，我好想去学英文啊。"

我对女孩的功课一直都没有特别的要求，原本打算在二年级下学期再帮她报英文课，见她主动提，我问她："怎么突然想去学英文啦？"

"妈妈，你不觉得说英文是一件很酷的事情吗？那是跟我们完全不一样的发音方式哦，而且我学了英文之后，就可以看英文的绘本了！"

我答应女孩，这件事情我会好好考虑，但是还没等我真的去想，女孩在三天后突然兴高采烈地告诉我："妈妈，我跟你讲哦，今天老师问我们愿不愿意去英文课旁听，我去啦！"

“你觉得怎么样呢？”

“很有趣呀，上课的老师讲得很生动，我觉得蛮好玩的。”女孩转而用商量的口吻询问我：“我很想去学英文，妈妈，你可以帮我报名吗？”

“可是……”

“让我学吧，拜托你，妈妈，我跟你说，语言世界真的很好玩！”

“这是你自己喜欢的，是你自己的决定，是吧？”我问女孩。

女孩漆黑的眼珠子看向我，眼睛闪出了光芒，她用力点了点头。

凭她点头的力气，我次日下午帮女孩报了名，让她跟最喜欢的薇薇安老师一起学习英文。

女孩的英文课程排在周二的下午以及周六的上午。刚开始上课的那段时间，她每天回来都会跟我和妹妹分享她新学的单词，迫不及待地念给我们听。女孩虽是初学者，但是她的发音非常标准，或许正因为这是她感兴趣的事情，所以她很认真地听讲，记笔记，反复练习发音，这点让我倍感欣慰。

可是好景不长，女孩某天突然难过地跟我说：“妈妈，我不想上英文课了。”

“怎么了？”

“我觉得英文好难啊，而且每次课都上到那么晚才回来，每周六也要上课，呜……”女孩又委屈地哭起来。

“姐姐，你还记得你当初对妈妈说的想上英文课的那些话吗？”

女孩哭着摇头：“我也不知道为什么，当初就是爱上了。”

“你觉得英文课程很有趣，觉得他们的语言特别好玩，觉得讲出英文的人都是酷酷的。”

女孩还在抽泣，她抬头问我：“我真的那么说吗？”

“你知道吗？我跟妹妹每次都特别期待你去上英文课，因为我们都知道，你只要下课回来，就会用你特别好听的声音，把你学到的单词一一念给我们听！”

听到我这么说，女孩的情绪终于有所缓和，但她对英文课程依旧抵触。这天周六，又到了上英文的时间，女孩在家里磨蹭不愿意出门，当我在楼下催促的时候，她委屈地红着双眼，心不甘情不愿地跟我去学校。

“宝贝，你今天先上课，再试试看，等你下课回来，我也会找时间跟你聊一聊，好吗？”

女孩点头。

女孩在上课，我的心情也未能就此放松，我想了很多假想的答案，女孩究竟怎么了？为什么她会那么委屈？她是不是遭遇了什么事情？我的做法正确吗？

在忐忑不安的情绪中，我接回了女孩。那天下午，我特别郑重地跟她聊起了英文课程的事情。

“宝贝，妈妈想，你每次去上英文课的压力很大吧？”

女孩见我这么说，原本还对我有所防备的心敞开了，她红着眼眶朝我点头。

“你愿意跟我说说吗？”我抚摸着她的背。

“妈妈，我不想去上英文课了……”

“为什么呢？”

“英文真的很难，妈妈，你知道吗？我每天都要考试，那些试卷对我来说太难了。”

“老师要通过考试，才能知道你们是不是真的把老师教给你们的知识学会了。宝贝，妈妈不是要你每次都考 100 分，我之所以让你去学习，是因为你喜欢，你知道喜欢一件事情多不容易吗？妈妈很希望你能够把这个兴趣一直维持下去，而不是才短短的几十天就放弃了。”

“可是我不喜欢考试。”

“宝贝，你看着妈妈，我会去跟老师协商考试的事情。你呢，一定要记得最初的坚持是什么，你喜欢它发音有趣，希望有一天自己可以读完一本英文书，是不是？”

女孩点点头。

到了下周一，我去找了老师，说出自己的担忧，女孩对于学习的热忱，以及她自己独特的想法，我请求老师能否在近期内不要频繁给女孩出考卷，我之所以让女孩学习英文，并不是因为想让她有卓越的进步以及次次百分的回馈，一切皆因为那是她选择并喜欢的。

老师很惊讶，因为自她从业以来，从来没有一个家长会主动跟老师商量，让老师将考试暂停，让老师对孩子的要求别那么严格。

与其说我是开明的妈妈，不如说我遇见了更开明的好老师。果真，之后的很长一段时间里，女孩上英文课都没有考试的压力，或许因为没有压力，所以她可以全身心地投入在自己喜欢且愿意去坚持的兴趣之中。从那次之后，她再也没有跟我哭诉她想放弃学英文。

不久前，女孩参加了英语考试，我并没有关注她考的分数，但她竟然拿了一个奖杯回来，老师们一致认为她考得非常好。现在的小女孩，回家不再只是背一个个单词，而是用整段流利的英语跟我们对话。

很庆幸的是，我曾经遭遇过钢琴事件，为了我自己的兴趣逼着女孩学习她从一开始就排斥的钢琴，从那件事情中，我自省且收获了很多，在让女孩坚持自己的兴趣时，如英文和阅读，我都找到了很好的方法来应对，且每一次都提醒自己，不要再像钢琴事件那样伤害到女孩幼小的心灵。

我耳边又响起了朋友的话：“既然帮她报名学习钢琴，就应该让她坚持下去！”

其实我没有告诉朋友，“坚持”这件事情，在孩子自主的世界里，从来都不是我们大人可以决定的，她必须先选择自己的兴趣，在兴趣的基础上，逐步地做到“坚持”。

这才是“坚持”最重要的意义吧。

小女孩因肺炎住院了，住院期间她给姐姐打电话，拜托姐姐帮她把功课带到医院让她写完。因为右手打了点滴无法握笔，小女孩竟练习用左手写字。她每写完一个字就会认真地端详一番，如果觉得自己写的字不好看，她就会让我把字擦掉。我心疼地说：“妹妹，没关系的，你本来就不习惯用左手写字，咱们可以等出院再写啊。”小女孩一脸认真地说：“不行，对于一件事情，从一开始就要坚持把它做好。”

不久后，女孩出院，但因身体虚弱仍无法去上学。每天晚上，她都要先将功课全部写完才愿意休息。

亲爱的女孩，我教会你们“坚持”的意义，而你们，何尝不是教会了我“坚持”的本质。

画画真的不能赚钱吗

大女儿进入小学后，跟小伙伴们渐渐熟络起来，她开始给他们画肖像，其中一位同学得知她参加了绘画班，拿着她的画问：“你不知道画画不会赚钱吗？为什么还会选择画画？”

女孩回来，小心翼翼且忐忑地问我：“妈妈，画画真的不能赚钱吗？”

“你为什么会这么问呢？”

“这是同学问我的问题。”

“你是怎么回答的呢？”

女孩耸耸肩，一脸无奈地回答：“我还这么小，怎么知道画画会不会赚钱呢？”

女孩的同学我并不认识，她的父母或许是一番好意，提醒她用功读书，将来找到一份好工作，就会有不错的收入，但孩子们的理解与我们所想要灌输的理念竟天差地远。

见我还沉默，女孩不自信地问：“妈妈，你帮我报名绘画班，又给我买了那么多绘画本和水彩笔，你一定花了很多钱，怎么办？我将来根本就赚不到钱！”

“姐姐，妈妈让你去画画，并不是让你去赚钱……”

“不赚钱，那我为什么去学画画？”

女孩竟在潜移默化中被影响了，我的回答显然是错误的，我为何把主题又定位在“赚钱”上呢？此时的女孩既悲伤又落寞，她或许在想，绘画是她做出的第一个人生抉择啊！怎么能错呢？她怎么可以辜负家人呢？

女孩沮丧地看着我问："妈妈，请问如果退了那个画画的课程，你可以拿回多少钱？"

"宝贝，你要不要听我讲一件事情？"女孩点点头。

"我有段时间特别爱做蛋糕，为此还特别买了烤箱回来，你知道做一个巧克力蛋糕的时间要多久吗？"

"10 分钟够吗？"

我摇摇头："它需要太多个 10 分钟了，它的程序非常复杂，而且要花费很多时间，我做蛋糕给你们吃，我会赚钱吗？"

她也摇了摇头："我上次吃巧克力蛋糕没有给妈妈付钱。"

"对呀，你看，我做得那么辛苦，又根本不赚钱，那我就不做蛋糕了，我把烤箱卖掉好不好呢？"

女孩突然朝我甜甜一笑："可是这样我就再也吃不到妈妈亲手做的蛋糕和饼干了。"

我也笑了："我当然不会卖掉烤箱，你知道为什么我不卖吗？"

"因为妈妈想做给我吃！因为妈妈爱我们！"女孩看着我说，"因为妈妈特别爱做蛋糕！"

"对呀，因为我喜欢，所以我愿意花时间去学习，去研究蛋糕需要多少糖、多少面粉做出来才会更好吃，我还学习怎么挤出漂亮的奶油，不管过程多么辛苦，我都很认真、很努力地把它完成，在这个过程中获得的成就感跟赚钱根本就没关系，你觉得呢？"

女孩点点头："妈妈，你做的蛋糕真的很漂亮，可是，这跟我画画有什么关系呢？"

我想起不久前曾跟熟识的老师一起聚会的事情。

"妈妈再讲一件事情给你听好不好？你知道小雪老师吧？她家的女儿曾就读于北一女校，之后又考上了台湾大学，那是一所非常好的学校，不久前她毕业了，你觉得接下来她会去做什么呢？"

“找工作上班吧。”才上一年级的女孩已经知道长大之后必走的一条道路，想来不知是幸还是不幸。

“她放弃很多赚钱的机会，去印度做志愿者，你知道为什么吗？”

“是因为有兴趣吗？”

“对，她觉得帮助别人才是自己存在的真正意义和价值！可是有人常跟小雪阿姨说：‘她去做志愿者根本赚不到钱！’你觉得小雪阿姨会让她回来吗？”

“小雪阿姨应该不会让姐姐回来的。”

“为什么呢？”我明知故问。

“因为小雪阿姨一直觉得，姐姐快乐就好。”

“妈妈也跟小雪阿姨是一样的，只要你能在兴趣中找到自己的快乐，就认真努力地坚持下去，至于其他人的话，赚钱不赚钱，真的有那么重要吗？”

刚才还愁云满面的女孩此时变得有自信了，她拿起画笔走向书房。

“那些画画课，你确定不退掉了？”我故意问。

“不要！这是我最爱的事情，不管别人怎么说，我都不退了！”女孩的神情充满了坚定，“妈妈，你想要什么画，我画给你啊。”

“画你最想画的，我都喜欢。”

不久后，女孩说，她的同学再度将问题抛出来问她：“你为什么学画画啊？你不知道画画根本没有办法赚钱吗？”

“你是怎么回答的呀？”

“我说，那是我喜欢做的事情，喜欢做的事情跟赚钱根本没有关系，我没有想那么远，因为妈妈说快乐地做好自己喜欢的事情最重要！”

我跟女孩虽没有再说话，却相互紧紧地抱了抱。

亲爱的女孩，妈妈给你胆量和勇气，让你可以勇往直前地追求自己喜欢的事物，让自己的心灵更快乐充实，这可比赚钱重要得多啊！

妈妈，是不是姐姐老了，你就死了

我陪女孩们一起看电影《佐贺的阿嬷》，在贫苦的生活中，阿嬷总是展现出阳光正向且幽默的智慧。故事温情却也煽情，我忍不住拭泪，再看看坐在身边的女孩们，也个个脸上挂着泪珠。电影结束后我问女孩们："怎么啦？怎么哭了？"

年仅三岁的小女儿回答我："我没有哭，就是眼泪怎么都停不下来。"

女孩的话让我觉得，原来"感动"一词所延伸出来的另一种说法更具杀伤力。为了这种"感动"，此后我们每个月都会挑一部好电影来看，有些让她"眼泪怎么都停不下来"的电影，我们会反复地看。有一天，我在陪小女儿吃早餐，她突然问我："妈妈，人死掉了要去哪里？"

女孩之所以会这么问，是因为近期我跟女孩一起看的一部电影，讲述岁月像小偷一样偷走了男孩的健康和生命，这也是女孩第一次问我这么沉重的话题。

我想起儿时的自己也有类似的疑问，但长辈们对我的问题避而不谈。在我记忆的深处，死亡是不能触碰的神秘禁忌地带，尤其是拥有她们之后，我感觉自己的生命更有分量，对于这类话题也尽量能免则免，我会跟女孩们讨论生命的"始"，但从未聊过生命的"终"。

此刻我的身边若有长辈在，一定会厉声制止女孩继续发问吧。我庆幸此时只有我跟她们，而这一次，我决定勇敢面对女孩的问题。

在我们的生活中，从新闻媒体、电视影像到绘本，皆可看到关于生命的话题，孩子有疑问时，身为妈妈的我，只想用一种正向和积极的态度，带领她了解与面对，而不是逃避和恐惧。

小女儿此时就读大班，她知道蝌蚪变成了青蛙，知道毛毛虫要经过蜕变才能成为花蝴蝶，知道小鸡是孵化出来的，知道小羊出生即跪下喝奶，知道婴孩从小住在妈妈的肚子里……那她理应了解生命的循环以及宇宙万物的神奇。

“他只是去了另一个世界。”我回答。

“那他还会回来吗？”小女儿紧张地看着我问。

“他在那里也会有自己的生活，会认识新的朋友，我们只需要为他祝福就可以了。”

小女儿突然认真地看着我问：“妈妈，是不是姐姐老了，你就死了？”

此时房间里仍有音乐流动，茉莉花盛开得正好，女孩浓密的长睫毛上洒满金色的阳光。我仿佛看到儿时的自己，面对如同黑洞般的“死亡”话题，因不知如何应对而手足无措地慌张。我拉着小女儿的手，轻松地笑着回答她：“对呀，应该是哦。”

女孩的神情从原本的好奇变成了难过，她突然放下餐具，伸手到我面前紧紧抱住我：“我一定会舍不得……”女孩刚说完，就已经哭了，泪水打湿了她的长睫毛，她的嘴巴委屈地扁着，泪珠开始泛滥成海。

我抱着她安慰道：“宝贝，妈妈觉得这是很正常的事情，你也说姐姐老了，到时候还有姐姐……”

“那不一样……”女孩有了呜咽的哭声。

我轻拍她的背：“你看呀，雨会停，太阳会出来，每个白天和黑夜都会来。”

“我会很难过……妈妈，我一定会忍不住哭。”女孩的手紧紧地勾住我的脖子。

我把女孩的眼泪擦干，拉着她的手说：“妹妹，你不要难过，我们不知道明天会怎样，就像你不知道我们家的燕子何时会孵出小燕子，但我们知道今天和现在很快乐呀，你现在陪妈妈一起吃早餐，我们听音乐，还一起晒太阳，是不是很棒？”

女孩轻轻地点点头，可是眼泪还是止不住地流下来：“妈妈，你舍得离开我吗？”

“妈妈那么爱你，怎么舍得呀？妹妹，妈妈不会那么快就离开你们，因为姐姐也没有那么快就老嘛！”

“可是……”

“妹妹，你可以伸手抱住妈妈的时候，就尽力地抱紧我；可以笑的时候，就千万别低头一脸的不高兴。要知道，妈妈真的好爱你们的！”

“妈妈，我也好爱你！”女孩再度紧紧地抱住我。

那件事情并没有在女孩的心里留下恐惧，反倒是让她更懂得珍惜，让她跟我相处得更甜蜜，我们彼此黏在一起，一刻都不想分开。每次我去接她们放学的时候，女孩们总是在第一时间张开双臂奔向我，跟我分享她们学校的趣事，更多的时候，女孩对我的爱变成了行动。

因为工作的关系，我的手关节常会有莫名的疼痛感。某天我接女孩们放学回家时，关节的疼痛再次来袭，严重到手也无法举高，姐姐懂事地一人扛起她和妹妹的书包和餐袋，妹妹则小心翼翼地搀扶我走楼梯。回到家，我正准备打开房间的电源开关，没想到小女孩立刻说：“妈妈，电灯我来开就好，我不想让你的手再疼了。”

女孩们哪里知道，站在昏暗的客厅里，两行温热的泪悄然爬上了我的双颊。

亲爱的女孩们啊，懂得生命的轮回虽然重要，但我更希望你们懂得珍惜和感动的意义，这样你们才能真切体会，时间逝去不再回，我们心中的爱才不会匮乏，才不会舍不得伸出自己原本可以拥抱的手臂。

亲爱的女孩们，不要担心，我一定会陪着你们，看你们长大变老，看时光把你们变得那么好。

每次看到这篇稿子，内心总有些动容，女孩们已经学会珍惜每一寸好时光。时隔两年，我带上女孩们回到故乡，大女儿每天都黏着爷爷。有一天晚上，我问她："为什么回来以后你从来不跟我一起睡呢？"大女儿说："妈妈，等我们回到台湾，每一晚我都可以搂着你睡觉，但是搂着爷爷的时间太宝贵了，要好好珍惜呀。"

还有一次，我的阿姐因为某件事情难过地关了手机，全家人着急地找她。当我傍晚回家时，小女儿一脸担忧地问："妈妈，你有没有找到阿姨？是在哪里找到她的呀？"

"你猜猜看。"

"如果是很难过的事情，我猜她会去找舅舅，舅舅陪她聊聊天，她也许就好了。"

"你好厉害，真让你说中了，我们总会遇到不开心的事情，还是要找自己最亲近的人，跟他们聊聊天就会好了。"

"当我长大也有不开心的时候，也要找你聊天……"

温情是疗愈心伤的一剂良药，妈妈希望你们开心长大，但如果，如果，真有什么不愉快，一定要记住，妈妈永远在等着你们来跟我聊聊天。

别让礼物成为吞噬孩子本质的怪兽

有一次，女儿闷闷不乐的，我问她怎么了，她回答我："不开心。"

"怎么不开心了？等一下妈妈去买一只米妮的玩偶，送给你好不好？"

"真的啊？"女儿的脸上立刻有了笑意。

"当然是真的啦，那现在呢，开心点了吗？"

"开心！"

此时的我，沉浸在自己是好妈妈的光辉中，觉得自己有超强本领让女儿瞬间破涕为笑，却丝毫不知，我正在种下一颗日后令我困扰多时的种子。

此后，女儿的"不开心"便隔三岔五地发作，而我为了让自己更省事，总是不断地给她买各种礼物，她借着"不开心"获得礼物成了理所当然。更糟糕的是，妹妹见姐姐每次跟我商讨之后总能获得礼物，也依葫芦画瓢地进行"模仿"，我这才意识到问题的严重性，决定尽快纠正她们的想法。

有一天，我带女孩们去爬山。出门前，女儿又以不开心为由试图向我讨礼物，但被我拒绝，她很快又找到另一个理由："是不是我表现得很乖，就可以得到一件礼物？"

我看着女儿说："宝贝，妈妈觉得自己以前做错了。"

"为什么？"

"你不开心是为什么呢？我从来都没有问过你原因，我一直买礼物给你，看到你拿到礼物之后笑了，我以为你开心了，但现在我才发现，我以前的方式是错的，快乐根本不需要用钱买啊。”

我继续说：“不开心和礼物这两者为什么会联系在一起呢？从今天起，妈妈决定不再用送礼物的方式给你快乐，不会以任何物质方式来奖励你，妈妈觉得快乐就是全家人在一起，享受美好的时光！”

“不会的，我要的礼物都是小小的。”女儿继续提出要求。

而我丝毫没有气馁，继续说：“真正的快乐不需要用钱买。”

“那要怎么办？”

“我带你去看，你就知道了！”

那一天，我和女孩们爬到山顶，山顶的空气很新鲜，可以听到鸟语，嗅到花香，女孩们在山间偌大的草地上尽情奔跑。我亲手准备了各式小点心，供大家在山间野餐。一整天的行程非常顺利，当我们从山中美景回到大都会时，问题却来了！

女孩们在进入商店时，丝毫没有跟我商量就各自抱了一个过家家的玩具，我看了之后示意她们将玩具放回架上，但女孩们串通一气说：“我们今天表现得很棒！”

“我们今天早上不是刚做好约定？”我试图用语言说服。

此时有路过的民众也忍不住好奇，纷纷侧目观看，孩子们似乎抓到了妈妈的另一个软肋——在大庭广众之下，身为家长的你因为爱面子会在意别人的目光，所以你一定会妥协！

我已经被自己之前的愚蠢行为（不断妥协及纵容）给害惨了，也非常想要收拾这个因我而起的残局。

女孩们开始施展她们的撒娇功夫：“妈妈，拜托你，我好爱你，就买给我嘛！”

“我也很爱你们！”我话锋一转，“但是爱你们不代表我要买玩具当作礼物，请把玩具放回架上。”

见此招不奏效，女儿紧紧抱住玩具，眼睛泛红，随即委屈地放声大哭，众人的目光在此时来得更猛烈了，他们盯着我，有的窃窃私语，有的直接驻足，我却丝毫不觉得尴尬。

我靠近女儿，女儿很警惕地要远离我，我在她身旁蹲下来，轻轻揽着她说：“宝贝，我问你啊，为什么你想要这个玩具？”

“因为我今天很听话。”

“今天爬山路，都是自己走，真的很棒，可是除此之外呢，你觉得还有什么原因？”

“我可以跟妹妹一起快乐地玩过家家。”

“所以你觉得‘快乐’是可以用钱买的？”

女儿点头。

“妈妈以前也是这样认为，所以不管你要什么，我都不断地满足你，我以为那样就是买到了快乐。我想问你，今天我们去爬山，看到那么多漂亮的风景，还有很多不同的植物，很多很奇特的昆虫，你觉得那时候你快乐吗？”

女儿又点了点头。

“如果让你选择，你觉得，这两者之间的快乐，哪一个更有意义？”

女儿看着我不说话。

我抱着她说：“宝贝，我买给你的东西不断地增加，但你们的快乐也增加了吗？我觉得有些买来的东西反而有点像怪兽哦，它把你心里原本的快乐都吃掉了。”

女儿看着手里的玩具，很天真地问我：“妈妈，你觉得它是怪兽？”

我摇头：“它不是怪兽哦，但是人生里的快乐太多啦，有很多东西不是用钱就可以买得到的，你能告诉我是什么吗？妈妈先说一个，太阳！”

小女儿立刻抢着回答：“新鲜的空气！”

大女儿也说：“爸爸妈妈的爱！”

女孩们主动将玩具送回了玩具架上，而在我身边的那些围观群众，不知在何时都散了。

此后，女孩们的很多快乐都是她们自己“创造”的。

她们可以用一个纸盒做出弹珠台，两个人玩得不亦乐乎；也可以自己写各种小纸条玩猜猜乐，连放置小纸条的铁盒都是空的糖果盒，里面写着“抽到此签可以亲妈妈十次”或是“抽到此签可以看一小时电视”等有趣的寓教于乐的小纸条；还可以用报纸糊成“篮球”，一起快乐投篮，妹妹常会抱着它左右奔跑，两人还时常击掌欢呼，像是真的在球场上。

现在我偶尔还会问：“什么东西是买不到的？”

她们玩得满头大汗还是不忘回答我：“阳光、空气、水、爱、快乐！”

当我们总觉得自己给孩子太少，为了满足自己内心那一点点不安，靠物质的东西来不断填补与孩子之间的空隙，试图与孩子拉近距离时，殊不知，我们或许带给孩子的，不是知识，不是快乐，而是吞噬孩子纯真本质的怪兽！

怎么办？我不是第一名

大女儿初进小学，为了让她学会自己纠正错误，我很少在她的考卷和作业簿上做出纠正。我的出发点很简单，唯有她自己发现错误，才能加深她的记忆，不会一错再错。

每次女孩考试回来，我并不着急知道她的分数，因为那是既定的结果，追究的意义不大，我会陪着女孩一起看考卷，看她在哪些题目上出错，看是因为她粗心大意，还是因为真的不会做那道题。

我陪着女孩一起找到问题，她会严格要求自己，重新做一遍之后再反复看书加深记忆。

有一次，女孩考试回来，沮丧着脸，我大概猜出她考试成绩不佳，我却说："很饿了吧？我突然好想吃馄饨哦，你想不想吃？"

女孩看着我，表情带着惊讶和不确定，她鼓起勇气问我："妈妈，你要不要看我的考卷呀？"

我说："你应该也很饿了吧。"女孩点头。

"等我们吃饱回来，再一起看考卷，你觉得怎么样？"

女孩虽然低头不语，但是我能觉察出她嘴角扬起的笑意。那天的晚餐，女孩胃口大开，吃了很多馄饨。吃饱之余，她跟我分享她今天考试的题目有多难。

"妈妈，我考得一点也不好。"

"妈妈还没有看到考卷，所以你不要急着否定自己。现在是你考试结束的放松时刻，你就放松休息好不好？"

因为第二天是周末，所以今天回家的时间可以晚一些，我趁机问女孩们："想不想去看星星呀？"

女孩们惊喜地狂点头。那天，我们去了平常只有白天才会去的公园，第一次看到满天星星的女孩们显得格外兴奋。在小桥上，唯有我们的身影，女孩的手指轻轻地勾住我，她的身体紧靠着我，我们虽没有说话，但都在笑。

周末的中午，女孩将她的考卷递给我，我跟她一一看过考卷，除了她不会做的题目之外，还有一道数学题她竟漏做了。

"考卷重新发下来的时候我才发现我没有做这道题。"女孩不好意思地说。

"宝贝，妈妈教你哦，每一个题目前是不是都有一个号码？这称作序号，当做完考卷以后，你不仅要检查答案是否正确，还要数一数，一共有几个序号，再看看自己完成了几道题，这样就不会有漏写的问题了。"

"好，我知道了。"

我在陪女孩一起检查语文的考卷时，发现其中不乏因粗心而做错的题。我给女孩讲起自己小时候因粗心大意而匆忙交卷的故事，希望她以后可以多多检查自己的考卷。和大女儿一起检查完考卷，我问她："如果是你给自己设定规则，错误的题目你会抄几遍？"

"五遍好不好？"

"好。"

我刚答应，女孩就已经拿着考卷跑进了书房，其实那天她抄了不止五遍，有一个生字，她一直练习到自己会写才停止。

周一，女孩放学回来后，特意到厨房找我聊天："妈妈，我同学小绮今天早上哭得好伤心。"

"你有没有安慰她？她发生什么事情了？"

"她周末两天都被爸爸关在家里，把做错的题目抄了一百遍！"

我感到吃惊："为什么会这样？她一定很难过。"

女儿委屈地点头："她真的很难过，她问我，我的周末是不是过得更加不开心，因为我没有她考得好。但是我不敢告诉她，我整个周末都在玩，你还带我去看了星星。妈妈，你要知道，她考了 99 分！"

女孩的话让我想了很多，现在的家庭教育呈现的是什么状态呢？分数对于家长来说，难道比让孩子快乐成长更为重要吗？我想了很多问题，但我唯独没有想的就是，我这样对我的女孩，算是放纵吗？

我之所以没有想这个问题，是因为我很清楚地知道，我教给孩子的是正确的学习方法，犯了错，只要去改正，不要再犯同样的错误，认真听课，就足够了，唯有做到这些，才不会忘了学习的本质，才能让她在轻松愉悦且毫无压力的环境中成长。

历经半年时间，女孩掌握了适合她的学习方法，能力逐步上升且呈现稳定的趋势。有一次，她拿着试卷找我签名时突然问我一个问题："怎么办？我不是第一名。"

"宝贝，考试不是为了拿第一名。"

"那为什么小绮的爸爸会那么生气呢？"

"宝贝，那是小绮爸爸的想法，妈妈觉得，考试不是为了拿第一名，而是为了丰富自己的知识，只要你认真听课，做考卷的时候真的努力了，是不是第一名就变得没那么重要了，你说呢？"

从那以后，每次考试，她都不会跟我说她考了第几名，而是跟我分享她上课时认真听老师讲课，考试的时候会不断地认真检查。难道说她的成绩因此后退了吗？其实不然，因为每一张考卷的题目，她全都答对了。

我想起佛法中常说的一句话：随缘。有些人觉得随缘就是顺其自然，我的理解却是，过程中必须全力以赴，面对结果要处之泰然，那才是随缘的真正涵义。考试的排名是结果，身为家长的我们，先不要看那个结果，要看的是：在孩子学习的过程中，我们真的陪孩子一起努力了吗？

我们都有影响力

接女儿们放学的时候，女孩们都会张开手臂扑向我，常不顾旁人地问我："妈妈，你有多爱我？"在我回答"非常非常爱"的时候，她们觉得我的表现不够热烈，踮起脚尖，伸长手臂，紧紧勾住我的脖子，非得跟我亲吻，这样才能证明这是足够的爱。老师和家长们见了都很羡慕，觉得我跟女孩们的感情特别好。

有一次，老师问我："妈妈，你在家里的影响力一定很强。"

"为什么会这么说呢？"

"你爱她们，她们爱你，这种因爱而产生的影响力是非常巨大的。"

我听了莞尔一笑，不得不佩服老师的锐利眼光。

我认同她的说法，因为我现在所做的一切，皆是我的原生家庭、我的父亲母亲给我的，而我对我的女孩们又产生了怎样的影响力呢？

如今，3C 产品当道，家中除了电脑、手机以外，还有平板电脑。闲来无事，家人虽共处同一空间，却各自埋头看着手机和平板电脑，不时发出赢得胜利的欢呼声，乍看之下，其乐融融，但在我的眼里仍有遗憾。

回想我的童年时光，夜晚来临，家家户户都亮着灯，我们靠在父母身旁，听他们讲述过去的事情。一个故事被反反复复讲了十多年，却怎么都不厌倦，纵然听了那么多年，我们的笑点和反应跟最初听到故事时竟无太大差别，那种与家人相伴的美好时光让幼小的我充满了感动。

三年前的一天，我煮了一桌菜，家人围坐在一起，先生在用手机查收邮件，女孩们正抱着平板电脑看《巧虎》，看得不亦乐乎，只有我一个人在专心吃饭。我问女孩们："你们每天都在看《巧虎》，《巧虎》里有没有说过，吃饭的时候要坐好，乖乖吃饭呢？"

先生见状收起了手机。

"以后，我们家吃饭的时候，请不要看电视，更不要把手机带进餐厅，我觉得吃饭时间是个很棒的分享时刻，大家今天经历了什么事情，学习了什么，遇到什么事情，都可以拿出来分享呀。"

我的话初见成效，可不久后，手机和平板电脑依旧出现在餐厅，甚至有了逐渐扩大的趋势，从餐厅到客厅，从卧室到书房，甚至连洗手间都不放过。购入平板电脑的初衷，或许只是想与时代共同进步，却没有想到让女孩们成了不折不扣的"低头族"。

从那一刻起，我决定将平板电脑的使用权收回来，女孩们当然哭了，委屈、愤怒，觉得妈妈太霸道，一点也不像她们的妈妈。

我对她们说："平板电脑里的卡通真的太好看了，游戏也非常好玩，这些妈妈都知道，不过妈妈觉得好玩的游戏真的太多了，只要我们多多发现，一定可以找到更好玩的游戏。"

女孩们半信半疑，脸上还挂着委屈。

我继续说："这样好了，妈妈在家里也不玩手机和平板电脑，只要你们在家里，我就把手机关机，好吗？"

"你说话算话？"

从那天起，我不仅将手机关了机，还将无线上网的功能取消了，取消上网功能当然给生活带来了很多不便，但是给我跟女孩的相处带来了更多的美好时光。

正因为我说到做到，女孩们看到我履行了承诺，她们从此再也没有吵着要玩平板电脑。直到现在，我只要在家，就彻底跟网络世界失去了联络，但获得的欢笑时刻是拥有网络时的数百倍之多。

有一阵子，每天都下雨，清晨送女孩们去学校的时候，我得背着大包，将书包和餐袋全都放进大背包中，若是碰到更强劲的雨势，还需要再备鞋袜、长裤，这样即使到了学校浑身湿漉漉的，也有替换的衣物。下午接她们回家，也要经过同样的步骤，只是进门后需要走过长廊，还要爬上楼，为避免把水滴在楼梯的过道上，进门前必须先脱掉雨衣，我还要背着大背包上楼，将她们的雨衣挂在衣架上，拿到晾衣房晾起来，如此一来，雨季所带来的种种不便就凸显出来。

当晚，我陪女孩们洗澡的时候，聊起了雨季，我的语气里带着哀怨：“宝贝，每天下雨真的很麻烦……”

听到我这样说，大女儿立刻摇头制止我：“妈妈，你不可以这样讲哦。”

“为什么？难道你不觉得雨天出行很不方便吗？”

“妈妈，你知道吗？最近水库在缺水，我们不仅要祈祷老天爷多下雨，而且平常要节约用水。”

我不禁佩服大女儿对于环保的关注，马上向她道歉：“对不起，妈妈错了，我们真的应该珍惜地球给我们的所有资源。”

后来，我跟女孩们商量，为了节约用水，我们家尽量做到一水多用，例如，洗米的水可以用来洗菜或者浇花；而洗澡的水则可以用来洗衣服，也是从那时起，家中所有衣物都由我手洗。

手洗衣物不仅可以省水省电，衣服留有的清香味道也更长久。

为了让地球的负担再减轻些，我跟女孩们养成了随手关电源的好习惯。炎炎夏日，将空调打开，足以让每个人身心都变得凉爽，可是当我跟女孩们看了《地球之歌》的绘本之后，我问女孩们：“我们要不要也把家里的空调关掉？”

“好哇！”

“可是会很热哦，你们真的能习惯吗？”

“关掉我们家的空调，可以预防地球爆炸吗？”小女儿天真地问。

“或许哦，只要我们每个人都少伤害地球，它的生命就会延长。”

小女儿充满童真地问：“是不是我们不开空调，地球的感冒也会快一点好？那些绿的树叶就可以很快长出来？”

见我点头，女孩们也决心加入到拯救地球的行列中，我们的努力或许显得微不足道，但我告诉女孩们，唯有去做，汇聚的力量才会越来越强大，总有一天，我们会通过自律去影响他人。

这个约定已经过去两年了，我们房间里的空调启动的次数每年不足五次，足以用成语“屈指可数”来形容。我偶尔会故意试探女孩们：“你们会不会热？”

女孩回答我：“妈妈，心静自然凉。”

“对呀，不要开空调，不然我们的约定就失效了。妈妈，地球的感冒一定会很快好起来的。”

都说家长是孩子们的一面镜子，必须以身作则，成为孩子们学习的榜样，但孩子们真诚而纯朴的内心也是一面镜子，我们彼此影响，其中产生的力量是多么巨大呢？我陪她们看书，自己也要常常以书为友；我陪她们进厨房，自身对于食物的渴望与尊重必须是对等的；我带她们走进大自然，我对任何的小生命都心存敬畏；我们一起戒掉了电视，我必须克制自己不要再触碰遥控器的开关；而我陪同她们做环保，小至垃圾分类，大至节约能源，我必先以身作则。孩子与我们共同参与，学习自我约束，我们互相影响，最终受益的不只是我，而是我们！

为了她们，成为更好的人

我在婚后三个月就怀了大女儿，此时我在大型电子公司人事部任职，每天培训的员工高达百人，同时正在创作我的第二本小说。当她在我肚子里满七个月的时候，我搭上飞机，抵达人生的第二故乡，在台北生育了她。

大女儿出生的那天，原本一直下的滂沱大雨骤然间停了，还露出了午后阳光。进手术室不足五分钟，女孩呱呱坠地，哭声洪亮却又委屈，惹得我在那时也偷偷抹了把眼泪。小女儿出生的时候，让我吃足了苦头，比预产期晚了三天还不愿意出来跟我们见面，无奈之下医生给我打了催产针。我在早晨八点进产房，小女儿在晚上八点半才来到这个世界。

虽然她们脱离母体，但我们的生命更加紧密相连。从她们出生的那一刻起，我与她们朝夕相处每一天。毫不夸张地说，她们睁开眼睛看到的人是我，最先听到的温柔话语，也是来自我。

我学习给婴孩洗澡，用润滑的乳液为她们按摩，跟幼小的她们对话，用我的耐心陪伴她们一点点长大。当母亲再见我时，用惊讶和惊喜的双重表情迎接我，母亲不止一次提及，我的两个女孩改变了她的女儿。

我不否认，因为有了她们，我愿意去学习如何成为一个妈妈。

不知是不是应了“一孕傻三年”那句话，我在这六年时光里傻傻地待在原地，但傻人有傻福，让我得以安排了自己的另一种人生。我陪伴她们两个长大，但真正成长的是我们三个。

我逐渐模糊的儿时记忆，因为不断给她们讲述而重新鲜活地跳跃于眼前；我与父亲之间的芥蒂，因为有了孩子这座温暖且稳固的桥梁得以修复；我曾经漂泊不安的心，也因她们而愿意蹚进人间烟火的油盐酱醋茶中。

女孩出生后，我的时间陡然变得紧张且没有章法，但是我知道，我必须内心强大且成长起来，只有这样才能够保护我的女孩，使她们得以安心无虞地拥有快乐的童年、青少年，直到她们长大。

我在她们清醒的时候陪她们做手工、娱乐、唱歌、阅读；我在她们熟睡的时候写稿、读书、写笔记、手洗衣服；我在她们需要陪伴的时候耐心陪伴；我在她们生病的时候投以拥抱；她们带给我喜乐与前所未有的安定，只要她们张口喊一声“妈妈”，我总能在第一时间出现在她们的视线中。

我跟朋友谈论起两个女孩，可以滔滔不绝，我跟她分享我记的日记，为她们拍的照片，她们的童言童语，朋友问我：“你哪来那么多的精力？”

我反问：“是不是所有的妈妈都像超人，永远都充满了电？”

后来，这位朋友也升级做了妈妈，带孩子精疲力竭，她身心疲惫地打电话向我求助：“你到底是怎么办到的？这些年，你累不累？”

某天深夜，女孩们都睡了，我刚写完稿，大脑还处于莫名的亢奋中，无法入眠，我坐在客厅的沙发上，没有灯，视野所及之处都成了黑色，空间陡然变得宽阔，思绪在此时变得敏感跳跃，我问自己：“这些年，你累不累？”

在异乡的这片热土上，人们向我敞开的胸怀是接纳与包容，还是退避与责难，我无法细数，但我已将它们全都分化，变成了滋养我心灵的肥沃养分，我的内心因此变得丰富且坚强。

当家庭重责全都扑向我时，我的压力简直无法想象。此时我的创作遭遇瓶颈，我不知道怎样才能写出更好的故事，同时我每天醒来必须面对柴米油盐的生活压力。我找与专业相关的工作却频频碰壁，为了维持家庭生计，我曾在甜品店卖过蛋糕，也曾在咖啡店里当过服务生。每当我下班回家，女孩们都迫不及待地扑向我，她们都很关心地问我："今天还好吧？"

有一段时间，我跟同事间相处的问题让我时常感到困惑，我问女孩们对这件事的看法，孩子们虽小，但心地善良，充满了爱，她们的回答让我看到自己身处的怪圈，女孩们帮我解决了长久以来让我感到压力的难题。

陪女孩们阅读的时候，某一天，大女儿突发奇想地问："妈妈，你要不要形容一下咖啡店的客人们？"从那时起，我暗暗观察客人的喜好和兴趣，此后这些都成为我记录人生的一部分，也让我的素材和故事更加饱满。

有了这些观察，我又为自己设定了一个目标，学习如何成为一个编剧。为此我报名参加了编剧的课程，每天晚上七点至九点半的课程，但来回所花费的时间就长达三小时。一直以来，我都是个路痴，犹记以前读书时，明明在学校已经读了近一年的书，放学的时候骑车却弄错了方向，愣是让我迷路长达一小时，无奈之下我唯有原路返回学校，重新走我熟悉的路线才回到家。

但就是这个路痴，因为有了更加坚定的梦想，在上课期间获得了班上唯一的全勤奖。

"有机会就要去试"这句话不仅是我说给女孩们听的，也是告诉我自己，因为机会来之不易，在机会来临之前，我们必须时刻准备和充实自己。

犹记几年前，我需要在职业生涯中做出抉择，一边是稳定的咖啡店服务生的工作，一边则是我奋斗多年的梦想与目标，当我举棋不定的时候，我问女孩："你们觉得，妈妈应该怎么选择呢？"

"妈妈，选择你最喜欢的，最想去做的！"这是大女儿的回答。

"妈妈，选择让你觉得快乐的！"小女儿奶声奶气地跟我说。

那一刻，我百感交集，更感到欣慰，因为在我陪女孩们的时光中，我给予她们的价值观没有错，从头至尾，她们认为每种职业都是平等的，应选择喜欢与快乐的，而不是带着功利心去选择对自己最有利的。

有朋友曾经问我："你为了她们牺牲了那么多，看着她们成长，变得乖巧懂事，你很欣慰吧？"

对于所失所得，我都以平常心去接纳，但对于其中的过程，必须说明的是，对于所有的事情我都全力以赴，我不认同父母应该有所"牺牲"，我在养育她们的同时，从来也没有甘心接受生活带给我的所有不公，反而以即使是低到尘埃也要努力开出一朵花的韧性，让女孩们看到我的改变和成长。

不依附孩子，不因她们而让我们被迫放弃原本设定的目标，而是为了她们，努力成为更好的人。

开始当个小大人▲

这双手小吗

我曾带女孩们参加过一次喜宴。宴会结束时，新娘和新郎会手捧喜糖欢送亲朋，人们为了跟新人分享喜悦和幸福，都会带走新人送的喜糖，姐妹俩也好奇地各自伸手拿了糖。跟新人告别后，我们开车离开，路上姐妹俩在讨论糖果的时候，妹妹突然大叫："姐姐，为什么你有三颗糖，而我只有一颗？"

"我也不知道，我一手刚好抓了三颗。"

"我的手太小了，只抓到一颗。"

"妹妹，我想到一个办法，三加一等于四，我们有两个人，平均分就是每个人两颗。"

姐姐的贴心并没有让妹妹忘记内心的不愉快，回家的路上，妹妹不止一次地举起手放在眼前，似乎在研究自己的手为何那么小。

有一天，大女儿去上学，我在准备午餐，尚未读书的小女儿在厨房帮我一起择豆芽，她看到我一手抓一把，快速去掉豆芽的尾端，也学着抓了一把，但她手心里的豆芽寥寥无几，女孩沮丧地把豆芽丢掉："我不想帮忙了。"

"你是不是累了，想睡觉吗？"

"妈妈，我不是想睡觉。"

"那你怎么了？"

"我的手这么小，什么也抓不到，姐姐可以抓三颗糖果，我却只能拿到一颗。"

我抱了抱她：“妈妈觉得，不管拿几颗都好，重点是我们收到了别人送给我们的祝福，这就足够了。”

“好讨厌，我不喜欢这样，这么小的手什么也做不了！我每次拿的东西都很少，洗澡的时候装进杯子的水也很少！”女孩说着说着，竟委屈地哭了出来：“这么小的手，我都没有办法帮妈妈的忙了！”

“妹妹一直在家里陪着妈妈，帮我一起准备午餐，你都不知道我有多开心。”

“可是我什么忙也帮不了你！”

“妹妹，来，把手给妈妈。”

女孩把手递给我，我摸着她柔软的小手说：“妹妹，你知道吗？你刚出生的时候手只有这么小。”我在手心里比画着，继续说：“妈妈那时候一直开玩笑说，妹妹的手逃不出我的手掌心，可是现在看来，只要你的手横放在我的手心，就已经超出妈妈的手心了。”

“所以我的手已经变大了？”

我点头：“是呀，妹妹的手已经比刚出生的时候大了很多很多。”

为了让女孩知道她出生的时候手脚有多小，我翻出她出生时的小脚印。女孩看到后连连惊呼：“妈妈，这真的是我的脚吗？”

“你看，你的脚长大了那么多耶！脚是你身体的一小部分，妈妈看着它们一点点长大！你从一个小婴儿开始，自己学习坐着，慢慢爬，学会走路，虽然现在你的手只能抓一点东西，但是等你长大以后，你抓的东西就会越来越多的。”

“会吗？”

“你在很小的时候不会自己抱着瓶子喝牛奶，可是有一天，我突然发现你自己抱着奶瓶在喝牛奶，妈妈当时觉得非常非常惊讶。还有一次，你爬了半年多仍旧不会走路，可是某天你突然扶着沙发迈起步子来，而且走得特别稳。”

女孩此时终于露出了一丝笑意，她好奇地问：“还有呢？还有呢？我是从什么时候开始喜欢自己吃饭的？是不是也是突然有一天自己就会吃饭了？还有呢？妈妈，你是不是发现我突然有一天会自己喝水了？还有呢？”

女孩的情绪有些好转，希望帮我一起准备午餐，可是她对于自己手太小无法帮忙一事仍挂在心上，我用尽招数都没有用，索性说：“那今天我们两个都休息，去外面吃好不好？”

女孩戴上她最爱的小红帽，我们徒步走到不远的面馆吃面，女孩贴心地帮我拿筷子，倒水。面馆的老板娘夸赞她可爱又贴心，能帮妈妈这么多的忙。我也轻声对女孩说：“妈妈也觉得你好棒哦，这么贴心，谢谢你呀。”

那天之后，女孩很少再提起自己的手太小一事，她时常默默地举起手，远远地瞧，近近地看，看完了手背，还会看手心，研究自己的手又长大了多少。

女孩每天回来，都会迫不及待地摊开她的手，跟我的手比画着，看看她的手又长大了多少。除此之外，她练习写字，每天给我大大的拥抱，自己洗便当盒，用她小小的手帮我做了很多事情。

前几天女孩放学后兴冲冲地跟我商量：“妈妈，我要拜托你一件事情。”

“什么事？”

女孩轻柔地问我：“可不可以把你的手借给我？我需要用你的手画一幅画。”

我原本以为女孩是想让我帮她画一幅画，却没想到女孩竟是拿出一张纸，将我的手放在纸上，她用铅笔描着我手的轮廓，一点点地将我的手画到了纸上。看着自己的“画作”，女孩颇满意地点点头，一脸神秘地跑回了书房。

晚上睡觉前，女孩郑重其事地将她的创意作品送给我，还提前祝福我母亲节快乐。在我的手旁边，女孩画上了她的小手，不仅如此，我们的手还被涂满了彩虹的颜色。

“妈妈，我的手是不是又逃出你的手掌心了？”

我眼眶一湿，握着她的手重重地点了点头。

“怎么办？我不想我的手再长大，我想永远都让妈妈握在手里。”

“小手长大才好呀，因为它总是会长大，大到可以握得了天下。”

“耶，我现在的手已经长大了！”女孩突然亲密地跟我十指紧扣，“妈妈就是我的天下！”

如今女孩们都上了小学，每天放学回来会主动洗自己的餐袋。外出散步的时候，两个女孩各自站在我的两侧，她们紧紧地握住我的手，她们的手又长大了，但我还是她们的天下。

带她们一起酿酒

家中的菜园里有几棵成年的桑葚树，在初夏时节缀满果实，饱满的桑葚在阳光下闪闪发光，果实多得惊人。此时我初到异地生活，对新鲜事物皆想尝试，不顾挺着二胎的肚子，带上工具携着女孩前往菜园。

此时的大女儿约一岁半，已会走路，开始有自己的思想，且会组织属于她的语言，亲近自然让她心花怒放。她负责拎着桶跟着我，见我采得开心，她提出想帮忙。都说为母则强，尽管已经怀着妹妹近八个月，我还是奋力地托起女孩，她小心翼翼地触摸桑葚，但是要怎么将它摘下来呢？女孩用力一拽，桑葚的汁液在她的手里绽放开了，衣服上也被喷上了暗紫色的汁液，女孩转头一脸担忧地看着我。

“没关系，衣服脏了妈妈会洗干净的，怎么样？你摸到桑葚了，是什么感觉？”

“软软的。”

“它还有一种味道，你闻闻看。”

女孩把桑葚靠近她的小鼻头轻嗅了一下，眉眼笑得弯起来：“闻起来甜甜的。”女孩转而伸手摸摸我的肚子，温柔地说：“妹妹，等你长大了，姐姐也带你来采桑葚。”

我想起我的阿姐，儿时我们最爱做的事情就是采桑葚，身手矫健的我们总能快速爬上树顶，在自己享用桑葚之余，还会把桑葚抛给等候在树下的小伙伴们。父亲不喜欢我们吃桑葚，他说苍蝇会在桑葚上产卵，吃了对肠胃不好，所以我们常背着父亲“偷吃”。

某次阿姐享用完桑葚大餐，哼着欢快的小曲儿回家，父亲正跟朋友喝酒聊天，见阿姐回家，父亲看了她一眼，放下酒杯，问：“吃桑葚了？”

阿姐头摇得跟拨浪鼓似的，说：“没有，我没有吃！”说完又心虚地加了一句：“他们都在吃，我在旁边看。”

“天气热，赶快去洗脸，准备吃饭。”

阿姐去洗脸的时候才发现，她的嘴巴旁边满是暗紫色的桑葚汁。直到现在，我们偶尔提起那个初夏的记忆，会心一笑之余，更感激当年父亲的睿智，不动声色，不让孩子难堪，也让成为母亲的我，在陪伴女孩们时有了更多的领悟和感触。

我们带着满桶的桑葚回来，将它们洗净后放在顶楼晒干。女孩弯着腰，时不时用她的小手去翻动桑葚。在阳光下，小女孩的身影被拉得很长，微风吹起她的裙摆，肚子里的妹妹不安分地拳打脚踢，似乎很想在这个温暖的时刻掺上一脚。小女孩远远地朝我跑来，“叭”一口亲在我的肚子上，再度朝妹妹温情喊话：“妹妹，桑葚真的很甜！你赶快来呀，我等你！”

不久后妹妹出生，那一坛酒后来被我分装成小瓶送给了朋友。因为家庭的一些变故，那个菜园我们再也没有去过。

又是一年桑葚季，此时的妹妹已经快满两岁，长得乖巧可爱，走路的步子也慢慢变得更稳更扎实。我牵着她们俩去逛菜场的时候，妹妹看见阿婆的篮子里满是桑葚，好奇地问我是什么。姐姐对于采桑葚记忆犹新，除了热切地跟妹妹分享外，也问我：“妈妈，我们要不要买些桑葚回去？”

我们把阿婆的桑葚全部买回家。两年前，因为姐姐尚小，酿酒的后续工作她都没有参与到，我怎么也没有想到，再次酿酒的时候身边已有俩宝。我们把桑葚洗干净，姐姐有模有样地带领妹妹一起做，她的动作比两年前更熟练，妹妹在姐姐的带领之下也渐入佳境。

“妈妈，为什么桑葚加了冰糖之后会变成酒呢？”大女儿问我，小女儿也竖耳聆听。

“把它密封起来，桑葚跟冰糖会发酵，这就是食物的神奇之处。你们知道吗？有些发酵的食物对我们的身体非常有帮助。”

女孩们的好奇心被打开了，不停地问我：“除了酒还有什么会发酵？”

“比如馒头，我们也是通过酵母的发酵才能让小小的面团长得那么大哦！妈妈有时候煮菜，会在菜里加一点点啤酒，量非常少，却能为菜加分，啤酒也是用麦芽发酵而成的哦！”

“那上次妈妈做的面包呢？面包慢慢变大，是不是也因为它发酵了？”

“你的观察力真是太棒了！”

“食物也会变魔术哦！”大女儿如此形容食物的特质，这让我感受到她词汇的丰富和力量。

我说：“食物之所以会变魔术，是因为有你们的帮助，你们是更棒的魔法师！”

不知是不是她们想成为更棒的魔法师，两个女孩开始每天注意封罐后桑葚酒的变化。两个人争先恐后地跟我分享她们看到了什么，就算是桑葚今天又下沉了一些，超过她们所记录的刻度，对她们来说都是一件大事儿！

后来，我跟女孩们又试了用蒜头、洋葱和草莓等不同食材来酿酒，酿出来的酒各有千秋，这使得我这个偶尔浅酌的娘亲有了自动补给的小酒窖。我曾为爱走天涯，在远方始终如浮萍找不到扎下的根，现在有了她们，像是酒慢慢渗进血管，全身都暖热起来，而我终于不愿再漂泊，愿意在这座城市停下来。

某一天，记忆之门突然向我打开，我看到青春期里那个迷茫的自己，因为一段感情而感到困惑难过，我把所有的难过和委屈全都憋在心里，直到母亲拿出一瓶酒跟我一起喝，我们喝得酩酊大醉，酒醒之后对疼痛往事忘得一干二净。

原来我跟女孩们酿酒，不仅让我记起深远记忆里与母亲同醉的往事，更记起母亲与我聊天时的温柔话语："人生哪有那么多不开心，要不妈再陪你喝一杯？"

我希望跟女孩们相处的时光，就像放进密封罐的桑葚或草莓，我们放进去的，是爱的回忆，是对彼此的信任和尊重，是对彼此的重视和依赖。如果这些时光能酿出一杯酒的话，我愿意来品一杯，哦，一杯远远不够……

写完这本书，我在台北的中秋夜大醉了一场。我给我的父母打电话，跟他们分享台北的月亮有多圆。在异乡的第十年，第一次没有在佳节时偷偷流泪。都说酒浓惹人醉，但这一回，尽管知道自己醉了，却因为身边有了女儿们的陪伴而笑了。

人生，是不是很有趣？你永远不知道未来的路在何处转弯，永远不知道你酿的酒是浓郁还是清冽，永远不知道自己何时会有两个贴心的孩子相伴……而你不知道的这一切，却在冥冥之中悄然有着安排。我们必须走在路上，去学习爱的能力。当与你有缘分的孩子来到你的生命中，赋予你成为人父或人母的身份时，就要在他们幼时时刻相伴。

我们可以不必拥有酿酒的本领，但要拥有爱的能力。

她们跟我一起做料理

结婚前，我是个十指不沾阳春水的娇气姑娘，最拿手的就是煮面，加上阿姐婆家手工制作的辣椒酱，再拌上香油，可以吃得非常满足。后来我还会往面里加青菜、鸡蛋或肉丝，让面食更营养丰富。

纵然那时我“一人吃饱全家不饿”，但母亲大人依旧担心我的饮食问题，让我务必学几道菜傍身。家中父亲母亲，姐姐姐夫，个个都是煮菜高手，他们进厨房半个小时就能端出满桌的料理，且道道都色香味俱全。我跟着他们学了点皮毛，学会了三菜一汤——芹菜炒肉丝、红烧鱼、麻婆豆腐和番茄蛋花汤。我当时自觉很聪明，以为拥有三菜一汤的手艺就可以走天涯。

后来我为人妻，为人母，一日三餐陡然成了人生的重头戏。大女儿的胃口自幼就不好，为了可以让她多吃一些，我开始向父母取经，看见好的食谱会记录下来，陪女孩去图书馆看书，她看她的故事书，我拿着笔记认真抄写食谱。不出一年的光景，我就入得了厨房，焖煮炸烧炒，全都难不倒我。

女孩们也是从那时起，慢慢地跟着我走进厨房，但是刚进厨房的她们总是坐不住，经常哭闹讨要抱抱，于是她们坐在椅子上的时候，我都会讲故事给她们听。因为空间的局限，我无法摊开一本书从头讲到尾，所以我想了一个应对的方法，就是给她们编故事。

我常讲的一个故事是，兔子妈妈要出门去买胡萝卜给小兔子吃，妈妈希望小兔子乖乖待在家里，谁来都不要开门……故事从这里开始，我会不断加入新的人物、新的事件和冲突，每次都让她们惊呼连连，不断地问我："然后呢，妈妈，小兔子今天又会发生什么事情？"

等她们再长大一些，由我讲的小兔子故事告一段落，我请她们接棒继续讲下去。虽然她们有时候讲的故事非常无厘头，但因为我们没有目的性，这只是让我们度过一段美好时光的调味剂，所以我跟女孩们都乐此不疲，我也从不纠正她们，任她们自由发挥。

我们在厨房的讲故事时光，在某一天突然有了新的转折。大女儿见我在打蛋液，一直好奇地盯着我看。

我问她："你要不要试着打一个鸡蛋？"

"真的可以吗？"女孩显然没想到我会这么问，这让她有点惊喜。

我跟女孩各拿一个鸡蛋，我先示范给她看，敲开蛋壳后打开，将蛋黄和蛋白倒进了碗里。女孩也小心翼翼地敲了一次，可是她用的力气太小，尝试第二次的时候，力量又太大，让蛋液流了出来，女孩担忧地看着我，问："怎么办？"

我递过一只碗，示意女孩把蛋壳里剩下的蛋液倒进去，然后我又问她："你要不要再试一次？"

小女儿见状，也跃跃欲试。

我们那天的聊天话题，就围绕着一个鸡蛋开始了。我跟女孩们聊起了达·芬奇，自幼具备绘画天分的达·芬奇，他的绘画旅程竟是从不断重复地画一个鸡蛋开始的。讲完这则故事后，我问女孩们："你们觉得画鸡蛋有意思吗？"

女孩们摇摇头，大女儿更是坦白："画鸡蛋能有什么意思呢？一个圆圈，我每天可以画很多。"

"每个鸡蛋都长得不一样，而且用素描的形式把它的轮廓展现出来，不仅可以练习绘画者扎实的基本功，也能锻炼观察力。”

见女孩们还是一头雾水，我又说：“就像你们今天打这个鸡蛋，你们能把每一个鸡蛋都打得一样吗？不过你们可以越来越熟练，每次打鸡蛋的时候都会有不同的体验。”这一次，女孩们对我的解释很是买账，频频点头。

那天我们煎的鸡蛋是平常的两倍，因为女孩们参与其中，所以我们都吃得津津有味，很快将盘子内的鸡蛋消灭干净。

后来，每每女孩们遇见同样重复的事情，懒得动手再去做的时候，我都会问：“还记得画鸡蛋的达·芬奇吗？一件事情重复做，你就会成为那件事情的专家，因为每一次的练习和尝试，都会让我们有新发现，才会有收获。”

这么简单易懂的道理，女孩们很快领会，并且学会了努力和坚持。

女孩们再长大一点，她们的手臂伸得更长，可以帮我一起理菜。我们会一起设计菜色，如将胡萝卜切成小花，再配上小朵的绿色花椰菜，颇有美感；银耳除了可以煮红枣莲子汤外，和姜丝、肉片一起煮成的银耳肉片汤也别具风味；红烧肉要切成小块，炖煮时加冰糖才更够味……

女孩们的胃口被慢慢地调好了，虽然还是偏瘦，身材却渐渐拔高了，手臂有了结实的肌肉。每天放学的时候女孩们都会问我：“妈妈，今天有什么水果可以吃？我来准备就好。”或是：“有什么需要我帮忙的吗？我很愿意做你的小帮手哦。”

为了让女孩们有参与感，我还跟女孩们一起包馄饨。她们最初跟着我学习包馄饨，后来又加入了她们自己的想法和创意，包了好多种“花式馄饨”，有像口香糖一样的长条馄饨，有爱心、小花、小笼包等别出心裁的形状，还有三角裤、衣服等无厘头形状。

在跟女孩们一起包馄饨的过程中，我会跟她们聊起自己儿时曾经跟父母包馄饨的场景，以及哪些时节需要吃馄饨或水饺，以此加深女孩们对习俗的了解，这是个寓教于乐的有趣过程。

当我们在厨房里开心玩乐时，我煮菜的水准自然有所提升。我不再只依赖食谱，而是依据厨房和冰箱里的食材，毫不慌乱地做菜。女孩们若是碰到上英语课（当日下课的时间会很晚），我会为女孩们亲手准备便当送去学校。

煮菜逐渐成为我跟女孩们的乐趣，我在此时又爱上了烘焙。我在洗衣房的一角辟出了足以放下长桌的空间，备齐了所有材料后，女孩们陪伴我一起动手。我们做过手工蛋糕、饼干，还烤了可爱的吐司和会爆浆的巧克力蛋糕。每一个过程，都让我们学会了坚持和努力。

出于对厨房的热爱，她们对食材有了更多的了解。她们尊重食物，常跟食物对话，因为她们觉得，让食材开心了，煮出来的食物才会是好吃的，因为食材们舒展开了。

厨房成了我跟女孩们的心灵聊天室，通过食物，我们无所不谈，聊我的小时候，聊我母亲的小时候，再跟女孩们的现在做比对，三代人骤然拥有了更亲密的链接；通过食物，我们创造了只属于我们母女三人的故事，且将源源不断地讲下去；通过食物，我们不仅了解了食材的特性和形状，同时让丰富美妙的形容词进入了她们的脑海，使得她们日后对于生活百态的描绘更添了趣味。

知识和爱，其实也藏在每一道用心的料理里，对不对?

你是家庭的一分子

我父亲疼爱两个外孙女的程度在疼爱我之上，他个性刚烈，却唯独愿意“臣服”于两个女孩，不论是家里摆放的精致的陶瓷小物件，还是用来装饰的小雨伞，只要女孩们喜欢，他都不厌其烦地拿给她们玩。女孩们有阵子特别爱鱼，父亲每天带着女孩们去捞自家鱼缸里的金鱼，女孩们乐在其中，常开心地拍打着鱼缸玻璃，把那些金鱼吓惨了。

当我跟女孩们回台北生活之后，父亲常有不舍，他回回打来电话的主题都是我的两个女儿。

有一次，女孩们正在帮我整理客厅，妹妹负责扫地，姐姐负责拖地，此时父亲打来电话，第一句话依旧是问女孩们在做什么，我答得轻松：“哦，她们在整理房间……”

“整理房间？她们还那么小，你怎么啦？是不是身体不舒服？”

“没有啊，我身体挺好的，你呢，最近好不好？”

父亲却不管我的问话，喃喃自语：“那么小，可以帮你打扫？”

我笑着点头：“她们是家庭的一分子哦。”

我当然知道父亲对两个女孩的心疼，或许他觉得小小年纪正是玩耍的好时光，怎么能让她们接触“粗重”的活呢。要知道，我父母对待孩子的首要原则是给其足够大的空间发展，其次就是呵护备至、疼爱有加。

我为什么还会让女孩们跟我一起做家务呢？这说来话长。

大女儿约两岁的时候，某次我在厨房洗碗，她也兴高采烈地想要加入，但是我怕洗洁精会伤害她的皮肤，便以这个借口搪塞了她，她虽然没有再吵闹，但是眼神里有些失落。

没多久，女孩再度站在我身旁，询问可不可以帮我洗碗，我当时的回答是："只有几个碗，妈妈快一点洗好就可以陪你了。"

"可是我很想帮忙。"

"可是你还太小了，等你再长大一点，好不好？"

大女儿撅着嘴，一脸不悦地调头就走。

此后，两个女孩渐渐长大，我偶尔会让大女儿帮我忙，问她："姐姐，你可不可以帮我拿一下杯子？"

女孩一脸认真地回答我："可是我还太小了，等我再长大一点，好不好？"

此时我才惊觉，我看似好意的安排，或许让女孩理解成妈妈拒绝了自己的请求，她理所当然地接受了"她还太小"的事实，以此为正当理由，再也不愿意出手帮忙了，而何时才能让女孩再燃起做家务的兴趣呢？坦白说，我一点也不确定，但我想试试看。

某天吃完饭，我故意在洗碗池前磨蹭，不时把沾满泡泡的手伸向姐姐，诱惑她说："洗碗真的是件很轻松的事情，两岁的小孩一学就会，你要不要学？妈妈可以教你哦！"

女孩认真地摇头："不行，上次你说我太小了。"她说完后头也不回地离开厨房，剩下我一个人哭笑不得。

后来我又"诱惑"了女孩好几次，女孩都无动于衷地摇着头，一脸认真地跟我强调："我还太小了……"

先生劝我不要太在意："她只是现在不洗碗，不帮忙做家事，不代表以后不会做。"

我却摇摇头："不，不仅仅是'洗碗'这件事情，我觉得我那次拒绝她实在是太敷衍她了，我连让她试一次的机会都没有给她，就直接告诉她不可以做，那她以后呢，会不会所有的事情都不愿意再去尝试了？”

先生认同我的说法，也不断地提一些小建议给我。

有一天午后，我们母女三人坐在玩具区玩过家家，大女儿突然提议我跟她角色互换，由她来照顾我和妹妹。那个下午我们玩得很愉快，女孩成为一个非常称职的“妈妈”，把我跟妹妹照顾得非常好。我准备去做晚餐前突然抱住姐姐说：“宝贝，你真的长大了耶，把我跟妹妹照顾得特别好。”

“真的吗？”姐姐听了很开心。

我认真地点点头：“等一下吃完饭，要不要跟我一起洗碗呀？”

“我这么小可以吗？”

“当然可以，你是家庭的一分子哦！”

听到我这么说，女孩的眼睛突然亮了起来，她又问了我一次：“妈妈，妈妈，刚才你说什么？这句话是什么意思？是不是我长大了？我可以帮忙了？”

我并没有手把手地教女孩洗碗，我觉得那就像是写字画画，我做了一次示范，其余的时间就站在她身边。当女孩忐忑地向我投以求助的眼神时，我都会鼓励她：“宝贝，你做得很棒，碗洗好之后，用清水冲干净就行了。如果你不知道怎么确认碗洗干净了，就照妈妈这样做。”

我拿起碗，把手放在碗里面，轻轻摩擦就会发出声响，告诉女孩：“你只要听到这个声音，像有东西从碗中间滑过去一样的声音，就是洗干净了。”

掌握了窍门的女孩很开心地洗碗，这样的事情每天重复做，她都乐此不疲。

我再也没有因为“水太冷”“你需要休息”等理由支开女孩，只要她愿意，厨房洗碗槽的主人永远都是她。等小女儿又长大一些，姐姐又将我当初教她的步骤一点点地教给了妹妹。现在的我，负责煮饭，清理一些汤锅和刀具，其余的皆是女孩们合力完成。

在她们洗碗的过程中，我依旧跟女孩们有一搭没一搭地聊天，这种好习惯后来延续到我们生活中的每一刻。不管何时，不管我是在扫地，还是在拖地，女孩们都会跑到我身边吧啦吧啦地讲一通。有时候我需要时间消化她们的内容，给予回应，但在大多数时候，她们只是希望和我分享她们亢奋的心情，不需要我太多的回应，只需要我仔细地倾听就可以了。

慢慢地，女孩们跟我的感情愈来愈亲密。我们在家里简直成了连体婴孩，我做什么，她们几乎都要参与其中，因为只有那样，她们才能时刻跟妈妈在一起。

而我呢，再也不会说：“你还太小，这些事情你做不好。”我鼓励她们动手去做，因为她们是家庭的一分子。

让我意外的是，她们每天这样从点滴家事做起，越来越体谅爸妈的付出与辛劳。当我觉得疲惫的时候，她们有时会递上一杯热水，有时候会靠近我身边小声说：“妈妈，你今天看起来很累，你去躺着，我们帮你捶捶背。”还不等我道谢，女孩又说：“因为我们是家庭的一分子哦。”

▼
带孩子逛菜市场

当年，我独处异乡，最大的心愿是跟菜市场的阿姨们成为朋友，如今在台北生活近十年，我最大的兴趣依旧是逛菜市场。沿途我可以和遇见的熟人道早安，一圈回来，肉菜水果装满提袋，愉悦的心情也盛得满满的，足以抵消一整天独自奋战的脑力激战。

周末的清晨，我有时带女孩们去公园野餐，有时也会带她们逛菜市场，带她们走进充满人情味的地方，看各地文化的整合，看菜市场人们的吆喝，看蔬果朝气蓬勃地摆放，看人们慢生活的态度。

最先经过的是猪肉摊，阿姨的女儿跟我年龄相仿，巧合的是，她家女儿和我一样都是文字工作者。阿姨对我的感情也很特别，总会询问我生活是否习惯。犹记得有一年，我跟阿姨还不熟，在她即将收摊的时候我匆匆跑去买绞肉，她问我买肉的用途，得知我是要给女孩们包馄饨时，她摇头说："今天都是冷冻肉，不新鲜，让她们明天再吃馄饨。"

热情的阿姨在客人买肉之前都会特别询问要煮什么，怎么煮。大女儿问我为什么她要这么问，我笑着说："肉可以煎烤卤炖，如果今天我做红烧肉，买回的却是一块里脊，那味道就不好了，最好是肥瘦得宜的五花肉，肥肉被油煎得嗞嗞响，煮出来的红烧肉才会特别香！同样的道理，如果今天你煮汤，需要的只是肉片，却往锅里丢了五花肉，那煮出来的汤就不会好喝。"

女孩惊呼感叹，原来买肉也有这么多的学问！

我们的下一站是间花店，花店的老板娘养了若干只猫，我跟女孩们给每只猫取了只有我们才知道的名字，我们偶尔会说“花花今天的心情似乎不太好”或者“大白好像又胖了”的悄悄话。

花店的老板娘胖胖的，皮肤极白，常年穿着棉质的长衫，头发盘起来，露出光洁的额头，她话不多，但嘴角始终扬起，让人看着特别舒服。在她那里买花，即便是一盆小小的山莲花，她也会细心指点养花的方法，女孩们此时会耐心聆听，悄悄帮我记下方法，以便回家后可以随时成为妈妈的“养花小助手”。除此之外，女孩们还会跟老板娘一起分享她们从书中得到的知识：“阿姨，您知道吗？茉莉花有个别名特别好听，叫‘香魂’。”她们偶尔会充当家中花草的小护士，向阿姨询问：“阿姨，您知道文竹的叶子为什么会发黄吗？它应该生长在怎样的环境中呢？”收获答案后，女孩们将我的文竹从烈阳下移至阴凉处，耐心地慢慢调养，一个月后文竹果然恢复了翠绿，长势蓬勃，真是可喜。

走过若干间的格子店铺，再穿过斑马线，我们来到熙熙攘攘的菜市场，女孩们眼前的世界逐渐开阔明亮，小女儿指着莲藕好奇地问我：“妈妈，这个也太酷了吧，为什么它有一个又一个的洞？”

“妹妹，你知道这个长在哪里吗？我们曾经在池塘里看过整片的，盛开的时候非常好看！”见女孩还是一脸懵懂，我继续提示：“它的叶子圆圆的，是绿色的，偶尔会有青蛙跳在上面。”

“我知道！我知道！”

“莲藕生长在淤泥里，它的花却是？”我故意停顿下来，看着姐姐。

姐姐立刻接着说：“妈妈，我猜你想说的是‘出淤泥而不染’！”

类似这样的对话在我们之间频频上演，菜场成了丰富我们词汇和记忆的另一个课堂。我带女孩们认识了各类蔬果，让她们知道蔬果的产季，以及哪些蔬果一年四季都盛产，女孩们明亮的眼睛在这里一刻都不得停。我们不仅用眼睛看，还用敏锐的鼻子闻，芒果散发出的果香充满了甜味，百香果虽然微酸，但综合了很多水果的香气。水果的个性不一，有的内敛，需要剥开它们才能嗅到香气；有的热情，在远处就能闻见芬芳。从水果延伸到与人相处，使得我跟女孩的对话有了另一种纯粹和直接。

卖鱼的摊贩并不集中，交错摆放，我常去买鱼的摊位是一对小夫妻开的，女生黑瘦，特别喜欢笑，不知道是不是她喜欢笑的缘故，每回都觉得她的牙齿特别白。

有一回，我在她那里买鱼，一个篮子里放了八条，以篮为计算单位，但是我只想买一半的鱼，女生趁着先生不注意，手脚利落地帮我装了一半，先生可能不喜欢这样拆开卖，特别探头问："她买了几条？"女生也不说话，又是一笑。

小女儿很认真地伸出双手接过对方递来的袋子，弯腰向她道谢。回家的路上，女孩跟我说："妈妈，我觉得刚才那个阿姨好好哦，你说只想要四条，她一点也不嫌麻烦。"

"如果是你，你会怎么做呢？"

小女儿说："碰到这个阿姨之前，我以为鱼只能整篮整篮卖，但是看到她的做法之后，我觉得每一种方法都可以试一试，如果妈妈真的买了八条回来，没有吃完也会变得不新鲜，是不是？"

"那位阿姨真的很贴心！"大女儿也对女生赞不绝口。

逛完菜市场，女孩们总是帮我一起拎着各类食材，并且沿途就开始讨论："等一下回家要煮什么呢？""妈妈，我们也来帮忙好不好？"

带孩子们逛菜市场，可以让她们知道种菜人的不易，明白"粒粒皆辛苦"的道理，对于每一粒米都抱着珍惜的态度去享用，去感受。

我带着她们在菜场的格间游走，不管冬夏，我们总是大手牵小手地去挑选想要的食材，跟卖猪肉的阿姨聊天打招呼，向花店老板娘请教养花的知识，或者只是停下来，看着新鲜的蔬果发发呆，这些都是她们一天最棒的开始。

而我呢，十年前的慌张和忐忑渐渐变成了从容，从容地牵着她们的手，遇见熟悉的人点头微笑，让柴米油盐跟我们息息相伴，也愿她们从此面对一切，都能从容不慌张。

我非常爱看《舌尖上的中国》，那不仅是中华厨艺的展示，让食材充分得到舒展，使得每一个味道都能得到淋漓尽致的释放，而且我们从食材中看到了感情，食物与情感总能得到最完美的寄托与诠释。

我带着女孩们走进菜场，去看生机勃勃的食材，更看到了生机勃勃的大自然，看到了这片热土给予我们人类多么丰厚的馈赠！

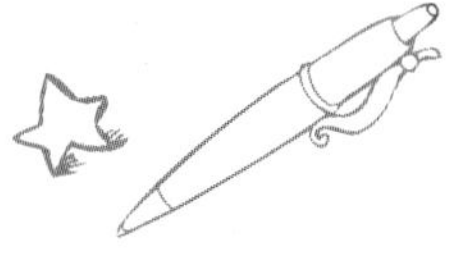

妈妈撒娇好可爱

有一天，我放洗澡水帮女孩们洗澡，忘记试水温的我把手臂直接放进滚烫的水里，手臂顿时红了，我出于本能地叫了一声，女孩们听到我的叫声后立刻冲进浴室。

“妈妈，你怎么啦？”

“你还好吧？”

两个女孩冲过来查看我被热水烫红的手臂，小女儿用她的嘴巴轻轻帮我吹着：“妈妈，我帮你吹吹就好了。”

大女儿则显现独立的一面：“妈妈，今天你先休息，我帮妹妹洗澡就可以了。”

对于姐姐的话，我感到惊喜，她们从来都没有试过自己独立洗澡啊！我连忙问：“真的可以吗？”

“放心吧，交给我们吧！”姐姐很有担当地扛下“重任”，妹妹也不忘安慰我：“妈妈，你去房间躺着好好休息哦，等我跟姐姐洗完澡再下楼照顾你。”

看着两个女孩如此紧张我，我也趁机落得“清闲”。我询问她们：“妈妈还不想回房间，在这里陪你们可以吗？”

“我们很想你留下来陪我们，但是你真的可以吗？”

我连连点头，称自己没有关系。那天，我坐在浴室的门外，看着女孩们互相帮忙完成的泡泡浴，期间我有几次想要动手帮忙的冲动，但都被女孩们制止了，她们希望受伤的我可以好好休息。

那晚女孩们独自洗澡，洗便当袋，甚至我的咖啡杯都是女孩们帮我清洗的。两个女孩牵着我的手下楼，帮我铺好床，将我安顿好了，甚至像我哄她们入睡那样，让我自己从书架上选择一本书，她们要念给我听，让受伤的我可以安心入眠。

看着女孩们贴心地照顾我，我感动地抱住她们说："妈妈真的很感谢有你们！"

见我红了眼眶，小女儿投进我怀抱，大女儿则说："妈妈撒娇好可爱哦！"

女孩的这句话，让我有点不好意思，我问她："你觉得妈妈刚才是在撒娇吗？"

两个女孩点点头，再度同时表态，妈妈撒娇真的很可爱。

在拥有两个女孩之前，我的个性是四平八稳型的，尤其是远嫁异乡，对长辈尊重有礼，跟亲密的家人距离遥远，纵然个性再爱撒娇，也都因各种礼节而克制。在跟女孩们相处近十年的时光中，回想我是否有跟女孩们撒娇的经验，我想不出来，但是我从不在她们面前逞强，我并不是一个百分百的好妈妈。我虽然事事亲力亲为，但当我疲惫无措想获得拥抱时，我总是将手臂伸向她们。而女孩们呢，没有一次将我推开，她们从幼时懵懂地靠在我身旁，到后来可以起身帮我拭去泪滴，直至现在，她们会贴心地安慰我："妈妈，你休息一下会不会好些？"

有一次周末，我感冒发烧，女孩们拿药端水，将药的包装拆开，妹妹将所有的药丸捧在手心里，交给姐姐，让姐姐喂进我嘴里。她们用心地照顾生病的我，喂完药之后嘱咐我多多休息，随后小心翼翼地掩门离开，隔三岔五地进来查看我的棉被是否盖好，将我的手机放在床前，将爸爸的手机带在身旁，嘱咐我需要帮忙的时候务必拨打爸爸的电话，这样她们就会在我需要照顾的时候，在第一时间出现在我身边。

最悲痛的记忆是从小疼爱我的外婆离世，我因工作忙碌而无法即刻动身回家。母亲在电话里叮嘱我照看孩子要紧，家中所有琐事有她和姨妈、舅舅等人去处理，我在电话这一端泣不成声。

“妈妈，你怎么了？”小女儿坐在我的面前，她帮我抹掉眼泪又说，“你是不是看了什么东西特别感动，让你眼泪都停不下来了？”

我摇摇头，她柔软的小身体立刻扑进我的怀抱：“妈妈，我跟你讲，如果你有什么不开心的事，你就哭出来，我听到你的哭声，马上就能出现在你身边，我可以讲笑话逗你开心。”

我点点头，眼泪又扑簌而落，女孩见状，立刻摇头：“不要不要，你还是不要哭了，妈妈，我不希望你哭，我跟你保证，如果你需要，我就能讲笑话逗你开心。”

此时大女儿也凑过来，她说：“妈妈，我给你讲个笑话好不好呀？”还不等我点头，大女儿已经讲起来了：“从前有个面包，走在路上饿坏了，它就把自己吃掉了。”

这个冷笑话，是我曾经为了安抚哭泣中的女孩讲的，她对于我讲的笑话颇为买账，上一秒还是泪眼蒙眬，下一秒已经笑逐颜开，见我脸上尚未浮现笑意，女孩们将这个笑话又改成了若干个不同的版本：“一瓶水走在路上口好渴，就把自己喝了。”其中最有创意的是：“妈妈如果再不笑，我就要变成一个笑脸，每天都挂在妈妈的脸上。”

以前的我，总自诩是个超人妈妈，拥有无所不能的超强本领，可以战胜怪兽，可以保护她们，可以连续每周到公司开策划选题会议，晚上即刻变身女超人飞奔回来照顾她们……回望现在，在跟女孩们融洽的相处中，我渐渐成为一个爱撒娇的妈妈，我让亲爱的女孩们时刻都知道，这个脆弱的、感性的、偶尔还会哭鼻子的妈妈，是多么需要她们。

不必做个强悍的无所不能的妈妈，我希望自己做个温暖的，可以带给她们甜蜜的妈妈。我们一起成长、阅读、讲故事，这些在我看来都是美好且实在的好时光，它足以像根一样地盘踞在我的生命中，一点点地扎进我日后生命的时光长廊里，任由那些带着女孩们爱意的藤蔓在我的生命中狠狠地发芽、开花，希望在若干年后的某个春意盎然的清晨，我醒来伸手一摘，就能有一朵绽放的花，花上面最好写着："我有一个爱撒娇的妈妈。"

写这篇稿子时，我的感性一定爆棚了，最后一段写得诗意却也矫情，纵然如此，依旧把这篇文章送给所有伟大的妈妈们，我们有时强悍，有时柔弱，孩子们也会有时独立，有时温暖……

我带女孩们回到故乡过春节，从10℃陡然到了零下13℃，我被冻感冒了。看着病怏怏的我，女孩们笑我："妈妈简直太逊啦，我们都没生病，反而是妈妈生病了。"话虽这么说，但是她们时不时地提醒我吃药，多喝水，时不时地伸手探探我额头的温度；这些待遇，可不是超人妈妈可以拥有的哦，偶尔也撒个娇吧，伟大的妈妈们……

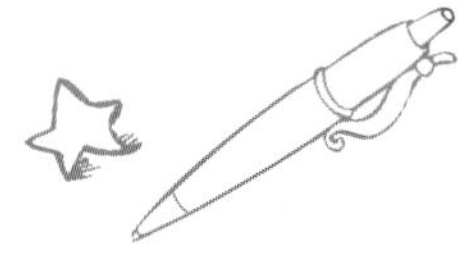

当她们想要保护我的时候

我太爱跟女孩们聊天了，我常把自己的奇思异想告诉她们，例如我觉得刚出生的婴孩对于上辈子的事情是有记忆的，因为不想忘记，所以来到今生才会一直哭泣。女孩们对于这个话题饶有兴致，我就这么一路说啊说的，就聊到了姐姐的胎记。

说到胎记，我觉得自己又有了新的理解，我看着大女儿说："你出生的时候很快，我进产房没多久就生出了一个可爱的小女孩，可是这个小女孩的屁股上有一块很大的胎记。姐姐，你上辈子一定是个很重感情的人。你或许还不想那么快投胎，但是时间已经到了，妈妈要把你生下来了，于是在你后面排队的人用力踢你的屁股，所以才会有这么大块的淤青呀。"

大女儿听我这样说，好奇地问我："妈妈，你怎么知道我舍不得？"

"你出生之后，一直哭，或许是对上辈子有所不舍，或许是因为你不了解你的爸妈是怎样的人，你很担心，很害怕，所以才会哭吧。"

"我那块胎记现在还在，可是妈妈，我没有小时候那么爱哭了，是因为我知道爸爸和你都是最好的爸爸妈妈，对不对？"

见我点头，妹妹也好奇地问："那我呢？我的屁股上有没有一块很大的胎记呢？我出生的时候是不是也一直哭个不停？"

"不。"我笑着说，"当你还在我肚子里的时候，只有在饿的时候或是听妈妈给姐姐讲故事的时候才会拳打脚踢，其余的时候都显得特别安静。"

"为什么我跟姐姐不一样呢？"

“是因为你特别信任姐姐，你知道已经有个很棒的姐姐在期待你的到来，所以你一点也不担心，在你出生后的整整一个月里，你都是吃饱饱、睡饱饱，让我跟姐姐都特别轻松。”

“那我出生的时候，可能我想笑，但是我不会表达笑，那我只能哭，是不是这样，妈妈？”

“你们啊，重感情，听话，乖巧，又那么爱笑，妈妈真的超爱你们。”

我话才说完，手臂尚未张开，女孩们温暖的小脑袋就已经靠在了我的胸口，她们朝我喊：“妈妈，我也爱你！”

“宝贝，你们要记得，妈妈超爱你们，不管我今天做了什么，都一定是因为爱，如果妈妈做错了，让你们觉得伤心难过了，你们也不要害怕，一定要及时告诉妈妈，千万不要一个人生气，好不好？”

“好。”女孩们纯真地伸出手跟我拉钩盖章，以此来跟我做约定，不仅如此，大女儿还特别补充道：“我有什么秘密都要告诉妈妈，我还要保护妈妈！”

我不知道，女孩对我的保护网，在此时已经悄然张开了。

在我的观念中，有几点原则是我一直坚持的，大女儿很用心，她将我时常跟她讲的话在一张纸上写下来，摆放在她的书桌上，用工整的字写着：①不可以说谎；②有问题要及时跟爸妈讲；③尊重长辈；④不浪费食物……

其他未被列出的选项我觉得可以再调整，随着生活的历练与成长，我们所有的感悟都会更加深刻，唯独这四项，我觉得是人生必须具备的基本原则。可是女孩们在很长的一段时间里，跟长辈的互动几乎为零，起初，我觉得我是调剂他们关系的润滑剂，只要我多多用心，他们的关系会有所改善。

有一次，我准备带女孩出门，以往女孩都会跟长辈说声再见，但那天女孩怎么都不愿意开口，长辈因此大动肝火，家庭气氛瞬间变得低迷，我把女孩拉到角落安抚她："打个招呼，很简单的几个字，我们说完就出门好不好？"

女孩却倔强地摇了摇头，长辈见状更是恼怒。此时长辈的责怪对象变成了我，因为我未能尽好家长的管教之责，女孩才会那么"放肆"。

长辈平日跟女孩并不亲近，互动为零，每回的见面交谈都是不欢而散。若我是女孩，也未必想要跟"不断泼自己冷水"的人交谈，但这仅是我站在女孩的角度看问题，我还是希望女孩能够明白，在我们的人生中的确会遇到很多自己不喜欢的人，虽然他们的批评让我们觉得心有不快，但不管怎样，都不能认为他们是来伤害我们的，而应认为他们是来帮助我们学习成长的。

女孩当天表现得很倔强，不愿意打招呼，就意味着无法出门，一老一小谁也不愿意让步，就这样僵持了很久，我再问女孩："如果再不出门，我们玩沙画的行程就临时取消好不好？"

这个行程是一个月前就安排好的，女孩一直充满期待，然而这一次，她竟斩钉截铁地说道："好。"说完倔强地转身上楼躲回房间。

我的恼怒，似乎是从长辈不经意间的"啧"开始的吧，但我的恼怒逗留的时间短暂，一如那声"啧"，从唇间发生之后就消失无踪。

从我获得这个女孩开始。

从我成为她的妈妈开始。

从我愿意相信她开始。

我的恼怒是出于我自己的无能为力，我的恼怒从不因为女孩而起，我并不会将这些恼怒抛给孩子。我了解我的女孩，她从来都不是这样的，她跟同学们的关系非常好，班级选班长的时候，她以高票当选；她会讲故事给妹妹听，跟我父母的关系非常好，她会打长途电话给我的父母撒娇聊天；她牵着我的手去菜场的时候，看见爷爷奶奶都会点头问好，只是为何今天会如此倔强呢？

书房里，女孩撅嘴坐在床边，见我推门进去，把头埋得更低。

“怎么了？宁愿放弃玩沙画，也不愿意打招呼？”

“不要。”

“虽然很可惜，但这是你自己的决定，我还是会尊重你。”

女孩怯怯地问我：“妈妈，我刚才是不是很没有礼貌？”

“这件事情已经发生了，再去想它造成的后果就已经太晚了，如果你愿意，可不可以告诉我，你为什么那么坚持，就是不愿意跟长辈打招呼呢？”

“因为他早上凶你啦！”

听到女孩这样说，我觉得很震惊，我本能地问：“有吗？”

女孩认真地点头：“他一直训你，我不喜欢他这样对待你。妈妈，你说过，我刚出生的时候，不确定我的爸爸妈妈是不是好的爸爸妈妈，所以我才会一直哭。现在我不想哭，我想要保护你。”

女孩的心思向来细腻，对于弱者，她回回都冲在前面，保护对方，而不知不觉间，因为我对于长辈的“尊重”或者“忍让”，竟让女孩对我产生了保护的念头，在她的眼里，我在那一刻是柔弱的，是需要被保护的。

所以刚才的倔强“反抗”，实则是女孩在替身为“弱者”的我发声呀！

我庆幸自己未动怒，不然这场误会不知该如何消除，但我丝毫感觉不到宽慰，为何我自己的问题需要女孩以她的方式来保护我？

“宝贝，妈妈之所以没有替自己争一个道理，是因为我尊重他是长辈，我不一定要认同他，但是他拥有说话的权利，我不能没有礼貌地打断他，是不是？”

“可是你可以替自己说句话呀。”

“宝贝，妈妈可以说话，但是绝对不可以跟长辈顶嘴，或许有一天，我会替自己说句话，但我不会跟他计较，不管他怎么对待我，他都是我的亲人。我知道你很想保护我，谢谢你。”我抱着女孩说，“但妈妈不希望你以这样的态度来帮我解决问题，宁可放弃去画沙画，也不跟长辈打招呼。这个主意在我看来，真是不太好！好啦，我们不要再为这些事情烦恼了，现在我要惩罚你，罚你跟我一起出门吃冰激凌！”

话说完，我跟女孩都笑了。

女孩再下楼的时候，看见长辈便马上鞠躬打招呼。女孩尊敬长辈的习惯养成后，到现在也没有改变过。

而我呢，为了不让孩子们用同样的方式保护我，我要变得坚强独立，拥有自主的能力，而在这个过程中，虽然时常碰壁，但至少我让女孩们看见妈妈在改变，年幼的她们不必为了保护我而舍弃礼节。等她们再长大一些，回头看看我当时的处境，或许就不会如此难过。

陪伴女孩们成长的岁月中，我们在相互影响着。如今再回头想想这些往事，我感谢女孩对我的贴心保护，若时光倒流，回到过去，我还是会坚持自己当初的选择。让她的童年拥有纯真的快乐，使她的心如一池清水，洒满阳光，温暖得熠熠发光，这是我最想保护她们的方式。

学习如何安排自己的时间

“拖延症”这个词，好像最先在文学圈广泛流传，稿子不按时交，该给的剧本一拖再拖，听到的借口当然也是千奇百怪。因此文学圈里还发明了一个叫作“黑房子”的软件，顾名思义就是将电脑设为黑房子模式，每天给自己设定写作量，只有完成当天设定的写作量，屏幕才能恢复正常。但如今手机、平板电脑皆可上网，有的人家中备有两三台电脑，随时开溜的机会和借口太多，“黑房子”起到的成效并不大，因而“拖延症”一词为创作者拖延任务找到了再合适不过的理由。

身为写作者，我在遭遇创作瓶颈的时候就需要大量阅读，看电影，寻找素材，还要将我所需要的资料全都记录下来。在我的工作区域，除了放置纸笔可随手记录之外，还有一块白板，上面列举了我当月的工作进度以及行程安排。

女孩们对我的白板一直都有着浓厚的兴趣，总爱拿着白板笔在空白处随意涂鸦。当她们认识几个字的时候就开始问我：“妈妈，你这个月的安排好满哦。”

我饶有兴致地问：“上面写了什么呀？”

“已完成百分之五十，3 月 20 日，完……这个字读什么？”

“那两个字读‘完稿’。”

“完稿是什么意思？”

“我会在那之前把稿子完成。”

“这个白板上写的就是你未来要发生的事情吗？”

女孩们的童言童语让我觉得很有趣，我说：“这的确是未来发生的事情。”

“妈妈，你太棒了，怎么做到的？”

“那不是妈妈预测的事情，那是我自己安排的事情。”

女孩们见状就问我：“我也可以安排我的事情吗？”

自己的时间自己安排，这的确是个很棒的主意，我顺水推舟地说：“当然可以呀。”

女孩们让我将白板划一半区域给她们，她们也希望把自己要做的重要事项列举出来，一一写在白板上。反正白板的空间足够大，于是我将白板划成了三块，我们三个人各占三分之一。

小女儿说：“妈妈，我不会写字，你帮我写好不好？”

大女儿已经跃跃欲试，她拿起白板笔写道：“六点三十分起床，六点四十五分刷牙、洗脸，七点吃早餐……”

小女儿迫不及待地说：“妈妈，我也要跟姐姐一样，你赶快帮我写，六点三十分起床……”

我跟女孩们相处至今，很多大原则的事情，我们需要讨论商量，而一些小事，尤其是她们可以自己做主的事情，我多半都采取顺其自然的原则，顺应她们，这样成长才会更有意义，因为她们原本就是自己人生的主人，是不是？

那两张像流水账一样的时间表，就这样占据着白板，她们去上学之后，我在工作区域写稿时偶尔转头会心一笑，心想：不知道她们这样的安排会维持多久。

当晚，大女儿按照她的计划表，给妹妹读了睡前故事。等我洗好衣服路过她们房间的时候，两个女孩已经铺好床，抱着她们的玩偶准备睡觉了。我惊讶地看着时钟，这还不到八点，这跟我以往总是催促着她们上床形成了强烈的对比。

一时还不敢相信的我询问道："你们这是准备睡觉了？"

"对呀，时间表上写着呢。"这是大女儿在回应我。

小女儿调皮地朝我一挤眼，说："妈妈，晚安哦，我爱你。"

"晚安。"

等我从楼上晾完衣服回到房间，两个女孩已各自抱着玩偶睡得香甜。我泡了壶茶，坐到书桌前准备工作时，转眼一瞄，看到了密密麻麻的行程表上写着"八点前要睡觉"。

那晚临睡前，我去帮她们整理便当袋，才发现女孩们早已将餐袋整理好，水杯和手帕也已整齐地摆放好。

原来，安排好自己的时间，还可以顺带安排好自己的事情和物品，此计划一举多得，我为她们的表现感到高兴。

次日清晨，我还在睡梦中，女孩们唱歌的声音已经从洗手间传来，把我叫醒了。我以为自己睡过了头，一个鲤鱼挺身跳起，却见时钟显示才六点，我跑到洗手间看着女孩们说："宝贝们，你们怎么这么早就起床了？"

满嘴都是牙膏泡沫的大女儿说："早睡早起！"

"是啊，我们睡得太饱了！"小女儿享受地伸着懒腰。

然而，女孩们照计划表安排的行程，只坚持了一周就破例了，原因是小女儿的学校在周末举办了运动会，周一补假一天，学校贴心地安排小朋友们在家里休息。我停下手里的工作，一切都照着女孩列出的时间表进行，吃完午餐后，我让女儿午睡。

女孩却摇摇头说："不要，我想去公园玩。"

"等你午睡结束后，我们再去玩。"

"我根本就不困呀。"

“你每天在学校，不是都有睡午觉的习惯吗？”

“妈妈，带我去公园玩吧，我想跟你去散步。”

天知道，这个鬼灵精怪的女孩明明就是想去荡秋千，玩滑梯。

“如果不睡午觉，你下午会非常累。”

“不会的，我现在精神非常好！”

“你自己说的哦，好，那我们去玩吧，那你今天的午睡就要取消了。”

“耶！”小女孩欢呼着，那天，她玩得无比开心欢快。快五点了，我才把她从欢乐世界带回家。

回家后，我帮小女孩洗澡换了衣服，我说：“宝贝，你现在看看书，妈妈去准备晚餐。”担心她会睡着，我又说：“你现在不要睡觉哦，不然会睡太饱。”

“我不会睡觉的，我根本就不困！”

然而等我准备好晚餐，小女孩早已倒头大睡，且怎么叫都叫不醒，这一觉睡到了晚上八点，睡眠的时钟被打乱了，此影响一直延续到了周日。周日清晨我们计划起床后跑步，但小女儿还在睡梦里会周公，我跟大女儿换上运动鞋出门运动。当我们运动结束，买了妹妹最喜欢的早餐进门时，却见她正坐在沙发上难过地哭泣。

小女儿红着眼眶：“呜……你们都不等我！”

大女儿安慰她：“不是不等你，是我们怎么都叫不醒你，你一直在赖床啊。好啦，不要哭了，妈妈买了你最爱吃的早餐哦。”

“我不要吃啦！”

“妹妹，昨晚姐姐找你一起睡觉，可是你说你睡不着。”

小女儿委屈地说：“我是真的睡不着呀！”

“为什么呢？”

“如果那天没有运动会的补假就好了，我就不会那么晚睡……”

“不是哦，那次是你自己觉得不累，坚持要去公园玩的，你拖延了自己午睡的时间，每天的生活计划看似不受影响，可是你的生物钟被打乱了。”

“你的工作计划里，有我运动会的行程吗？为什么你可以在我运动会结束后继续工作呢？”

“妈妈每天都有很多突发的状况，你们的运动会，周一休假，看牙医，这些行程都不在我的计划中，可我是你们的妈妈，我很高兴也很愿意陪伴你们长大，所以我必须合理安排我自己的时间，我会把那段时间空出来都给你们。”

听我这么说，小女儿就不再哭了，大女儿此时问我：“妈妈，你的时间安排跟我们的不一样呀，我把每一天要做的事情全都写好了，那你呢？”

我借机跟女孩们分享自己的时间安排，白板上只列出了我的一些大计划，创作剧本的时候也需要白板，我会将剧本里的事件和人物写在便条纸上，可以随意地移动、增加或删减。若是已经安排好的事情，我就会记在日历本上。女孩们马上去翻看我的日历本，她们发现我将所有的行程都写在日历本上，其中包括家长会、运动会以及上各种课程的时间。

“光有计划是不够的，制订计划是因为设定了目标，我们需要完成它，我们不应该找理由去随便改变我们订的计划，你们说是不是？”

“可我还是起不来。”小女儿委屈地说。

我建议：“妹妹，你要不要试着变一下，今天的午睡时间稍微变短一点，这样你在晚上就会很快睡着了。”

姐姐也提出更好的建议：“如果你真的很困，想睡觉，也没有关系，等你睡醒了，我带你去公园跑步，累了你就会睡得更好！”

当新的一年来临之际，我分别送女孩们一本台历，希望她们能将重要事件记录下来。女孩们的计划表再也不是一张记流水账的时间表了。大女儿将计划表分为生活和学习两类，生活中她安排运动、水果餐以及每天的饮水量；学习计划表中，她为自己安排了每周的阅读和写作任务。

有效地安排好自己的时间，不要让拖延症的借口缠上身，我们不妨也给孩子一支笔，一张纸，让孩子为自己的时间做一次主。

我爱牙医我不怕

小女儿约一岁半时，路走得挺稳当，特别爱奔跑。有一次她向我飞奔过来的时候，却意外跌倒，我一个箭步冲上前想接住她，可是已经来不及了，她的两颗门牙结结实实地撞向了地面，嘴巴瞬间被鲜血染成了红色，我紧张地抱着女孩冲向最近的儿童门诊，去处理她的伤口。

医生帮女孩进行了清理，他认为出血的原因是牙齿碰伤了嘴唇，并无大碍，饮食不要太硬、太烫，很快就能够复原。虽然我觉得给牙齿拍X光检查更稳妥，但一想到让女孩张开嘴巴会使痛苦加倍，更让她的心灵承受折磨时，我没有继续坚持。

半年后，小女儿感到门牙疼痛，甚至有牙齿晃动的感觉，门牙上方的牙龈长出了水疱，每晚都疼得无法入睡。我帮她挂了牙科的门诊，检查结果让我很震惊，当初女孩在跌倒时用牙齿支撑住了地面，剧烈的撞击导致牙齿断裂，并且没有得到及时处理，女孩牙齿的神经坏死，还发生了细菌感染，门牙上方的牙龈才长出水疱。

“需要做个手术，把坏死的神经抽掉。”

这句话是医生诊治的结果，得知女孩要做手术，我忐忑了很久，不仅有当初自己未能顺利接住女孩的愧责，还有对她手术时要面对疼痛的担心。

在女孩看牙医之前，我看牙医的经验为零，丝毫不知道女孩即将面对的是一场“酷刑”。

前往医院手术的那天，女孩进病房后被五花大绑地固定在了手术台上，手脚皆用木板固定，医生给予的解释是，担心孩子因为疼痛而一直扭动身体，为避免造成二次伤害才如此。

女孩做的手术叫作根管治疗，将牙齿锯开，再用工具将坏死的神经抽出，最后将空缺的地方补齐。在这个过程中，女孩哭声惨烈，而我在一旁束手无策，她哭我也跟着哭，除了牵住她的手以外，再给不了半分安慰。

那场手术结束时，女孩的衣服都湿透了，她的手臂抱住我的脖子，怎么也不愿意放手，护士长夸赞女孩勇气可嘉，还亲手用气球折了一只贵宾狗送给小女孩以示鼓励。以往会点头道谢的女孩却将头埋进我的胸口，也不愿意跟那位护士长说再见。

回家后，妹妹将今天的疼痛经历告诉姐姐，不仅希望得到姐姐的拥抱，还希望姐姐保护好自己的牙齿，小女孩说："看牙齿真的很痛的！"

其实我没有告诉女孩，她除了门牙的神经坏死之外，右下方的蛀牙也要做根管治疗，疼痛指数甚至会高过今天。

我爱女心切，不愿意让她再遭受疼痛，自以为只要让她多多刷牙，细心照顾她的牙齿，那些蛀牙会自动消失，我的"妇人之仁"再度让女孩吃足了苦头。

时间辗转又过了近一年，女孩进幼儿园之前，我带她去牙科涂氟，医生告诉我，女孩右下方的蛀牙很严重，且影响到旁边的牙齿，需要尽快带她去医院治疗，此时我才觉得自己的"心疼"其实是害了女孩。

"宝贝，我们还去上一次你看牙齿的地方好不好？"

"不要！"女孩的神情立刻变得恐惧，"我不要去那里，妈妈，真的太恐怖了，我不要去！"

女孩说着竟哭了起来。

"好，妈妈再想办法。"

我求助好友，询问他们是否有好的儿童牙科医院可以推荐。与此同时，为了了解女孩的感受，我生平第一次去看了牙科，然而我的牙齿被照顾得尚可，不需要任何治疗。

既然不必进行治疗，那就洗个牙齿吧，虽痛苦不及女孩的百分之一，但至少我有机会进一步认识牙科医生手中的工具。那一次，我是带着小女儿一同前往的，她就站在一旁，耐心地等着我，还不时用手牵住我的手。当我洗牙结束时，我抱着女孩说："宝贝，还好你一直在妈妈身边陪着我，牵着我的手，我一点也不疼了。"

"真的不疼？"

我笑着摇头："下次你看牙齿的时候，妈妈也在旁边牵着你的手，你觉得怎么样？"

"好耶！"女孩竟对下一次看牙之旅有了期待。

通过朋友的介绍，我找到一家儿童牙科诊所，我们比预约时间提早二十分钟到。先带女孩在诊所熟悉环境，诊所布置得很温馨，特别划出了儿童玩乐和阅读两个区域。我陪女孩一起读书，帮助她减少焦虑。

也许是诊所的良好氛围使女孩的心情变得愉悦，她开始期待抓牙齿里的虫子的旅程了。一周后，我们再度前往诊所时，女孩自己欢快地爬上了手术台，一年前的恐惧阴影似乎已经消失了。

因为在家里查过相关的资料，我这个半吊子"牙医"对医生手中的工具有了新的了解。例如，当医生准备帮小女儿刷牙的时候，我就在一旁给小女儿解释："妹妹，现在医生阿姨拿了一个小拖把，帮你把牙齿上的细菌都清理干净哦，就像妈妈在家里擦地板一样。"

女孩觉得我的形容很有趣，专心地听着我介绍每一个工具。医生为了给她做根管治疗，需要在牙齿中间套一个钢圈。

"妹妹，医生阿姨给你的牙齿戴了一个超可爱的戒指哦，我一会儿拍下来给你看，好不好？那个戒指，我该怎么形容呢？《灰姑娘》里面的那个王子，会拿着这样的戒指给灰姑娘吧。”

女孩原本痛苦的表情逐渐变得缓和，她的眼睛慢慢弯成了一条线。在她手术期间，我跟医生扮演着各自的角色，医生负责鼓励，我负责介绍工具，以及告诉她目前的进度，拜托她再撑一会儿，牙齿很快就被修好了。

“妹妹，妈妈现在看到医生在抓虫子喽，一，二，三……”随着数数，女孩内心的恐惧和不安在一点点地抽离。整个下午她都没有哭闹，我们非常顺利地完成了这一次手术。

“妹妹，你好棒哦！”医生也忍不住鼓励她。

我也为女孩拍手鼓掌：“宝贝，你真的超勇敢。”

“而且你有一个那么好的妈妈，妈妈非常有耐心，帮我们省去了很多的时间呢！我们才会那么快把虫虫抓出来！”

听医生说完，小女儿突然伸出她的小手勾住了我的手，因为牙齿太痛而无法说话，却见她脸上扬起的笑容开成了花儿。

女孩后来持续看牙科，我如今回想，女孩们的耐痛指数其实比我们家长还要高，她们有时候所表现出的恐惧，并不是因为她们真的害怕，而是我们家长流露出的担忧，让她们误以为自己身陷恐惧之中。

当身为家长的我，愿意为她们减压，且找对转移目标的方法，将她们从“恐惧”中带离，并给予她们正确的鼓励时，她们的勇敢其实超乎我们的想象。

女孩不再惧怕牙医，也更加懂得照顾好身体是多么重要。她现在将牙齿照顾得非常好，如果大女儿故意开玩笑逗她：“妹妹，妈妈说你明天要去看牙医哦！”

女孩的神情颇淡定：“去就去，我又不害怕。”

陪伴是最深情的告白

我们家看电视吗

相信现在很多孩子听到“不可以看电视”的反应都是委屈地大叫：“啊！不要！”连我自己有时也处在疯狂狗血的剧情中无法自拔，更何况是喜欢感官刺激的孩子们呢?

初为人母的我，在找不到让孩子停止哭闹的方法时，也曾无数次求助电视。画面和声音同步进行，哭闹的孩子总是神奇地止住了眼泪，全心全意地投入到另一个世界中去。她们看《天线宝宝》，听着口令跟他们一起完成动作；她们也看《巧虎》，看巧虎是如何乖乖成长。我为此也沾沾自喜过，感谢现代文明的进步，让我这个新手妈妈省了很多的心力，但其实我错了！

女孩们投入看电视的时间越来越长，经常趁我稍不注意，又打开了电视，她们跟着电视手舞足蹈，一起讨论剧情，会讨论由谁扮演巴拉拉小魔仙，会说些魔法的通关密语，会追着剧情欲罢不能，会……

每当这时，我都无法和她们生气，因为电视的开关最初是我打开的，是我抱着还在蹒跚学步的她们坐进沙发，而我要怎么做才能让她们从那个新奇好玩的世界里走出来呢?

我决定这么做：假日的时候，尽量带她们出去走一走，即使我当天的工作未完成，我也愿意腾出一些时间给女孩们。远的行程安排不了，我们可以带上自己准备的蔬果，在家里快速地烤一些肉和面包，带到附近的公园野餐，这样既能呼吸新鲜空气，将身心暂时交给大自然，又能增进亲子关系，更能让她们远离电视。

她们在草地上尽情奔跑、歌唱，研究盛开的小花叫什么名字，数数游过的鸭子共有几只，明白在保护良好的生态环境中河流是如此清澈，可以让鱼儿们畅游。

我们曾在郊游的时候看到成群的蝌蚪，一起追逐美丽的花蝴蝶；我们曾在暴雨过后的草地上见过美丽的彩虹，一起躺在暖洋洋的草地上坠入梦乡。

这些美好的时光和记忆，或多或少地填补了我将她们放在电视前的那种遗憾，也让我更加珍惜跟女孩们在一起的所有时光。

出门的时间，我们可以远离电视，但是在家里该怎么办呢？以前的我，只要想写的东西还没有完成，就一定不会离开书桌。现在，我将自己的工作制订了一个时间表，在她们放学的时候去接她们，我们时常散步回家，一路上分享学校里发生的所有事情。我们路过咖啡店的时候会进去选一块草莓蛋糕，回家后三人一起享用，或是回家泡一壶蜂蜜柠檬水，三个人坐在一起，她们写功课，我看书，等她们写完功课，我们最常做的一件事情，就是阅读。

陪女孩们读书，让她们的心沉下来，也让我们的对话更顺畅，我不再一板一眼地跟她们讲道理，因为她们所遇见的事情，很多书中都藏着类似的道理，我将书中的人物替换成她们，反而更容易沟通。

更加让我觉得奇妙的是，我陪着女孩们不断阅读，讲故事，她们不再无聊得吵着要看电视。我们原本晚餐后的聊天时光，逐渐变成了阅读时光，我陪女孩们看各类书籍，会跟她们一起延续书中人物的故事。陪女孩们阅读的习惯，好像就是从那时开始慢慢建立起来的。

现在，每天清晨，我还在准备早餐时，女孩们就已经起床，捧起一本书坐进沙发里，兴致勃勃地阅读着，出门前还跟书中的角色依依不舍呢。

当然，让孩子们陡然间脱离电视，对她们而言是很难接受的，除了用上述方法转移她们的注意力之外，我还用了很多其他的方法。我跟女孩们一起动手做卡片，例如：帮忙做家事几次，可以换得看电视 30 分钟；姐妹俩独立做好自己的事情可以换几个印章，而当集满十个印章后，可以换取什么呢？我列举了出门散步、郊游早餐或在家看电视等选项。我给女孩们的选项越多，她们就越想去尝试每一种可能。就这样，以前总是被视为主角的电视遥控器，渐渐被忽略了。

我很庆幸，女孩们从出生到现在的每一天，我都跟她们朝夕相处。我从不力证自己有多正确，我们彼此尊重对方的决定，我不会强势地关掉电视，不会用霸道的方式驱赶她们远离电视。

前段时间，朋友因跟她家孩子发生电视争夺战而向我诉苦时，她不禁问我："你们家孩子看电视吗？"

女孩们减少了看电视的时间，但还是会看，不是因为我无法说服女孩们，而是因为，偶尔看一些卡通动漫，其实有助于孩子们与同学间的互动交流，当同学们在讨论一个话题时，她们才不会尴尬得没话说。

直到现在，我们家的电视，每周一至周五都处于休息状态，除非有需要立即关注的新闻，我才会打开。女孩们此时已经养成非常好的阅读习惯，纵然我在看新闻，她们也能随时捧上一本书，跟我挤在同一个沙发里，靠在我的身边。趁着广告的空隙时间，她们总会小声地读一则小故事给我听，注意力已经完全不在电视上。

有一天，女孩们正在专心做黏土玩具，我故意问："家里的电视好久都没有看了，你们要不要看？"

女孩们摇了摇头，小女儿一脸认真地看着我说："妈妈，我真的要好好照顾我的眼睛，看电视对眼睛的伤害非常大。"

大女儿也笑着问我："妈妈，我用黏土是做兔子呢，还是趴趴熊？"

如何让孩子关掉电视呢？其实很简单，坐在孩子的身旁，陪孩子读一本书，听听孩子的心里话，相信我，电视和你，孩子一定会选择——你。

与 3C 电子产品争夺时间

在陪伴女孩们阅读的初期，那些新奇好玩，可以带来感官刺激的 3C 电子产品的确是强有力的对手。我们都知道阅读能丰饶孩子们的内心，只是在阅读初期，与 3C 电子产品争夺时间的大战，似乎也吹响了号角。

我对于高科技的产品没有敌意，文明的进步使我们有了资源共享的优势，不过我很少将 3C 产品主动交到女孩们手里，也不会以一种极其民主的口吻祝贺她们："哇，这台平板电脑里的游戏真的太棒了，你们尽情玩吧！"我也不是那种无情妈妈，动不动就说："我说过不行就是不行，不可以玩！"

女孩们若是透露出对某件事物的热情，那件事物一定具备了某种超强的吸引力。有一阵，先生迷上了"跑跑姜饼人"的游戏，每当他在平板电脑上拉着姜饼人狂跑躲避之时，女孩们都饶有兴致地靠在爸爸的身旁观战。大女儿在某天居然拿到了爸爸的手机，第一次玩姜饼人游戏，女孩对于何时该跳、何时该躲避表现得得心应手，可见平常在观察爸爸玩的时候早将障碍物牢牢记在心头。

我看见此景，虽然心头一惊，心里有太多的疑问，暗自奇怪怎么玩上手机游戏了，但我没有立刻夺回手机，我往女孩身边一坐，跟着她一起进入了游戏世界，还不时发出欢呼："哇，看起来很好玩！"

女孩见我这样说，心也放宽了，玩的同时不断跟我介绍何时会有路障，跳过这一关的时候需要怎么闪躲，而且告诉我姜饼人可以随意变换造型。这一切的新名词，她似乎早已驾轻就熟，可一周前她甚至连姜饼人是谁都没听说过。

我向来对游戏不感兴趣，也不了解游戏的好玩之处，在女孩的教导之下，我试玩了一把，只不过短短三秒就阵亡了，看着女孩玩兴正浓，我也不愿意扫她的兴，索性陪她一起玩，看她怎么关关难过关关过。

然而几天后，女孩突然跑到我身边问我："妈妈，你的手机可不可以借我？我想要玩跑跑姜饼人。"

"哎呀，真可惜，我的手机没有装任何游戏。"我讲的是实话。

"可是我好想玩……"

"姐姐，要不要妈妈陪你玩另一个游戏？"

女孩的眼睛顿时变亮了："什么？除了那个跑跑姜饼人以外，你还发现了什么更好玩的吗？"

我准备了一张又厚又长的纸板，让女孩把姜饼人会遇到的所有关卡都画出来，这样不仅可以让女孩的观察力有所发展，而且能把她的好记性发挥得淋漓尽致。我们用长达一周的时间去制作女孩玩过的所有关卡，待一切准备就绪后，我又陪着女孩一起制作了造型不一的姜饼人。

"除了游戏里原本就有的角色以外，你要不要自己创造一个新的角色呢？只属于你的哦！"我跟女孩提议。

女孩做了一个具备个人特色且独一无二的姜饼人，妹妹觉得很可爱，也央求姐姐再做一个，女孩很贴心地帮我们家的每个成员都准备了一个属于自己的姜饼人。这么耗时间的大工程，我们利用平日的闲暇时间，做了近一个月。兴趣使然，女孩们在这一整个月里，几乎忽略了手机游戏，她们沉浸在自己创造的游戏里。

受到这次携手做游戏道具的启发，某天我看到姐姐正在画画，就兴致勃勃地跑到她身边建议："宝贝，你每天画这么多画，你笔下的女孩儿穿的衣服都特别好看，不过很可惜，她们的衣服没办法更换，你要不要做一个娃娃的身体，我们可以做不同的衣服、裤子、裙子、帽子，还有鞋子，把这些配件全都着色画好了，让我们自由搭配，你觉得怎么样？”

姐姐歪着脑袋看着我，似乎觉得这个主意不错。于是我们又动手制作了一个大娃娃，用硬纸板做成她的身体之后，再用胶带将大娃娃的身体都包裹起来，这样不仅坚固，还可以防水。

做好了大娃娃，姐姐开始着手准备她的小配饰，我跟妹妹则负责打下手，帮她把所有的配饰都涂上颜色。女孩们拿着亲手制作的纸娃娃，玩着换衣装的游戏，玩得不亦乐乎，至于平板电脑里又出了什么新的游戏，电视又有什么新的卡通节目，她们关注得反而越来越少。

女孩们最近又爱上了玩拼图，拼图是她们自己做的，选一幅大的空白纸板，用铅笔在上面打上底稿，再涂上丰富的颜色，待整幅完成之后再用剪刀切片。她们从最简单的九格开始，拼完之后又不断挑战难度，不仅拼图的片数越来越多，而且对颜色辨识度的要求越来越高，难度不断增加，因为是自己创造的游戏，女孩们一次也没有放弃过。

将她们的视野从 3C 产品中带出来后，我通过设计更多的自创游戏来分散女孩们对于 3C 电子产品的热情，培养她们的自律能力，然后我又慢慢地将她们带进书的世界，用书去填补知识的空缺，此时的她们，比以往任何时刻都更专心阅读。

时不时有人问起我，该怎么跟 3C 产品争夺时间呢？或许在我们认为必须有输赢的时候，我们就已经输了。我视 3C 产品为开发创意的源头，可以从中萌生更多丰富有趣的亲子创意，让我们的亲子共读时间变得更加丰富有趣。更重要的是，我们一方面希望孩子少玩 3C 电子产品，另一方面，我们自己在陪伴孩子的时候，是否也能放下手中的 3C 用品呢？

唯有同步放下，与孩子们共同进入阅读的慢世界中去，关掉电脑，放下手机，将注意力皆放在孩子们的身上，珍惜我们在一起的所有时光，才是更重要的。

现在的女孩们，即使我不在客厅，我的手机和电视遥控器都在她们随手可拿的地方，她们也不会主动打开，因为她们可以玩乐与创意的选择实在太多了。

只要我们都以身作则远离手机，孩子们就很容易与我们亲近。不久前，我跟女孩们在公园捉迷藏长达三个小时，孩子们的笑声真悦耳，笑容很灿烂。

不是我危言耸听，这些好时光很快将一去不复返，记得放下手机，陪孩子去发现更多新奇好玩的游戏吧。

一场说走就走的旅行

不久前，一封辞职信道出了很多人的心声——世界很大，我想去看看。这种文体引起很多人转发效仿，世界真的很大，我想去看看，无疑是打开心扉，去接受多元的文化，也是打开眼界，让心灵更饱满丰富。

拥有女孩们之前，我的生活应该称为宅吧，工作、写作，非常居家的宅女生活，而拥有女孩们之后，我开始着手安排女孩们的行程。不管是在住家附近的公园散步，还是来一场远足，抑或是从这座城市跨越到另一座城市的疯狂旅程，一路上，女孩们都睁大眼睛，不断地观察和倾听。我跟女孩们的旅行足迹虽未遍布世界，但因为我时不时来一场说走就走的旅行而增添了很多意外的惊喜。

第一次带女孩们远途旅行时，大女儿不到三岁，小女儿未满一岁。整理好行囊，带上相机，我们便搭上飞机飞往上海，下机后再转往南京。那次的行程不长，且都是临时安排，迷了很长时间的路，到了饭店，我跟女孩们累得人仰马翻，只能用睡眠当作充电器，万事等充满了电再说。

一觉醒来，我跟女孩们都有了饿意，于是去逛了颇具南京特色的街景。夜色中的南京别具韵味，一场及时的阵雨更是挥去了城市闷热的气息。我跟女孩们填饱肚子之后来了一场浪漫的雨中漫步，我用有限的知识跟她们讲述这座城市的迷人之处。雨停了，姐姐跟我一起推着妹妹的婴儿车，直到回饭店之前，我才意识到还没有帮女孩们拍照，于是以南京的灯火阑珊为背景，大女儿靠近小女儿，两张小脸定格在我的相机中。

那一刻的我，对于旅程没有太多的规划，甚至对明天我们去向何处都没有任何安排，面对大女儿奶声奶气地询问：“妈妈，明天要去哪里？”我的回答带着大胆和疯狂：“不知道，路在哪儿，我们就往哪儿走。”

果真，次日醒来，我们依旧是“路在哪儿就往哪儿走”。我们经过一个生态园，就决定将今天的行程定格在这里，我们赏花，游船，还在一块空地上喂起了鸽子，我至今还记得女孩们喂鸽子的画面。

女孩手里拿着面包屑走向那群鸽子，鸽子突然扑扇着翅膀飞起来，小女孩吓得赶紧奔向我，手里的面包屑撒了一地，当她跑到我身边时，那群鸽子再次落地，猛啄地上的面包屑。

“妈妈，我好害怕。”女孩惊魂未定。

“你听，那些鸽子发出‘咕咕咕’的声音，它们在跟你道谢呢。”

女孩还是有点害怕，但是颇有礼貌地回应那些鸽子：“不客气！”

胆子较大的鸽子开始走向女孩，女孩吓得连连缩到我的身边。

“它是来跟你打招呼，不要害怕。”

女孩一步一步地走向那些鸽子，当她跟鸽子慢慢熟悉之后，也就不再害怕了，开始进入鸽群追逐。当女孩活泼地奔向鸽群时，原本不怕生的鸽子们居然纷纷飞起来，女孩委屈地哭着：“等等我，等等我，妈妈，为什么它们都飞了？为什么它们都不理我？”

我将这一段录了下来，某天在整理电脑文件的时候，我意外翻到了这段视频，播放给女孩看的时候，她对于这段经历竟还记忆犹新，这也成了我们平日聊天畅想的一个话题。

在辗转两三日之后，我们离开了南京，名胜古迹却一个都没有去，我们跟那些有目的的游客不太相同，我们边走边看，悠然自得地享受着每一个身处的环境。我们累了就歇息，因为不必赶下一个行程，所以身心都格外愉悦。

这才是旅行真正的意义，不是么？

从南京回来后，我和女孩们也不想就此被困在蜗居之中，我们要跑到大自然中放声歌唱，自由呼吸。我时常觉得，旅行不用特别规划，知道自己的目的地就好，过程嘛，尽情地享受，疯狂玩乐。

有一年冬天，我们在周末的清晨吃完早餐，因为寒流来袭，我临时提议去泡温泉，女孩们觉得可以玩水的地方简直就是天堂，她们自己开始准备衣服、泳衣等必需品，我甚至连地图都没有带就出发了。

我们原本要去的地点离家有一段距离，且正逢泡温泉的季节，又是周末假期，人一定非常多。我们决定将目的地改为温泉享有盛名的阳明山，因为在泡温泉之余，还可以享受周遭醉人的风景，可是悲催的事情发生了，我们迷路啦！

靠着导航和平时攒下的“人品”，我们找到的不是阳明山，而是金山。

“宝贝，我们接下来的行程可能会有变化，温泉不一定泡得了了。”

“没关系呀，我们接下来去哪里冒险呀？”

既然提到冒险，那我们不如真的冒一次险吧！其实也没有那么夸张，我们只是决定上网搜搜看这附近哪里有适合泡温泉的好去处，这么一查，竟真的让我们找到一个绝佳的地点。

我们顺着山路蜿蜒而上，山路越来越偏，完全看不到人潮，唯有那依稀飘来的硫黄味告诉我们，目的地就在前方。

我们找到的温泉地点，其实跟阳明山同属于一个火山，只是在山的不同面，但丝毫不影响温泉的品质。依山而建的洋房颇有森林庄园的气息，供众人使用的温泉有三个，各有特色，还有专门为孩子们设计的玩沙区。女孩们不顾天气寒冷，穿着泳衣，光着脚丫就直奔玩沙区，在里面打滚玩乐，直到弄得满身都是沙，才愿意用水冲净后进入温泉区。

由于地理位置的影响，泡温泉的人屈指可数，却让我们享受了安宁和清净。除了大的温泉区域之外，我跟女孩们还发现了一条秘密通道，顺着台阶而上，可以进入山区，在蜿蜒的山路上，靠山而建的温泉池设有开关，可随意调节水温，一边是温泉水，一边则是山泉水，躺进用大鹅卵石建造的温泉中，一家人的亲密互动皆在这流动的水池间。不仅如此，店家还贴心地在每一个水池旁都安置了喇叭，音乐如流水般缓缓进入心田，仰起头，透过枝叶，可见头顶的蓝天白云，当夜色降临后，因为没有灯光的影响，竟可看到点点繁星。

离开前，我们在那里吃了晚餐，晚餐很简单，四菜一汤，因蔬果皆是在山间种植的，菜吃起来清脆香甜，连汤都鲜味十足。大概是温泉泡累了，肚子也饿了，向来挑食的大女儿接连添了三次饭，最后满足地摸着肚皮打起了嗝。回去的路上，我问女孩们："对今天安排的行程满意吗？"

大女儿笑着说："还好妈妈迷路了。"

这语气里竟带有庆幸，似乎迷路了，我们才收获了这趟快乐又难忘的旅程。

直到现在，旅行前我还是不擅长计划，一切都是随意而行，就像一场风，我知道此行的原因，至于过程嘛，顺其自然，因为最终总是会抵达目的地。

再看我毫无计划的旅行，其实也像极了人生，在重大事情上花费心思去努力安排，但对于放松心情之事则不必安排，更不必计划，只有这样，我们才会对意外的收获充满惊喜，才会对拥有的一切心怀感激。带着这样的心一路向前，未来所看到的风景，哪怕只是一朵花，一片云，一首歌，都足以让我们的心怦然动一下，然后感动地拥抱每一天的新生活，而每一天都会是崭新的。

油桐花和萤火虫之旅

女孩们出生前，我不止一次地幻想带她们夜游，不是夜晚游泳哦，而是在夜色来临时带她们去看看夜晚与白天有何不同，而且最好是去无光亮的山区，在那里不仅可以看到满天繁星，还可以听到昆虫鸣叫的声音。

但在过去，“夜游”一词只存在于我的假想里，从未得以实现。这一切并非因为计划赶不上变化，而是因为我这个做妈妈的过于小心翼翼，太想保护她们，我担心山区的潮湿空气，夏日蚊虫多，雨水多，尤其在山里，雨水一旦落下，就成了滂沱大雨，且装着雨水的乌云怎么也不肯挪步，非得卖力地将今天带出来的雨量全都倾泻干净才愿意回到天庭，下雨路滑会给出行带来诸多困阻。好不容易到了冬日，又觉得山谷冷清，没有风景。此计划推迟了近十年之久，在一次“再不出发她们就长大了”的感叹声中，我决定“任性”一次，不看天气预报，不做任何计划，来一场跟森林的拥抱之旅。

虽说不想计划，但由于此次前往的地方在山区，我还是削好苹果装进便当盒，准备了香蕉和自己烤的曲奇饼干，并且烤了自制的腊肠起司面包，准备好所有的一切后，心里才有了“万事俱备，东风已起”的妥当之感。我们将所有的食物都装进野餐篮中，出发了！

此时的太阳已经西落，晚霞的红光染亮了天空，已经睡过午觉的女孩们兴致正浓地开始歌唱。在她们的歌声中，我们的车子从山脚爬上了山腰，蜿蜒的山路上，绿意愈来愈浓，而女孩们的尖叫声与期待形成正比。

五月初，正是油桐花盛开的季节，沿着山路而上，盛开的油桐花朵朵拥簇，整个山头都成了花的海洋。大女儿惊喜地跟妹妹说："妹妹，你快看！那是油桐花啊！真的好美哦。"

说来我跟油桐花真有一些缘分，女孩们出生的日子皆在油桐花盛开的时节。在我挺着孕肚期待她们到来之际，我曾经步行爬上山间，跟肚子里的她们介绍这美丽的花朵，尤其是小女儿，已经过了预产期还赖在我的肚子里不愿意出来看这个新世界，我跟姐姐都对着肚子召唤："快点出来哦，等你长大了，带你来看油桐花。"

如今，我们果真来了，虽然这一切不在我们的计划之中，但是，又有什么比临时获得的惊喜更让人感恩的呢?

我们停好车子，顺着路标步行走上油桐花步道。此时的地上已经落满了白色的油桐花，花瓣中间的脉络呈现出一条条淡红色，只要一阵山风吹拂，油桐花就会掉落，一朵紧接着一朵。只要有新的花朵掉落，女孩们就迫不及待地弯腰捡起刚落下的花朵，她们小心翼翼地将花朵捧在手心里，百般呵护，生怕自己稍一用力就将花捏破。

我将头上戴着的草帽递给女孩，示意她们可以把草帽当成装花朵的容器，女孩们更是欣喜，她们期待着山风再起，可以吹落更多的花朵。

我问："姐姐，你们捡这么多花，要派什么用场？"

"秘密，不能告诉你。"

小样儿，难道我会不知道女孩们想用油桐花拼出一只小白兔吗？她们在看到油桐花的那一刻就在计划着，要拼出一只小白兔，因为油桐花是白色的，还想用花瓣间的红色脉络做成兔子的眼睛，因为她们觉得"兔子的眼睛是红的"。我不准备拆穿女孩们，既然她们要准备小兔子的惊喜给我，那我只管期待和尖叫就好。

我们走入山谷，山风也显得更强劲，随着山风吹起，山谷中飘起了雪白色的花雨。姐姐颇有向导的架势，为妹妹讲解：“妹妹，你看，这些油桐花飘起来的时候，是不是很像一片片雪花？它们的另一个名字叫作‘五月雪’。”

因为姐姐很爱看百科全书，植物、鱼类、鸟类皆难不倒她。妹妹知道姐姐拥有惊人的记忆力，一脸崇拜地向姐姐询问：“还有呢？”

姐姐倾尽所有将油桐花及油桐树向妹妹做了一次科普，不仅是妹妹，连一起来赏油桐花的游客们也被姐姐的讲解所吸引，纷纷停下脚步，听她介绍油桐花的树皮、根、叶、花和果，不少人给予女孩鼓励和赞美。

姐姐讲完后，我们又有了意外的发现，一只土拨鼠竟出现在道路边。它被一个眼明手快的小男孩迅速地抓住，竟也不挣脱，我们打量着它，它也一脸天真地打量着我们。我们发现土拨鼠并不大，一双漆黑的眼睛闪着灵气，又短又胖的手脚更显可爱，而长长的门牙更是萌翻了天。一群小朋友迅速地将这位“贵客”围住，每个人都想伸出手摸摸它。

我们提议将土拨鼠放归森林，孩子们虽然依依不舍，但也知道森林才是它的家，爱它，就要给它自由。然而土拨鼠似乎意犹未尽，或许是对我们这些走进森林的稀客抱有好奇之心，所以它一直抬高身体，睁着它那双漆黑的眼睛不断地看着我们，即使女孩们将它放在了土堆上，它依旧不愿意挖一条路让自己隐身其中。

我翻开随身带的水果盒，拿出一块已经削好的苹果递给女孩，女孩将苹果片递向了土拨鼠。这只可爱的土拨鼠没有拒绝，抱着苹果片满足地啃起来，啃完第二个苹果片之后，在孩子的笑声和祝福中为自己拨开了一条道路。年幼的土拨鼠，多像我身边的那些孩子们，个个都天真无邪，单纯善良，这或许是土拨鼠愿意停留的唯一理由。

一场雨在此时悄然而落，只是下得不大，细雨绵绵，却也不太密。满天繁星是看不到了，我决定取消行程，趁着雨未大的时候先离开，就在我们准备下山之际，却见一个用木板搭建的小舞台旁人头攒动，大家都安静地坐着，似乎在等待着什么。

“下雨了，大家为何不急着下山呢？”带着这样的疑问，我跟女孩们踏上了木板区。刚才在步道中，头顶的光线皆被团团拥簇的花朵包围，以为天空已经黑了，当坐进这个小舞台时才发现，天空还是一片灰蒙蒙的，而众人冒雨等待的，竟是在夏夜中才会出现的，闪着夜光的萤火虫。

“我们留下来看萤火虫好不好？”我向女孩们提议。

“啊，有什么好看的！”大女儿投了反对票，“下雨了，我们回家好不好？”

“我们再等五分钟，看雨会不会变大，如果雨没有继续变大，我们就留下来看看，好不好？”我说。

“萤火虫真的有那么好看吗？”

“因为生态环境的变化，我们在城市中已经很少看得到萤火虫的身影了，距离妈妈上一次看到萤火虫，至少有二十年了。”

“妈妈，你真的是二十年后才有机会再看到萤火虫吗？”女孩们看着我问。

我点点头。

“萤火虫现在全都住进山里了吗？”

我看到了告示牌，原来这里是萤火虫的孵育据点，我跟女孩们介绍：“这里之所以会有萤火虫，是因为保育人员在这里建立了萤火虫的孵育据点，孵育出的萤火虫，全都是他们的功劳哦。”

“我要留下来陪妈妈看。”

“我也要。”

巧合的是，就在女孩们愿意留下来陪我一起看萤火虫时，天空中的细雨竟也停了，雨水为山谷带来一缕清幽的气息，鼻间可闻到泥土的芬芳，而我们的野餐篮，在此时被打开了。

夜幕来临前，我们边享用着亲手做的晚餐，边一起聊天。周围不时有小朋友们进入我们的用餐区，女孩们大方地跟新朋友分享自己的食物，一篮子的食物很快就被横扫干净，而那些新朋友也非空手而来，见女孩们正在收集油桐花，毫不犹豫地将他们捡到的干净花朵全都送给女孩们，原本只装了四分之一的草帽顿时就被花填满了。

我在整理野餐篮的时候，女孩们制造了一个惊喜给我，她们用油桐花的花瓣拼出了一个造型，声称要送给我。在此之前，女孩们还特别派新朋友挡住我的视线。

在那些孩子们的欢呼声中，我看到了女孩们送给我的礼物，一颗偌大的心型，用纯白色的花朵围起来，女孩们张开双臂扑向我，大声地喊着：“妈妈，我爱你！”

天呢，我准备的野餐食物里，是不是被我无意加进了蜂蜜，她们的嘴巴才这样甜？我有切洋葱加进来调味吗？为什么我那么想流眼泪？

夜幕何时真正来临，我已不记得，只记得那绿绿的亮光开始从草丛低处慢慢飞高，飞过栅栏，来到了小舞台的中央，它们安静平和地从我们的眼前飞过，速度始终保持如一，不疾不徐，从没因为舞台中央这么多人的欢呼而乱了自己的阵脚。

第一次看到萤火虫的女孩们显得格外兴奋，若不是舞台太小，我真怕她们会忍不住随着萤火虫的亮光而起舞。

现在回想起来，那天的人们，精神似乎都格外高昂兴奋，但每个人又都特别节制，他们安静地欣赏那闪着亮光的小精灵扇动翅膀从面前飞过，没有任何人伸出手或作势去扑那些飞舞的萤火虫，而人与自然的和谐之美，在那一刻完美展现。

为避免车潮，我们决定提前离开，女孩们对萤火虫从最初的毫不期待变成了恋恋不舍，为了让她们再跟萤火虫短暂相处，我决定不走来时的路，改走一条更为幽静的山间小路。

事实证明，我的这个决定是正确的。

山间小路寂静无声，山泉水潺潺流动的声音听起来像是一曲轻音乐，在雨后的夜晚显得特别悦耳。那场雨让苔藓更潮湿了，它散发的浓郁的森林气息令人着迷，连女孩们都忍不住地嗅了几下，大女儿说："是很干净的味道，跟阳光的味道不一样……"

女孩们还来不及细细感受这味道，就被飞过来的萤火虫吸引了。因为环境清幽，加上此条路径毫无光照，需要我打开手电筒才能往前行走。

"妈妈，快，把手电筒关掉。"

没有了手电筒的亮光，萤火虫的光亮是刚才在小舞台上看到的亮度的几十倍之多，而数量更是惊人。我们不用仰头，即可看到身边绿光闪闪，宛若星辰。

"妈妈，嘘！你低下来，让我摸摸你的头发。"大女儿突然在我身边说。

"怎么了？"我嘴上问着，身体放低，蹲在女孩的面前。

女孩伸手摸我的头发，不，她是抓我的头发，她开心地叫着："耶，妈妈，我抓到它了耶，你快看！"

女孩的掌心里，果然停着一只闪着亮光的小家伙，它奋力地发着光，一闪一闪，都是它的卖命演出。

"古时候有个读书人，因为家里穷，没有钱买油灯，他就靠着萤火虫的亮光，专心读书，后来考上了状元。"

"好棒哦。"

“好啦，放它走吧。”

听我这么说，原本摊开掌心的女孩却突然把拳头握起来：“不要，妈妈，我好喜欢它，我可以带它回家吗？我也要像那个读书人一样。”

“宝贝，萤火虫真的很美，是不是？它们汇聚在一起，闪出的光可以照亮整片黑暗的山谷，现在时代进步了，不再需要萤火虫给我们光，但是我们要给萤火虫一道光。”

“给它们一道光？”

“对呀，那道光，就是放开我们的手，跟它们和平共处，不要去伤害它们。宝贝，喜欢它们，却要把它们带离从小生长的环境，离开这个高山区，它会想念它的朋友们的。”

“妈妈，你说得对，萤火虫是属于森林的。”女孩摊开了她的掌心，萤火虫便闪着亮光往前飞去。

女孩与在她掌心停留的萤火虫告别：“萤火虫，你一定要继续亮下去啊，我明年还会来看你的，看你和你的好多好多好多朋友。”

是啊，那片幽静的山谷，感谢你在那个午后带给我人生最宝贵的回忆，她们每一句甜蜜的爱语，我都会记得，我们会想念你的。希望进入那片山谷的每一个人，记得将垃圾带走，因为它们不属于森林，也请不要将森林里的任何一物带走，因为它们只属于森林。唯有此，山谷才会保留着该有的清幽。愿以后的每一年，油桐花都朵朵拥簇，盛放如雪；愿以后的每一年，萤火虫的光都能照亮山谷，让世人看到它丰沛的生命力，看它小小生命却能点亮夜空。

我们，会为你祝福。

大自然是张舒服的画布

初为人母的我跟大多数的家长一样，有一本专门记录胎儿成长的日记。我跟先生每人轮流写一篇，我的内容走情感路线，不乏期待她的到来，感激她选择我们作为父母，期待她会是个女孩儿。先生的胎教日记走的是写实风，真实地记录了一天内发生的所有琐事，包括妈妈孕吐了几次，在日记的最后，他总能以一幅小插画作为日记的结尾。不知是遗传还是胎教，大女儿的绘画天分从小就能瞧出端倪，她爱各式画笔，颜色搭配自成一统，她在幼儿园时期的绘画都被贴在通往教室的走道上，其中有一幅画画的是我们大手牵小手站在台阶上，她总能将画中故事跟我娓娓道来。

我很感激女孩在幼儿时期遇见了很好的老师，老师们都拥有一双充满智慧的眼睛，能敏锐地发现班级里所有孩子的优点与特质，常常鼓励女孩灵活运用手中的画笔，用笔记录生活之美。

记得女孩即将从幼儿园毕业时，我意外接到老师打来的电话，老师在电话里恭喜女孩获得市幼儿组的绘画比赛大奖。女孩得到一张奖状和一对纯白的陶瓷杯。在经历一系列的事情之后（相关内容见本书第 81 页的文章《是谁的兴趣》），女孩开始了她的绘画旅程。

女孩跟随的老师拥有丰富的绘画经验，授课时间长达三十年。女孩本身对于绘画拥有极高的热情，我想她应该不会在绘画上遭遇挫折吧。没想到，上了五次课后，女孩突然神情沮丧地问我：“妈妈，你会不会画山？”

一旁的妹妹听到姐姐这么问，惊奇向来万能的姐姐居然也有不会画的东西，她很得意地跟姐姐说：“我会画哦，你看，拿一支笔，这样，这就是山！”

妹妹洋洋洒洒地画了一幅画，但是大女儿依旧皱着眉。

“妹妹，你听听姐姐怎么说。”我把话题交给大女儿。

她嘟囔着：“怎样才是有层次的山？‘层次’到底是什么意思啊？”

“颜色有明有暗，有深有浅，依次而来就是层次。”

大女儿摇头：“我知道深和浅，但是不知道要怎么画出来才更好看。”

我不是美术老师，不知道该如何告诉她，但是我认识一个更厉害的“老师”，叫大自然。与其用我并不擅长、毫不专业的语言试图让她了解，不如牵着她的手出去看。

“妈妈，我们去哪里？”

“去山里。”

“为什么要去山里呀？”

“去了你就知道了。”

抵达阳明山的时候正是中午，且在春季，连片的樱花正在盛放，颜色深浅不一。我们在树下等待“樱花雨”，一阵风吹来，樱花迎风掉落，女孩捡一朵花放在手心里，细细观察从花瓣到花蕊的变化。

“宝贝，你看到了什么？”

“花瓣从深到浅，这就是层次？”

“对，也叫渐变，就是颜色渐渐地转变了，你所用的颜色越丰富，画的画就会越立体好看。”

赏完樱花，我提议我们再往山里前进，我们要登到山顶，让女孩看另一种独特的“层次”。

山顶的视野更广阔，山路曲折蜿蜒，像是缠绕在山间的白丝带，远处的山岚缥缈，如同身临仙境。我指着远方的山问女孩：“你看那些山，有哪些不同的颜色？”

“应该都是同一种绿色吧？”女孩说完这句话之后，神情随即转为惊讶，她的视线再度看向远方，眼神里充满着不可思议，她惊呼：“怎么可能！”

“妈妈以前也觉得山就是绿色的，直到后来我才发现，原来随着距离的远近变化，它所呈现的风貌也会有所不同，所以在老师教的山水画里，每座山的颜色都不一样，从墨绿、嫩绿到浅绿，颜色一直在改变，是不是？”

女儿笑着说：“那天空也是一样的吧！如果风很大，白云就会减少；如果风不太大，云朵很多，天也会非常蓝！”

我继续鼓励：“你再想想，还有哪些颜色是渐变的呢？”

“蝴蝶的颜色会渐变吗？”她不自信地问我。

“只要颜色有明有暗，有深有浅，有层次，都算是渐变。”

“哦，我知道了，季节！季节会让所有的色彩都改变！”

“对呀，我们有时候画一幅画，也要确定它的季节。当你在看书或看画的时候，也可以从画中感受作者描绘的季节，甚至可以想象当时是晴天还是雨天……”女孩开始滔滔不绝。

女孩的疑问，被大自然赋予的美景一一解开了，她在大自然中探索，发现了色彩之美。

那天之后，大自然为女孩的“视界”开创了新天地，人生色盘因此变得丰饶多姿，她凭着记忆画了一幅水彩翠山图，颜色由深至浅，让人看了心旷神怡。后来为了挑战色彩的高难度，她还画了一幅猫头鹰，看过那幅画作的朋友都对女儿的描绘能力大加赞赏，觉得她具有大师风范，因为女儿笔下的猫头鹰羽毛呈现出各种层次，身后的山林交错，颜色也有深浅有明暗。老师的启蒙开发了她的心智，让她在绘画的道路上走得更远，我没有老师充满智慧的双眼，但我会陪她一起迈出脚步，去拥抱自然，让她在鲜活的大自然里了解色彩的跳动之美。

出发去看日出

带女孩们去看日出，是自己心血来潮的想法，天知道我还有剧本和稿子没有赶完，而写在白板上的行程日益逼近，但我期盼跟女孩们看日出的心太迫切，我将出发的时间定在了周六的清晨。

周五，我一整天都像打了鸡血一样，煮咖啡，开始工作，原本每天只计划写完一篇稿子，那天却完成了两篇，且每一篇都深得我意，写得顺畅无阻。期间，我洗了两桶衣服，完成了一小时的快走，还煮了晚餐，陪女孩们读书、洗澡、聊天。直到睡前，我才悄悄跟女孩们说：“今晚要早一点睡哦，明天要早起。”

“我们要去哪里？”女孩们的眼睛里闪出了亮光。

“妈妈想带你们去看星星、看日出。”

“哇，好棒哦！”

“你们要整理自己的背包，带好外出的必需品。”

“遵命船长。”

女孩们负责整理她们的背包，随后跟我道晚安，她们满心期待着明天的到来，而我呢，不知是精神还处于亢奋之中，还是担心自己无法早起，竟睡意全无，索性煮了咖啡继续工作。

我写稿至凌晨一点半，想躺回床上却担心一觉睡到大天亮，于是自己先换衣洗漱。当我穿着妥当来到女孩的房间时，女孩们还在熟睡。我正想要不要打开房间的电灯，小女儿竟骨碌一下坐起来，她揉着眼睛问我：“妈妈，几点啦？”

“还不到两点。”

“我们是不是要准备出发了？”

“是啊，你行吗？要不你再睡一会？”

女孩咧嘴一笑，用手势做了一个“OK”回应我，她自己起身找衣服穿，大女儿此时也坐起身问：“我们是不是该出发了？”

凌晨两点，路灯点亮的街道一片寂静。交错的路灯将我们的身影拉成了明暗两个，身影重叠，显出了光线之美。从影子中，我看到女孩们在仰望星空。万里无云的天空，圆月高挂，启明星发出熠熠星光，除此之外，再无其他的星星。

“星星呢？是不是都躲起来了？”

我们的目的地，是面朝大海、风光秀丽的海岸线之乡——宜兰。

天空宛若一块藏蓝色的丝绸，皎洁的月光陪伴我们踏上近一个半小时的行程。女孩们继续沉睡在梦乡，车内没有声音，唯有那偶尔与我们呼啸着擦肩而过的陌生车辆，带给我真实的听觉，而那片香甜滑顺的巧克力，使得我的精神依旧亢奋。这是我跟女孩们第一次看日出啊，这个第一次，终于来临了！

一个半小时后，将近凌晨四点，我们抵达了渔港。此时已经有渔船陆续进港，我们将车子驶进了渔港的出口区，我将车窗打开，一股天然的海水气息扑鼻而来。空气里不仅有清晨的清新，还有一股重重的咸腥味，这股夹杂的味道却也丝毫不违和，很像海藻的味道。

女孩们此时也醒来了，看着亮着灯火的渔船兴奋地说：“哇，好美哦，看起来好壮观啊！”

对，是很壮观，但是我们从这里真的可以看到日出吗？眼前的渔船遮住了我们的视野，此时有好心的渔民提醒，原来我们竟误将车子驶进了出口区，这里是无法停车的。现在还不是渔船数量最多的时候，听渔民介绍，所有渔船满载而归的进港时间是下午三点以后。

渔民很热情地跟我们介绍：“可以带些新鲜的鱼货回去啊，新鲜，很赞哦。”

谢过了渔民，我们将车子停在停车场，原本打算眯一小时的我，却因女孩们的问话而立刻清醒了。

大女儿问：“这里的码头好高哦，真的可以看到日出吗？”

小女儿也问：“我们一会儿是不是要爬上那个高高的码头？”

我下车打量了地理环境，不，这里绝不是看日出的最佳地点，海平面被码头硬生生地阻挡了，而渔船也早已将港口堵得看不到任何光线。我有点沮丧，但是女孩们安慰我：“没有关系呀，如果看不到日出，那就看星星。”

悲催的是，在这一片毫无光源的环境之中，我们抬起头，看见的唯有那轮闪着亮光的大月亮，今晚没有星光。

我乐观地上车，笑着跟两个女孩说：“没关系，咱们还可以看日出呢。”

启动车子，我们离开了渔港码头，我们还有时间，趁着天未亮，我们再去寻找适合看日出的地方，宜兰这么大，总会有一个地方，在等着我们。

我们开车驶向另一处海域，眼前巨大的消防坡阻挡了我们的去处，前方则标注“此路不通”。我虽未沮丧，但女孩们已经伸出手拍拍我的肩膀安抚我：“没关系的，妈妈，我们在这里看也是一样的。”

“趁着太阳还没有出来，我们再到处逛一逛好不好？”

就这样，我们驶出了那片四处受到阻隔的区域，车子继续往前行驶，在经过一个停车场的时候，似乎听到了海浪召唤我们的声音，车子就理所当然地开进了停车场。从停车场出来，绕过一大片棕树林，我们竟看到了广阔的沙滩，以及一望无际的大海！

隔海相望，竟可以看到宜兰最著名的龟山岛！

“耶！我们来到海边了！”

“哇！终于可以看到日出了！”

两个女孩张开双臂，带着她们百分百的热情冲进了沙滩。此时，天空已经由灰渐渐成了白，天就快要亮起来了。

一直以来，我对溪水和海水都存有敬畏之心，我相信它们跟孩童一样，都拥有灵性。我心怀虔诚的同时，还对海浪有种不可抗拒的恐惧，因为它广阔无边，更因为它深不可测，所以我惧怕大浪吞噬了渺小的我。

女孩们的世界里除了新奇以外，似乎没有害怕两字，她们脱掉鞋子，在沙滩上肆意地奔跑起来，脸上洋溢的是欢快无忧的笑容。我似乎也受到女孩们的影响，慢慢挪开步伐，趁着日出前，与海浪来一次亲密接触。

这是我第三次站在海边。

在广州的大梅沙，我生平第一次看见海，那时大女儿刚满一岁，我们没有接触海水，只在沙滩上玩沙。第二次在台湾的福隆，去那里是为了看沙雕盛会，海浪仅仅打湿了我的脚背，大概是觉得我无趣，海浪再也不肯扑过来一下，那时，我已经有了一双女儿。

此次，跟前两次截然不同。这一次的海岸线，是安静广阔的。视野所及，除了那藏在浓雾中若隐若现的龟山岛以外，就只有眼前一望无垠的海了，它的颜色由白至蓝，且愈发浓烈。因为是清晨时分，没有嬉闹的笑声，唯有那轰隆如雷的海浪拍打声，再加上女孩们清脆的笑声，它们毫不相斥地融合为一体，听起来让人觉得无比舒畅。

“妈妈，你快看！太阳是不是要出来了？”大女儿惊呼连连。

东方的海天交界处，原本白色的天空慢慢地被染出了颜色，那抹颜色由淡渐浓，小女儿跑到我身边问：“妈妈，太阳是不是快要从海底爬出来了？”

大女儿笑说：“不是爬出来，是慢慢升起来。”

“你们看。”

海面上出现了一道弧线，女孩们都睁大眼睛，生怕错过了这难得的瞬间。

慢慢地，太阳露出了微微的红光，只是不久后，那抹红光又渐渐地淡了。

“太阳，不要害羞，我们在等你！”

小女儿也学着姐姐的话语喊：“不要害羞，我们在等你！”

太阳似乎听到了女孩对它的期待，再次出现的时候，像是登上舞台的舞者，奋力一扯，云的幕布被它扯开了，红彤彤的太阳闪烁着光芒，它跳上了舞台。

对，就是跳。

大女儿在欢呼着：“太神奇了，不是升，也不是爬，它就是跳出来的。哇！好大的惊喜哦。”

小女儿开心地手舞足蹈：“哇，太阳太棒了，会直接跳出来。”

太阳已经爬上了天空，散发出的耀眼光芒，让旁边的云朵都宛若镀了一层金色的边，而我的两个女孩，不知何时，竟一左一右地站在我的身边，牵着我的手，仰头看着那温暖的光。

若太阳是大海每天期盼见到的光，以它的光芒温暖冰凉的海水，而我的女孩们，她们每一天的笑，也是照亮我每一天的光。

回家后，我和大女儿各写了一篇日记。在我的日记中，不仅有自己原本对于大海的敬畏，还多了尊重和钦佩，大海的广阔无边具备了包容的美德，大海虽深不可测却孕育了无数生命，包括无怨无悔地滋养着我们人类……

大女儿也写了一篇日记，日记的开头我不知道，但是我知道结局，因为我路过她房间的时候，她正在把自己写的日记念给妹妹听："我们终于看到了日出，太阳跳起来的时候，我跟妹妹悄悄地站到了妈妈的身边，妈妈看着还在往上爬的太阳，她说太阳就像是我和妹妹，我听了很高兴，我要用力地发光，用温暖的光去照亮妈妈……"

横跨 170 公里的行程，我彻夜未眠，花费 8 小时的行程，只为去等待那场日出的光，有意义吗？

当然，因为它让我们终生难忘。

阅读是爱的探照灯▲

阅读的启蒙

当我着手记录陪伴女孩们阅读的经历时，我的内心是喜悦和满足的。我从未想过，有一天可以通过我的笔，将那些陪伴她们成长的美好记忆梳理整合。

追溯我为何会给女孩们读书，原因只有一个，那就是我喜欢。阅读本身就是一种可以分享的乐趣，这似乎也是最初我跟婴儿们互动的一种方式。即使她是个未满月的小婴儿，我也可以随手拿出一本书，读上几段给她听，女孩给了我回应，我就再读一段，这样的你来我往，就算是我的一厢情愿，我也高兴。跟大女儿一起阅读已成为我们每天必须完成的功课，小女儿此时悄悄报到，她无疑是幸运的，因为我在陪姐姐阅读的同时，也为她做了最棒的胎教。

妹妹出生后，姐姐躺在她的身边，我念书给她们听，就像口渴需要补充水分，困了必须睡眠一样简单自然。妹妹喜欢听我讲故事的声音和表情，你以为她听不懂吗？不会的。每当我停顿一下，妹妹那双明亮的眼睛就盯着我看，双腿用力地蹬着，挥着手臂，直到我再发出一个音节，她才会或笑或咿呀自语，似乎在咿呀呀地回应着我的故事，她好像在说：“故事真的很好听！”

其实那时候，我还没有从一本故事书讲起，随手拿起的玩具、拼图，或者一张明信片、广告单，我都可以饶有兴致地念给她们听，大女儿会跟着我一起学习语言，小女儿则睁大眼睛努力读懂妈妈的语言。

妹妹大概三个月大的时候，我买了一个用布做的动物娃娃，可以拼成四格形状，也可拼成长方形，柔软的材质让女孩们易抓易取，不管是拼成四格还是长方形，都可以拼凑出不同的动物。我也常将动物娃娃摆放在女孩们的眼前，跟她们讲这些动物的特质及喜好。

我还特别为女孩们挑了布书，布书不仅做得柔软，色彩丰富，而且更棒的是，其中的动物都立体呈现，孩子可以摸摸狗的耳朵，或是有纹路的大象鼻子。

犹记得，刚会翻身的妹妹，整天抱着那本布书在地板上翻滚，姐姐则在一旁很有趣地配合着猫狗的叫声。

小女儿会坐的时候，我们就靠着墙边或床边，摊开一本书。小女儿通常坐在我盘起腿的空隙中，姐姐则紧紧依偎着我。至今回想起来，我都觉得那是温暖且美不胜收的画面。我们三个人的语言水平完全不同，但在阅读的过程中，通过她们小手翻动的哗哗书声达到一种不可思议的共识。

当读完一本书需要换一本的时候，姐姐在起身前都会询问妹妹："你还想要看什么书？姐姐去拿那本企鹅宝宝的书好吗？"

得到妹妹笑脸回应的姐姐则欢快地跑向书柜，踮起她的小脚尖，先将已经看完的书稳妥地放回架上，再抽出她跟妹妹"共同"选读的书。

偶尔，姐妹俩也会坐在地板上共同阅读一本书，大女儿会学着我的样子，靠在墙壁上，妹妹则倚在姐姐的身上，两个小女孩，用她们的小手指指向书中，姐姐念着动物给妹妹听："妹妹，这是猫咪哦……喵……"惹得妹妹又是一脸的笑意，姐妹俩如今感情这么好，当年的共同阅读也是让她们情感加分的原因吧。

睡前阅读是大女儿一直延续至今的习惯。我没有特别限定在何时让她们阅读，但如果真要有一个年龄的限定的话，或许就是她们会坐、会爬的阶段。白天她们精力实在太旺盛，经常是一本书还没有读完，妹妹已经爬出去探索她的新世界了。等她会走的时候，她再也无法耐住性子坐在原地听我把一本书从头到尾读完。那段时间我想了很多小妙招，但静态的故事远不及花花世界来得精彩。当我把阅读的时间往后推迟，直到她们睡前才开始的时候，我发现，这个时间段的女孩们都特别安静。

她们爬到我的身边，或坐或躺或依偎着，还不时地提出问题："为什么兔宝宝要这么做呢？"

引起她们的兴趣之后，我也会问她们："对呀，你们觉得是为什么？"

善于抓住孩子们想问的"为什么"，让她们的好奇心一直都保持着，是阅读最重要的法宝。我允许孩子们天马行空地想象，从来不打断她们的幻想，通过女孩们的思想，我有时反而可以看到自身的不足。

有一次，我陪女孩们一起看书，不知道为什么，我们突然聊起了鼹鼠的家，小女儿问："什么是洞呢？"

我用树洞和杯子作为引子，让女孩们自己想。此时的小女儿刚进入中班，大女儿就读小学一年级，她们的联想比我更丰富，且想象的空间远比我广阔。女孩们列举了蜂窝、滑梯、攀索绳、渔网，甚至更多，为了让女孩们了解"洞"，我们还做了无数个手工道具。

女孩们一岁前，我陪她们阅读虽然充实有趣，但并不完美。在陪伴阅读的过程中，她们可能会一直沉睡，会抓着你的头发，想吸引你的注意力跟你玩，还会将书当成她们的玩具，会撕，会咬，甚至还会丢，但我一点也不觉得气馁。回到事情的起点和初衷，为何我会想陪女孩们阅读呢？万事皆因我喜欢，我慢慢地发现，书是我跟女孩们之间亲密互动的源泉，且足以对未来产生强大的影响力，那就更应该继续坚持下去，是不是？

有朋友问我："从什么时候开始给孩子们读书？何时是启蒙的最佳

时机？”

其实从一个小生命住在你的身体内，心脏开始跳动后，他就有了属于自己的独特思想。随手拿起一本书，念给孩子听，他吸吮的不仅是羊水，应该也有你充满爱的阅读声，阅读绝对可以让养育孩子的经验变得更加美好！拿起一本书，读给孩子听吧，他的耳朵已经打开了……

直到现在，我都很庆幸，在女孩们年幼时，我选择以书与她们相伴。当初的无心插柳，使得现在的我每天都可以听到她们用丰富的词句来表达活泼有趣的故事。

阅读，就是要从每一件细微的事件中去寻找故事。

不要放弃阅读，一旦放弃阅读，就会一直被困在局限的空间里，想要打开眼界与心界，那就阅读吧！

哇！好多书

我看过的一些电影或漫画里会有这样的情节，小孩为了获得安全感，从儿时起就特别钟爱一个玩偶，或是一条被子，无论走在哪里都形影不离。或许是我给予的爱足够充实，没有让女孩们的“安全感”有所缺失，她们给每个玩偶娃娃都取了好听的名字，她们给予每一个娃娃的爱都是平均的，一如她们热爱的图书一样。

大女儿上大班时已经有了非常好的阅读习惯，就像自己搭建的阅读城堡，里面有她自己选择的书目。适逢儿童节，或是她们的生日，或是表现优异时，我都会送礼物给女孩们，女孩们对于图书饶有兴致，每次都很兴奋地说：“送我一本书吧。”

为尊重她们，我带女孩们去书店自己选书，面对长长的书架，女孩们发出了连连的惊呼：“哇！好多书。”

我提议：“姐姐，你可以选择自己想要的书。”

小女儿见此也询问我：“妈妈，那我呢？我可不可以选一本书呢？”

“好，你们慢慢选，我等你们。”

得到我的同意，女孩们都很开心，不久后，她们就在书架前犹豫起来，因为每一本书的内容看起来都格外诱人。

我给她们建议：“可以选一本回去，等这本看完了，再来挑选下一本，反正书店永远都在呀。”

就这样，女孩们的小书架被塞满了，我先后购置了两个书柜也逐渐被图书喂得饱饱的。近期我在家中整理书，又为她们添了一个双层的书架。

位于家附近的图书馆内藏了很多好书，图书馆宽阔明亮，一楼的整个空间都是为儿童阅读准备的，图书种类繁多，让孩子们的选择更多元丰富。

儿童的阅读场所是开放式的，在假日总是人潮涌动，其中不乏有些家长是带着孩子来消磨时间的，那些孩子们误将阅读场所当作是自己的欢乐天堂，在里面成群结伴地奔跑玩耍，不亦乐乎，若不是管理员出面制止，这些孩子的撒欢行为很难就此停止。

我也曾经试图劝那些孩子安静地读一本书，但是由于孩子活泼的天性，再加上父母视若无睹，所有这一切都让他们理所当然地在图书馆内结伴欢闹。值得庆幸的是，不管那些孩子使出什么样的方法诱惑我家女孩加入他们的行列，女孩们都会摇头表示拒绝。

在图书馆待的时间久了，我们认识了一个男孩，每一次，他都能顺利地在儿童阅读场所邀请到玩伴参加他的玩乐战局，虽然被女孩们一次次拒绝，男孩还是不死心地一次次尝试，再一次次悻悻离开。某次，男孩顺利地找到三五人等，很得意地凑到看书的女孩面前说："我们要玩'大风吹'，很好玩哦，你们要不要来？"

女孩们很坚定地摇头表示拒绝，男孩故意挑衅："如果我跟他们玩起来了，你们才觉得好玩想要加入，我就不会欢迎你们喽。"

坐在一旁看书的我正想发声，没想到小女儿此刻一脸笑意地站起来了，男孩觉得自己策反成功，正准备鼓吹大女儿也加入他们游戏时，小女儿把手中的书递给男孩："这本书我看完了，很好看哦，你要不要看？"

男孩颇有怒气地推开了小女儿递过去的书，小女儿也不觉得委屈，她很安静地坐下，找一个舒服的坐姿继续低头看书。

那个男孩呢，带着他召集来的人很快投入到"大风吹"的游戏中，然而游戏玩得并不顺畅，带头的男孩很快就放弃玩乐，将一队人马解散。

不久后，他从书架上抽了一本书，在离女孩几米开外的位置坐下来，相安无事地度过了整个下午。

我在镇上生活长达六年的光景，却很少去逛小镇的二手书店，前不久因为要去找一些旧书的资料，我踏进了那间二手书店。

那天淘得的旧书让我如获至宝，很多书在市面上都已经买不到了，我却得以珍藏。因为这样的机缘，我常带女孩们去那间二手店里淘书。有一次，正当我跟女孩们为淘得一套连环画而欣喜不已时，竟又见到了当初在图书馆里淘气玩耍的小男孩。

这回，他坐在书店的角落里，脚边放着一大摞书，低头看书的沉醉模样，跟当日在图书馆里，小女儿拒绝和他玩耍，低头坐在地板上的样子如出一辙，见到女孩，男孩的嘴角慢慢有了一点微笑，他将手里的书递向女孩："要不要看？内容还不赖哦！"

"谢谢。"我向他道谢。

男孩的笑意变得更浓了，很大方地回应我："不用客气。"

有人将自己未来要去旅行的地方，在地图上做出标志，提醒自己将会前往那里来一段疯狂的旅行。我虽未带领女孩们在每一片土地上留下我们的足迹，却陪伴她们在城市的大小书店、图书馆及有着各种故事传承的二手书店里挖起了知识的宝藏，我们记忆中的书店藏宝图，或许早已满满记载了属于我们的标志。

若是女孩们未来对于旅行也十分向往，我希望她们对于书的渴望依旧，不管去往世界的哪一个角落，最先踏足的都是那里的书店，我期盼她们与我分享："妈妈，你知道吗？这里好多书哇！"

▼
开启阅读的旅程

陪伴女孩们走进书的世界，是一个循序渐进的过程。当读书给她们听的时候，我们会选择一本书，但当她们需要一本书的时候，她们真的会选择书吗？不要惊讶，她们选择的是“图”书，以图为主的书。

初来台北时，我收集了很多明信片，有些画风炫丽吸引眼球，有些画风柔美，但都有一个共同点，那就是色彩丰富。我拿着一叠明信片，讲给她们听的同时，也让我自己认识了台北的地理环境，虽然女孩们懵懵懂懂，我却觉得自己跟女孩们分享了最佳的信息。

后来我把那些明信片放在随身的包里。带女孩们出门时，只要有空闲的时候，我就会把明信片摊开，像抽塔罗牌一样任选一张，我拿着图片开始讲述我眼中的台北，同时结合自己的记忆，将我儿时的生长环境跟她们分享，女孩们在坐车的时候都格外安静，享受与我共处的时光。

除了明信片以外，有图的书其实琳琅满目，从阿拉伯数字到拼音，再到英文字母，从花草植物到汽车和动物，我不仅教她们认识这些图片中的内容，还结合游戏玩乐的方法，让这个过程更有趣。

如果我们今天游戏的主题是阿拉伯数字，我们会将所有的牌反放，抽到某张牌的人就要来一个即兴的表演，我们最初的游戏方式很简单，任意唱一首童谣就可以。

我抽到了“1”，我可以说：“你拍一，我拍一，一个小孩开飞机。”

女孩抽到“7”的时候，她会说：“拐杖 7！”

这个游戏是不是太千篇一律呢？对于我们成人的确如此，但对于女孩们而言，她们获得了最真切的陪伴，我与她们一起游戏娱乐，是彼此最轻松愉快的时光。

有段时间，姐妹俩突然又爱上了阿拉伯数字的游戏，这一次，她们没有用绕口令，也没有用童谣，而是用身体向我展现10个数字的迷人魅力。

两个女孩，在我面前奋力地扭动着身体，用她们的小屁股写着阿拉伯数字；两个女孩，脸上展开的笑颜像春天盛开的花；两个女孩，笑得眼睛眯成一条线。陪伴阅读带给她们的幸福快乐，远比我当初想的“纯粹皆因我喜欢”来得更丰富、更真切。

我陪女孩阅读的同时，也将世界带进了书里。犹记女孩刚会坐的时候，我带着她去公园玩滑梯，旁边有一棵偌大的百年老树，枝叶茂盛，我抱着女孩去看那棵树的时候跟她说：“宝贝，你还记得吧？上次我们看的书里也有这样的大树，它高高的，树叶葱绿，春天的时候发出的嫩芽很好看，它的树干跟书里的颜色是不是一样？”

女孩或许还听不懂我想要表达的意境，但是她伸出了小手，触摸着树干，眼神显得格外满足。

为了让女孩更直观地了解树，我每天都带着她去公园，收集各种不同的树叶，我把带回来的树叶清洗干净，摆在客厅的地板上，闲来无事时我就和女孩摸摸树叶的纹路，看看不同的颜色。当然，其中有几次女儿差点将树叶误食下去，因此陪孩子认识新事物时，要多注意孩子的安全。

我们拿着那些现实中的树叶，又重新读了一次书中有关树的故事，此时的女孩低头摸着树叶，即使是已经听过的故事，我们还是讲了很多回，后来，那些树叶风干了，成了我的书签。

长大后的女孩有一天走进我的书房，翻到树叶的时候，她的目光逗留良久，不知是不是想起了儿时那段有树叶陪伴读书的好日子？

会爬会坐的女孩活动力惊人，有时对听故事似乎失去了兴趣，我以为是自己的故事讲得不够精彩，后来我适当地用了一些方法，使得我顺利地陪伴女孩进入了阅读世界。

当孩子们的眼神不再专注于书时，不妨先将书本放下，而且要让女孩跟书本说再见。

“书宝宝，我们先出门玩一下哦，你在家里等我好不好？”

女孩也会跟着我一起，跟书本说“拜拜”。偶尔我也会问女孩：“天气这么好，你要不要问书宝宝，愿不愿意跟你一起出门去晒晒太阳？等晒好太阳回来，我们再请书宝宝讲故事给我们听好不好？”

女孩此时果真跟书宝宝进行对话，就这样，女孩将书本当作是她的朋友，对于书本更加珍惜，到哪里都形影不离。

我还发现，亲子共同阅读，还是要以孩子们为主，选择他们喜欢的图书。在阅读之前，我都会让她们去选择一本书，即使要阅读的书已经在我的手中，我还是会尊重地递给她们，再请她们交到我手上，这不仅表示我对她们的尊重，还显示出我们对于阅读的诚意。

在踏上阅读的旅程之前，还有一件事情想要分享。小女儿特别喜欢一本童书，从一岁起就常捧着那本书翻来覆去地看，或许是文字、图画的颜色让她格外喜欢吧，每当女孩拿起那本书走到我面前，叫我再读一次的时候，我都非常乐意。

因为书本是相伴相陪的朋友，不论读多少回，随着年龄的增长，我们都能从书中不断获得更多的知识。

现在女儿以图为书的阶段虽告一段落，但请相信我，我们的阅读旅程才刚刚开始。

通过文字也可以学习爱

由于从小陪伴女孩们成长，我们有很多时间待在一起。除去阅读和画画的时间，我们最常做的事情，就是母女三人坐在一起聊天，而当女孩们开始有了词句的概念时，我们便开始了词语接龙的游戏。

这个游戏的有趣之处在于它简单易学，且没有任何场地的局限，哪怕我在给女孩们洗澡时，也可以随时来一段。

大女儿常常作为开场嘉宾："洗，洗澡。"

小女儿会接着说："澡，枣，枣子。"

而我呢，也会尽量想一些简单的词汇："子，紫，紫色。"

因为词句随手可得，且没有任何的限制，这个游戏为我们打发了很多无聊时光，随着女孩们渐渐长大，她们的词汇越来越丰富，我们的词语接龙开始有了升级版本。

升级的版本，不再是任何同音字都可以接，我们有时候会设定主题，例如形容词、动词等。如果我们当天设定的主题是形容词，我们就要从众多的词语中找出形容词，以便提高词语接龙的难度。

我一直以为自己在"形容词"的接龙中会是赢家，没想到女孩们的战斗力比我强多了，她们的脑筋转得特别快，当我还在想一个词汇时，大女儿已经将答案偷偷告诉我了。

正因为经常玩文字游戏，女孩们对于文字的敏锐度非常高。有一次，我跟女孩们躺在床上聊天，我摸着小女儿的头，她突然问我："妈妈，你刚才'摸'我，这是一个动作，所以'摸'是动词吧？"

大女儿替我解答："妹妹，你好棒哦，'摸'是动词。"

我鼓励她们："那你们再想想，我除了'摸'这个动作之外，还可以做哪些事情呢？"

女孩们想了很多词：打、拍、碰、弹……

原来这些词通过我们聊天的方式，早已潜移默化地住进了女孩们的脑海里啦！

我们常跟孩子们分享，希望他们可以跟书做好朋友，珍惜生命中的每一本书，因为阅读会带给他们心灵的宁静与丰富。而我想到的是，要与书做朋友，更要与每一个文字做朋友，让他们明白每一个字都有自己的生命和深度，它们所蕴含的意义非常广阔，而且是人类智慧的代表，而通过朝夕与文字的相识相知，更能激发孩子们对于文字的敏锐度，我也因此收获了一段温暖且充满幸福的经历。

有一次，我跟女孩们在餐厅吃饭，小女儿突然问我："妈妈，你觉得长大后的我，是结婚好呢，还是工作好呢？"

我跟女孩们就像朋友，我们之间无所不谈，对于女孩突然提出的这个问题，我丝毫不惊讶，也不打算逃避这个话题，我看着女孩反问："妹妹，你为什么要这样问？"

"等我长大后，我就会面对这些问题，所以很想知道。"

"妈妈觉得，长大后有很多的事情可以做，如果你想听妈妈的建议，我觉得你可以多看书。如果有时间，最好是多去旅行，看看路上的风景，不过……"我看着她说，"如果你遇见了非常好的人，很想跟他在一起生活，妈妈也会祝福你啊。"

其实在此之前，我不是没有想过女孩们长大后的生活。我在参加别人的婚宴时，看到一位父亲将女儿的手交托给别人时忍不住泪水决堤，那个画面是令人心酸且动容的，只在我脑海里稍加想象就会令我的眼眶灼热。可是此刻，我在回答女孩问题的时候，却显得异常理性，甚至是冷静。

小女儿还不死心，她继续问："妈妈，你希望我长大后，是结婚呢，还是去旅行呢？"

我笑着说："以后还有那么长的路，我们慢慢走，等走到了，我们再决定好不好？"

其实我的潜台词应该是："谁说长大后必走的路就一定是婚姻呢？你快乐才是最重要的。"还不等我说出口，小女儿又问："妈妈，你呢？如果你没有结婚，你现在在哪里？"

"宝贝，你知道'如果'是什么意思吗？"

小女儿懵懂地摇头："我不知道，但是我想知道妈妈如果没有结婚是怎样的。"

"如果我没有结婚，我现在应该还在外公外婆的身边，或许已经不写小说了，说不定正在旅行……"

"那我呢，你去旅行的时候会带着我吗？"

向来有逻辑的大女儿开口提醒："如果妈妈没有结婚，她就不会生出你啊。"

我的小女儿生来敏感，情感细腻，跟我的感情尤其深厚，当她明白如果我不结婚，她就不会来到这个世上时，她的眼眶顿时红了，她突然上前紧紧地抱住我："为什么会这样，如果妈妈没有结婚，就不会有我？"

"妹妹，你知道'如果'的意思吗？"

女孩摇摇头。

我看向大女儿："姐姐，你呢，知道吗？"

大女儿点点头："我知道，'如果'就是假设，是没有发生的事，我们只是在打比方，'假如'是它的近义词。"

小女儿对于姐姐的解释非常满意，但是神情依旧难过，她拉着我的手问：“妈妈，如果你没有结婚，会去哪里旅行呢？”

“我很早以前就想去香格里拉，说不定会去那里吧。”

小女儿低着头说：“你一定不会觉得累。”

我觉得好笑，追问女孩原因。

女孩扁着嘴说：“没有我们，你就不会那么辛苦，不会那么累，不用每次出门都帮我们准备行李，不用左右手牵着我跟姐姐……”

不知道是不是受到妹妹的影响，向来理性的大女儿此时也加入催泪大战：“妈妈，如果没有我们，你就不用每天忙着给我们煮饭……”

剧情何时这么急转直下的？两个女孩同时撒娇的功力太强，我快要招架不住，我抱住她们俩说：“如果没有你们，我相信，不管我在旅行的路上，还是我已经前往了香格里拉，我都不会开心。”

小女儿的眼睛立刻亮起来：“真的啊！”

“如果没有你们，就没有人每晚非要我抱着才愿意入睡，没有人每天早晨就来亲吻我，跟我说‘早安’，我就不能在每一年的母亲节收到你们送给我的卡片，我就听不到那么好听的生日快乐歌……”

大女儿长长地呼了一口气：“还好我们刚才的假设是‘如果’，妹妹，我们以后不要说‘如果’，就像妈妈说的，以后还有那么长的路，等我们走到了再来决定。”

小女儿古灵精怪地说：“妈妈，那你一定要慢一点走哦，我们慢慢走……”

我们把“如果”这个词语作为桥梁，让我们知道了彼此在各自生命中占据的分量，而文字带给我们的，不仅仅是我和女孩之间的爱，还有很多很多未被发现的爱，我们会通过文字，去编织属于我们的母女之情。

创造良好的阅读环境

创造良好的阅读环境，并不仅仅是为孩子打造一个书房，也不是在书房中摆放最新出炉的畅销书，也不是随手丢一本书给孩子，让孩子独自与书为伍。良好的阅读环境，其实是我们家长和孩子共同参与互动的状态。

犹记得我跟女孩们最初阅读的场所是在公交车上，火车上，甚至是房间的任意角落。唯有心静了，你才觉得身处的环境是安静舒适的，而且一本好书和一个好故事，足以将我们带入另一个世界。

不过阅读时总会受到很多事情的干扰，此时考验的不仅是我的耐心，而且是我如何让一场乱哄哄的闹剧归于平静的智慧。

小女儿刚满一岁的时候，我们挑好一本书坐下读，她总是不停起身去拿一堆积木，正在读书的姐姐会嘟起嘴巴，瘦长的腿不耐烦地踢着。姐姐跟我撒娇抱怨道：“哎哟，妈妈，妹妹一直在说话，我都没有办法读书了。”

纯真的妹妹哪里听得懂姐姐的抱怨呢？她一骨碌起身，兴高采烈地把积木全都丢进了玩具箱，再拖上一部会边走边吱吱叫的瓢虫造型的电话，边走边佯装打电话，一脸陶醉的可爱模样，让你怎么忍心责怪她呢？

“妹妹，这只七星瓢虫好可爱哦，送给我好不好？”

妹妹一听，眯起眼睛，很大方地将话筒往我的手里一塞，我朝大女儿挤挤眼，心里有几分得意地说：“你看看，我不是轻松就搞定了？”

只是我没想到一页书还没有读完，小女儿又摇晃着她的小身体，去玩具箱里闷头翻动起来，她的小手来回在玩具箱里划动着，不一会儿，又拿了一只会发出嘶嘶叫声的恐龙，依旧是一脸笑意地硬要塞在姐姐的手里。

姐姐此时也动摇了，问我："妈妈，我也好想去玩哦。"

"妹妹，来，坐在妈妈身边，要不要介绍你的小恐龙给我认识？"

"龙龙……"

"欢迎你，龙龙。"我接过恐龙，把它放在妹妹的面前，妹妹随即坐下来，看着我。

"姐姐，刚才妹妹送你的那一只，你给它取个名字好不好？"

"叫它小红好不好？"

"因为它身上红红的，对吗？好棒的名字哦，好啦，妈妈今天要读一本书给你们听，让我们欢迎新朋友龙龙和小红好吗？"

因为有了新朋友的加入，姐妹俩陡然间变得认真了，但她们还会时不时地将玩具拿在手里把玩。

"听故事的时候，每个人都要坐好哦，安静地听故事，等故事讲完，我们再跟龙龙和小红玩，好不好？"

大女儿点头："好！"

小女儿见状，也不甘示弱地跟进："好！"

那一次的阅读，我们每个人都特别安静，故事顺利读完了。以后再读书时，女孩们都会主动询问我："妈妈，今天可以让我的粉粉熊加入吗？她也希望听妈妈讲故事。""妈妈，我可以邀请我的大白一起来听故事吗？"

"好，在听故事的时候，我们要怎么做呢？"我询问。

"陪新朋友一起分享故事。"女孩们异口同声。

此后，我们在读书的过程中，虽时不时有新朋友加入，但妹妹很少再起身走向玩具箱，让阅读有了安静且快乐的美好开端。

如果说拥有快乐是关键，那么如何保持快乐就显得非常重要了。

犹记有一次，我们的读书已经进行了一大半，故事的氛围和情感都非常好，在那大半段的故事里，我们穿插了很多不同的故事，而此时一通电话打断了我们的阅读。时至今日，我已经不记得当初是因为什么事而影响了自己的情绪，只记得我没有像以前那样对女孩们说："来跟书宝宝们说再见好不好？"而是直接说："很晚了，我们要准备睡觉了。"

还沉浸在故事中的女孩们哪里知道我在生闷气，她们继续问我："不行，故事还没有讲完呢。"

"宝贝们，妈妈不是说过，好故事不用当天急着讲完的吗？乖了，先睡觉好不好？"

"不要！我想要知道它们到底怎么样了，然后呢？"

"还有什么然后呢？故事的结局就是……"我失去耐心，直接翻到书的最后一页，"你们看，书的最后就是这样……"

"不是，我们还有一些中间的内容没有讲到！"

"中间的内容有那么重要吗？看到故事的结尾就好了。"我合上书，揉着太阳穴，情绪还沉浸在那件让我烦恼的事中。

大女儿继续翻开书，她一脸委屈地说："妈妈，你不是说书要慢慢读，你怎么……"

"好了，故事结束了，今天的故事就到这里。"

小女儿向来多愁善感，可随时让眼泪一秒钟落下，前一秒还是红着眼眶，下一秒眼泪就开始止不住地哗啦哗啦流淌，她抓住书不放："我还没有看完。"

"可是时间真的有点晚，我们……"

女孩突然号啕大哭，她的哭声，虽不足以让我妥协，却把身处混沌中的我弄得清醒了，我安抚着女孩们的情绪："宝贝们，你们是不是觉得妈妈今天的故事讲得太快了？”

两个女孩都奋力点头。

我很诚实地表达自己的心情，说出我内心的苦恼，女孩们抱住我，安慰我说：“妈妈，你一定很难过吧？”

上一秒还委屈落泪的女孩在这一秒就伸手拥住我，安慰我，我在自责为什么要把自己的坏情绪传给她们呢?

不过，那天女孩们并没有让我继续读下去，她们愿意等我快乐了，再陪她们一起读故事。

大女儿又补充一句：“妈妈，你说得对，真的很晚了，我们应该睡觉了。”

在她们睡前，我打开书本，请她们跟书宝宝道晚安，并且再度表达了自己的歉意。时至今日，我们读书的过程虽然偶尔被打断，但我们都尽量不让事情影响自己的情绪，而是继续快乐地沉浸在故事中。而我呢，在陪她们阅读的过程里，快乐也累积得愈来愈多，处事也变得从容和豁达。

我跟女孩们，一直为彼此着想，所营造出的温暖、友爱的阅读环境，不仅是她们心灵丰足之所，也是我的丰饶之地。

我会自己拼拼音

在女孩们刚学拼音符号的初期，不管是她们的卧室，还是客厅和厨房的墙壁上，都有我贴好的拼音表，我选择摸起来有立体感的设计，而且选择了几种不同的配图，我在她们房间里贴的是公主造型，在客厅里贴的是蓝胖子机器猫，厨房里则是米奇和米妮。

女孩们小的时候，常常用小手触摸拼音表里的立体造型，每个拼音符号的旁边都有一只小动物，如果是"m"，旁边就会有一只猫咪。我陪着女孩们学习拼音的第一步，就是教她们认识那些小动物。

"宝贝，你看，这是猫咪，喵！"

可爱的女孩也跟着我重复："喵！"

我趁机跟女孩说道："猫，m，喵！"

教她们认识拼音的初期，只靠立体的拼音表是不够的，除此之外，我还做了很多拼音的迷宫，顺着"a，o，e"一直往下走，就可以走到迷宫的终点。女孩们渐渐长大之后，我的迷宫被她们涂上了丰富的颜色。姐姐为了教妹妹学习拼音，也用了和我一样的方法，只是她把迷宫设计得更好看，偶尔还会有动物来引路。

后来我发现，用迷宫寻找路径的方式，不仅可以让她们沿着拼音的顺序走出迷宫，还可以让女孩们的逻辑思维变得更棒。女孩亲手绘制的迷宫曲折蜿蜒，终点总是出乎意料，她还会在通往终点的路途中使用一些障眼法，让我们误以为此路不通，不过因为沿途有她绘制的各类可爱卡通动物，我们回回都玩得乐此不疲。

在女孩们最初进厨房的时候，我常常跟她们一起讲故事，除此之外，她们看得最多的就是那张拼音表，她们会时不时地发问："妈妈，这个念什么？妈妈，这个呢，这个又是什么？"

每一次我都认真回答女孩们的问题，不过当她们的"为什么"纯粹只是跟我玩乐的时候，我就变了一个方法："宝贝，你们要不要把动物全都认识一下？因为有些动物妈妈也不认识，这样你们才可以教我，好吗？"

听到此番话，女孩们雀跃不已，在她们眼里智慧的妈妈居然还有不认识的动物！她们比以前更认真地看拼音旁的小动物，认识那些小动物之后，再来认识拼音。

有一次，我误将狐狸认成了袋鼠，小女儿颇有耐心地教我："妈妈，那个不是袋鼠哦，那是一只狐狸，你先念'h'。"

我也很配合地念道："h。"

从我教她们拼音开始，直到有一天，女孩们以同样的方式教我拼音，这是个非常好的循环。我希望我给予她们的爱可以相互传递，生生不息。

直到现在，我在厨房煮菜的时候，还会回头看着那张拼音表，它已经有些旧了，有一角微微翘起，颜色也渐渐淡了，但女孩们只要来了兴致，还是会指着狐狸问我："妈妈，你还记得它吧？它念什么？"

过了这么多年，我还是很配合地跟着女孩一起念："h。"

长大的小女儿已经拥有更丰富的词汇，她又教我："妈妈，狐狸的眼睛长得很漂亮，它们是有灵性的动物，曾经有人在雪地里看过它们，它们在很多童话书里出现过哦。"

大女儿向来都站在环保的角度看问题："有很多猎人会杀死狐狸，取它们的皮毛，所以，妈妈千万不要穿那些皮革的衣服哦。"

这些问题，在最初和女孩们一起踏上拼音之旅的时候，我并没有想到，甚至从来没有想过，因为一个拼音字母"h"，我跟女孩们竟然聊到如此深刻的环保话题。

不管是拼音还是英文字母，似乎都有各自专属的歌谣，我们时常用唱歌的方法学习，从"a，o，e"开始吟唱。我们最初使用的也是学校里的规范版本，老师必教，每个孩子都会唱，随着我们越来越熟悉这些拼音字母，我跟女孩们开始用不同的音乐版本来唱。

我们用《两只老虎》的版本唱，还用《小星星》的节奏唱，甚至在晚上陪她们洗澡的时候，女孩们也能自编一段音节，然后又是一阵胡编乱唱。

当女孩们认识了所有的拼音后，我拿出纸笔，让她们照着拼音表练习写字。女孩们随时随地都可以拿起一纸一笔，摊开就能写字。陪她们对照拼音练习写字的时候，我坐在她们身后，握住她们的小手，横、竖、撇、捺、折就是这样一点点练成的。

然而最难的，就是怎么将拼音拼在一起，使它们成为一个字的音符。

我在陪着女孩们练习的时候，让她们自己练习绘本里的文字，一个拼音一个拼音相连，但是效果不佳。

有一天，我们再次聊起了拼音表中的袋鼠和狐狸。

"'ɑi'的拼音在哪里呢？"

女孩迅速地指给我看。

"好棒哦，现在妈妈还需要一个'd'的拼音，你帮妈妈找出来好不好？”

“有‘d’，有‘ɑi’，这两个字母都在了，我们现在把它连起来，d－ɑi－dɑi。”

“d－ɑi－dɑi……”

当女孩们学会这样拼之后，我又教她们如何认识声调，女孩们对这方面的技巧学习得非常快。

“dɑi，读几声呢？”

女孩掰着手指头，用剔除法，最后选择了四声。

“宝贝，跟妈妈把这些拼在一起试试看，d－ɑi－四声－dài！”

这个方法颇有成效，我时常看到女孩们坐在沙发上，一只手捧着书，另一只手举得高高的，那是她们正在计算那个拼音读第几声调，当女孩们对于声调日益熟悉后，她们的自信心也增强了，原本总是举得高高的那只手可以放下，双手捧起一本书，大声地念起一本书来。

当然，这中间偶尔穿插着各种问题：“妈妈，‘原来’的‘原’是卷舌音吗？有儿音吗？我这样读对不对？”

对如今就读大班的小女儿来说，那些曾经在她看来复杂多变的拼音变得简单有趣了。曾有女孩同学的妈妈惊讶于女孩的阅读能力，夸奖她很棒的时候，女孩腼腆一笑，她上前搂住我的脖子说：“都是妈妈教得好。”

女孩同学的妈妈羡慕地看着我问：“你一定是老师吧？你真的很厉害哦，到底是怎么教的？”

其实我不是老师，我对注音符号根本不熟悉，可是为什么我能教会女孩们拼音呢？或许原因很简单，我是妈妈，我希望在陪伴她们的时光里，可以融入我们共同玩乐的方式，以一种有兴趣且轻松的方式，带领她们更快地进入书的世界。

至于她们字正腔圆的发音，完全是意外收获。

▼
识字旅程

早在女孩们学习拼音以前，她们就已经接触字了。她们幼时接触的明信片或是图案卡片上面都写着字，我每回都孜孜不倦地跟女孩们讲述着这些字，她们在潜移默化中也渐渐接受了我教她们认字的方式。一张广告看板，一页房地产宣传单，五颜六色的超市商品目录，还有走在路上随处可见的横幅，都是我教女孩们随时随地识字的机会。

有一天，我陪大女儿一起出门吃早餐，我原想直接跟老板娘点餐，但看着认真研究菜单的女孩（其实她还不认识字），我临时改变了主意。

我把菜单递给女孩："你要不要试着自己点餐？"

"我？"女孩对我的决定显然很吃惊，但是小脸上洋溢的是欢喜。

"妈妈觉得宝贝长大了，可以自己决定吃什么，早餐这种事情，你当然可以自己做决定。"

"会不会太酷了？"女孩在情绪最高昂的时候总会蹦出这一句。

女孩低头研究着菜单，还时不时地用食指摸一下下巴，看得出来她真的在很认真地思考。

"要不要妈妈负责报菜单？"

"不用不用，我自己可以的。"女孩饶有兴致地低头看。不久后，她抬头说："我点一个蛋饼。"

女孩对自己可以点餐这件事情一直都表现得非常开心，早餐结束后女孩跟我商量："妈妈，我们明天还出来吃早餐好不好？还是由我自己点餐，好不好？"

我答应了。

她随即又跟我说："可是，妈妈，那些菜单的字我都不认识。"

"怎么会呢？你刚才自己点了蛋饼啊。"

"那是因为我很想吃蛋饼，而不是我认识'蛋饼'那两个字。"

我听了之后觉得很好笑，她坐在桌前点餐的那一刻所展现的从容，让我压根没有想到她不认识字，我说："以后多看看那些字，那些字很快就会跟你做朋友了，到时候你的字朋友会越来越多的。"

"好酷！"

从此以后，女孩们非常期待每天的早餐时刻，因为她们可以自主点餐，更重要的是，她们可以多多结识文字朋友，这也改变了女孩们的一个习惯。以前都是我指着字教女孩："宝贝，你看，那里写着'农场'，里面会有羊，应该还会有马哦。"现在则变成，她总是指着不认识的字问我："妈妈，这是什么字？"

当我告诉她这个字读什么的时候，她的问题还没有停止："它代表什么意思呢？它的拼音要怎么拼呢？"

就这样，我们从早餐的菜单开始，从拼字到识字的旅程也随即展开了。后来我陪女孩们玩过家家的时候，又有了更好的想法，我问："宝贝，你们现在都会写拼音了，有些字也都会写了，要不要试着做一张专属你们的菜单？"

女孩们听了我的建议，真的动手尝试做了专属她们自己的菜单，而且比我预期的效果还要好。

女孩们不仅为菜单制作了封面，还列出了甜点、水果、主食，还有饮料，她们把会写的字都写出来，不会的字则用拼音代替，除此之外，她们还贴心地在食物旁画了相对应的图。

有了菜单，我们的过家家游戏就不再只是煮什么吃什么，重头戏皆在点餐。

小女儿通常都是一脸笑意，笔挺地站在我面前问："小姐你好，欢迎光临，请问想吃点什么呀？"

在我点餐的过程中，她很认真地勾选着自制菜单中的菜品，最后还不忘加一句："餐点很快就会来喽，请稍等一下。"

女孩们不仅架势有模有样，识字的速度也日益见长。

在教女孩们识字的初期，我找了很多象形字，陪着女孩们一起看历经多年逐渐演变的文字。我教了她们一些象形字后，还设计了一些小题目，例如："象形字是根据事物形状产生的，还是人们凭空想象出来的呢？"又例如，我会将一些象形字的笔画顺序打乱，让她们完整地拼凑出这些象形字的字形。

这些题目对于我们成人来说似乎是简单的，但对于女孩们而言，则充满了挑战，正因为如此，每当我们在玩象形字游戏的时候，女孩们都会非常认真地听我讲述象形字的演变过程。

除了在家里玩识字游戏之外，我跟女孩们还因为某次意外塞车事件而有了更多认识新字的方法。

那一次外出适逢春节假期，到处都是塞车的景象，女孩们坐不住了，不断询问到底到了没有，为了分散她们的注意力，我指着立在店家前的一块块广告牌问女孩们："宝贝们，你们看那里有字哦，我们要不要来一起念一念？"

女孩们起初不为所动，我看着那个招牌，明明是竖着念的字，我却故意将它横着念，文字因为顺序被打乱而变得有趣，招牌上明明写的是"水煎包"和"葱油饼"，却被我念成了"水葱""煎油"和"包饼"。

女孩们对新鲜的词顿时来了兴致，各自将视线转向窗外："什么是

‘水葱’？是吃的还是用的？”

我仅用了这一招，就让女孩们对窗外的活动看板有了兴致，车子每向前动一下，她们就像发现新大陆般地尖叫起来：“妈妈，好好笑哦，刚才有个看板的名字叫‘一级棒’！”

“我还看到宠物店的名字叫‘好狗命’！”

那一天，因为路上太堵了，我们临时改变行程，决定打道回府，但是心情并未受到影响，女孩们一路上都欢快地认着字，当遇见生疏的字时也会向我求救：“妈妈，你快看，那个字读什么，还有那个字？”

现在，女孩们的字库在不断增大，但对于看广告牌这件事情的兴趣依旧未减。常人最不希望遇到红灯或是塞车状况，在女孩们的眼里却是另一个有趣游戏的开始。沿途姐妹俩往两旁看去，两个人各守住左右一边，不断地跟招牌打招呼：“你好呀，建一书局。”妹妹那边又响起：“你好呀，阿峰水果店……”

认识字，让女孩们知道字的趣味，在这个过程中，我一直保持着热忱，倒不是想刻意传递给女孩们一些什么，而是幼时的我，在幼小的心灵里，或许曾经期盼我的父母也是这样跟我亲近玩乐的吧？我是在陪伴她们，还是弥补我已逝去的童年时光？我不必弄清楚，因为，把眼睛放在生活当下，放在生活之美上，就足够了。

当女孩们认识字之后，她们通向阅读的那道大门，突然变得好宽阔。

会认字就可以放手了吗

女孩们在认识字之后，读书量瞬间猛增。还在幼儿园大班就读的妹妹，每天都在学校跟同学们一起享用早餐，所以当大女儿和我坐在桌前吃早餐时，妹妹总是捧着一本书，读书中的故事给我们听。

这样的清晨时光很好，时间不紧不慢的，一个故事摇醒了我们还在昏睡的神经，一句台词撞醒了我们的美梦。待故事结束，女孩们叽叽喳喳地互相道别出了门，下一场的热闹时光，要等八小时后，她们放学回家推开房门才能再度上演。

这一天，热闹时光再度登场了，晚餐过后，我陪女孩们在客厅看书。小女儿突然看着我说："妈妈，我现在已经认识很多字了，以后你不用再读书给我听，我自己就可以看了。"

"你确定？"

女孩很认真地点头："我们老师说，认识字就可以自己读书了。"

"妈妈并不这样觉得，我觉得我们一起读书是一件很快乐的事情。"

"拜托！让我试一试嘛！"小女儿立刻双手合十，眉毛呈现八字形，一副楚楚可怜的模样，我便点了点头。似乎认识所有的字，可以独自一个人看完一本书，就象征着长大一样，小女孩立刻发出了欢呼。

"会认字就可以放手了吗？"

那段时间我反复在心里问自己这句话，看到女孩们读得特别愉快，我的烦恼似乎显得有些多余。

某一天，两个女孩读完了一本故事书《小琪的房间》，她们迫不及待地跟我分享这个故事。

故事讲的是两个女孩非常要好，长发女孩的房间杂乱，都是由妈妈帮她整理，短发女孩来到长发女孩的家里做客，佩服长发女孩可以将自己的房间整理得如此干净，两个人玩得非常愉快，但是当短发女孩离开后，长发女孩原本整齐的房间又被弄得一团糟。不久后，短发女孩邀请长发女孩去她家中做客，短发女孩的房间整齐有序，且不管她们怎么玩，短发女孩都会将玩完的玩具或是看完的书本收纳整齐。短发女孩的妈妈为了招待长发女孩，特别准备了点心给她们享用，期间也不忘称赞长发女孩独自整理房间，此举让长发女孩觉得非常羞愧，长发女孩回到家中，将房间整理得干净明亮。

听女孩们讲完这个故事，我随口问道："你们觉得，书中的哪个女孩最棒呢？"

大女儿对故事主旨的理解完全没有问题，所以她回答："短发女孩做得很棒，她的房间都是由她自己整理的，但是长发女孩的房间是由妈妈帮忙整理的。"

小女儿却有着截然不同的看法："我觉得长发女孩最棒！"

"妹妹，你要知道，一本故事书里，一定有我们可以学习的东西，妈妈不是常常教我们，不仅要看故事，还要看故事讲的是由什么道理吗？"姐姐开始言传身教地跟妹妹"沟通"了。

但妹妹不为所动："我还是喜欢长发女孩。"

"妈妈，妹妹这样是不对的，我们应该自己整理房间。"姐姐显得很委屈。

妹妹却格外坚持："可我就是很喜欢长发的那个女生呀！"

一本书中，一定有作者想要表达的主旨，只是每个孩子对故事的理解都是不同的，我先安抚大女儿的情绪："姐姐，我们先听听妹妹怎么说，好不好？”我随即又问小女儿：“妹妹，告诉妈妈，你为什么喜欢长发女孩呢？”

“妈妈，你不觉得长发女孩的房间布置得特别好看吗？是很好看的粉红色。”

此时，我才仔细地看了长发女孩和短发女孩的房间，她们的房间除了风格截然不同以外，房间的摆设还有着很明显的差别。

“除了她们的房间呢？你比较喜欢谁？”

“妈妈，你看，这个女孩留的是长发，跟我是一样的，而且她穿的是裙子，短发女孩的房间虽然很整齐，但是她穿的是裤子。”

“妹妹，不管是长发还是短发，不管是裙子还是裤子，在妈妈的眼里，都非常好看，我们不能以发型和衣服去评判一个人，更不能以自己的眼光去评判别人穿的衣服好不好看，而且，在妈妈看来，可以独立整理自己的房间，把自己照顾好，珍惜房间里的每一样东西，把它放回原位，就是一个非常棒的小孩。”

“可是……”小女孩欲言又止。

“你选择长发女孩，我也觉得非常棒。”

小女孩的声音很低：“会吗？可是姐姐觉得短发女孩才是最棒的。”

“两个女孩各有特色，你认为长发女孩是最棒的，就应该坚持下去，为什么要放弃呢？”

大女儿一脸疑惑地看着我说：“妈妈，你怎么可以让妹妹觉得长发女孩是最棒的？长发女孩并没有整理自己的房间呀。”

我问她们：“长发女孩听到短发女孩的妈妈对自己的夸奖之后，她做了一件什么事情呢？”

小女儿轻声说：“她回家整理自己的房间。”

“你觉得，长发女孩在短发女孩的家里，学到了什么呢？”

大女儿举手回答：“妈妈，我知道，她看到短发女孩整理东西，知道该把玩过的玩具整理好。”

“短发女孩很独立，她把自己的房间整理得很好，是不是？而长发女孩呢，虽然她在故事的开始，没有整理房间，让她的房间显得乱七八糟，但当她从短发女孩家做客之后，是不是以她的智慧学到了别人的优点呢？”

听到这里，刚才还一脸沮丧的小女孩顿时有了笑容。

通过这件事情，也让我找到了不久前困扰我的问题的答案：“会认字就可以放手了吗？”

答案当然是：“不。”

在同一本故事书中，我和女孩们看到了不同的人性特质，像小女儿，她喜欢一个人物的初衷，并不是因为这个人物做了多么了不起的事情，有可能只是单纯地喜欢房间的布置或这个人物的装扮，甚至一件衣服就足以吸引她。我们在陪伴孩子读书的过程中，不仅要了解她们如此充满童真的心，还要将书中传达的本意，以剥洋葱的方式，一层层地剥开，让她们看到最宝贵的故事核心。

所以，当她们拿起一本书准备读的时候，我还是会放下手边的工作，关掉手机，陪伴她们一起进入故事的世界。

以“读”攻“读”

女孩们学会了拼音，认识了文字，可是有段时间她们的发音变得非常奇怪，明明是口渴喝了一杯水很舒服，在她们极为满足的表情下却说出了这样的话：“哇，好酥湖哦。”

我以为我没有听清楚，所以又问了一次：“妹妹，你刚才说什么？”

“偶索，好酥湖。”

其实她是说“我说，好舒服”，只是不知怎的就成了这副腔调，姐姐也特别帮腔：“她说的没有绰（错）！”

我很不解地问：“宝贝，我们学习了拼音，现在又认识了文字，说话就应该字正腔圆，为什么要发出这种奇怪的音？”

女孩们却自得其乐：“因为很好笑呀！”

女孩们的发音问题变得越发严重了，“我喜欢”变成了“偶喜翻”，因为“h”与“f”不分，小女儿在写拼音的时候将“环保”写成了“烦保”的拼音，“飞机”成了“灰机”，一场在她们看来很好笑的游戏，此时变得不那么好笑了，一旦这种发音成为习惯，想去矫正势必困难。

“按照标准的发音就好了，为什么要去发那些奇怪的音呢？”我很费解。

“粉（很）奇怪吗？偶（我）们同鞋（学）也都酱（这样）讲话呀。”

岂止学生，现在的网络用语不也都是五花八门，很奇怪吗？只是网络与现实毕竟不同，在网络中更多的是娱乐，而在现实中，唯有完整地说好一句话，表达出自己的想法，才能正常地与人沟通。

或许是我未雨绸缪，反正我是铁了心要将她们的发音问题纠正过来。

古灵精怪的女孩们觉得语音游戏正玩得畅快，才不愿意就此向我妥协。在她们讲一个笑话时，小女儿说："灰（非）常好叫（笑）是不是？"

我的眼神马上盯着她们："刚才你们说什么？"

此时两人结成盟友，赶紧摇了摇头："什么也没有说，什么也没说！"

为了避免被我抓语病，女孩们开始对我三缄其口。我问话，她们哪怕是脸上带着笑憋红了脸，就是不愿意跟我说半句话。

我亲爱的女孩们，我是想要纠正你们的发音，又不是变成大灰狼要吃掉你们这些小红帽……我突然想到一个办法，你们不是不愿意开口说话让我逮着机会吗？那如果我以"读"攻"读"呢？

"宝贝们，要不要听故事？"

刚才憋着不跟我说话的小计划瞬间化成了泡沫，女孩们异口同声道："要！"

"妈妈今天想改变一下讲故事的方法，你们说好不好？"

"要怎么变？"

"一直以来都是妈妈在讲，这次换你们两个读书给我听，好不好？"

两个女孩答得非常干脆："好！"

女孩们选择的书是《超级理发师》，故事讲的是一个理发店的老板，因为某人的恶作剧，而引来了很多动物顾客，每位动物顾客的要求都不尽相同，但是聪明的理发店老板总能随机应变，让每位顾客都很满意。当理发店老板发现自己的招牌被换成动物理发店时，因为觉得过程有趣，所以丝毫没有生气，反而欣然接受了这一改变。

我之所以对这个故事很熟，是因为我在她们读之前，就先阅读了一遍，大概掌握了故事的梗概，她们一旦有不解的地方，我可以随时充当百科全书，帮她们解惑。

捧着书准备读的女孩们神情紧张又兴奋，两个女孩时不时地对望而笑，大女儿此刻问小女儿："妹妹，你先读还是我先读？"

妹妹颇有礼让之心："你是姐姐，你先读。"

我举手发问："不好意思，请问在读书的过程中，如果我有疑问，我可以提问吗？"

"这个嘛！"妹妹思索了一下，将问题给了姐姐。

姐姐颇有大将之风："你想问什么？"

"我现在还不知道，不过你们今天扮演的是读故事的老师，我是听故事的学生，学生可以问老师问题吧？"

听我这么一说，两个女孩神情显得颇为得意，立刻"批准"了我的提议。

就这样，一人读一行的读书之旅开始了。

姐姐捧着书读："小镇边，有一间难（蓝）色屋顶的小店。"

我举手问："请问，什么叫'难色'屋顶的小店？"

若是以前，我是以妈妈的身份询问她这个问题，大女儿一定会回我："那是我们正在玩的游戏。"但现在，她的身份是一名老师，而我是学生，她看了看我，露出腼腆的笑意："同学，不好意思，是我读错了。"女孩清了清喉咙，又轻声读起来："小镇边，有一间蓝色屋顶的小店。"

妹妹读："那是巴努（鲁）巴努（鲁）先生的理发店。"

我刚想举手，女孩立刻纠正："抱歉，我要重新读一次，那是巴鲁巴鲁先生的理发店。"

就这样，一人读一行，她们按照书中的拼音读下去，几乎不用轮到我举手，姐妹俩就会互相帮对方看拼的拼音是否正确。

此时我发现，女孩们完全沉浸在书中，这跟她们从小就跟书是亲密朋友有关。除此之外，我发现朗读一本书，不仅能帮她们矫正文字的发音，还让我找到了另一种阅读方法。

她们在朗读的过程中，将人物的对白表达得惟妙惟肖，比如读到巴鲁巴鲁先生听到有客人进来，女孩们先说："欢迎光临！"还会配以动作，呈现出当时的情景。当巴鲁巴鲁先生看到进来的客人竟是一头狮子时，他吓了一大跳，这样说："这……这边请。"

这样的朗读形式，让女孩们很快进入角色，甚至可以通过朗读的方式，了解主人公的内心状态。

"请问，巴鲁巴鲁先生在看到客人是狮子的时候，他的心情是怎样的呢？"

"我想，他心里应该很担忧和害怕，但他还是很认真地询问了狮子的要求，并且很仔细地为他服务。"

"你们觉得，巴鲁巴鲁先生是个怎样的人？"

她们回答："勇敢、温暖、负责任、体贴、有智慧。"

原来，通过形象化的朗读，人物的特性会自然而然地在她们的心里形成，她们可以随口说出形容巴鲁巴鲁先生的词汇。

因为她们采用一人读一行的朗读方式，所以两个人会格外留意故事的进展，她们专心的程度也远远超过最初我读给她们听的那个阶段。究竟是谁搞的恶作剧，将巴鲁巴鲁先生的理发店改成了动物理发店呢？聪明的女孩们在绘本的结尾找到了答案。不仅如此，一些美好的词汇也随之被她们收藏到她们专有的记忆词库中。

我问女孩们："巴鲁巴鲁先生为一位特别的'小客人'洗澡，当他仔细地为客人洗澡时，'噗噜噗噜'，'咻噜咻噜'，这些词代表什么意思呢？"

女孩们一时答不出来，当晚上她们自己洗澡的时候，她们突然兴冲冲地跟我说：“妈妈，妈妈，我告诉你哦，‘噗噜噗噜’应该是搓泡泡的声音，‘咻噜咻噜’会不会是抓痒的声音呢？”

不等我回答，女孩们又说：“‘咻噜咻噜’也可能是冲水的声音。”

后来，她们俩把“噗噜噗噜”“咻噜咻噜”编成了一首歌，每天洗澡的时候都可以听到她们在浴室高歌：“噗噜噗噜，咻噜咻噜！噗噜噗噜，咻噜咻噜！噗噜！咻噜！”

最初的我，只想用朗读纠正她们的发音，没有想到的是，朗读所收到的成效，远比我预期的要多得多。

陪孩子们阅读，并给予她们空间，让她们自己来朗读，让她们从自己的声音里找寻音节之美，从声音里找寻情感，更从声音里获得一次与美妙词汇的邂逅之旅。

让她们自己从阅读中接受品格教育

全球进入少子化时代，父母喜迎每个孩子，将孩子视为生命中的珍宝，这从目前市场上的胎教书籍及音乐就可以探知一二，而服务专业的月子照顾中心及月嫂更是炙手可热。我们对孩子的照顾非常周到，除了心灵和身体的照顾以外，对孩子在物质方面的要求更是不遗余力地满足，但在我们为孩子提供丰富的物质条件的同时，是否也在同步给予孩子品格教育呢？

没有孩子之前，我不止一次在商场里看到哭得满脸通红的孩子，孩子通过哭闹来表达他有多委屈，他多么需要那件玩具，有些孩子甚至会抱住家长的腿，哭着求家长："买给我吧，我没有那件玩具活不了，买给我，我就不哭了。"

不知为何，孩子的话像是施了咒似的，家长们为了让孩子停止哭闹，纷纷打开了钱包。孩子们见状，觉得自己的计谋得逞，下一次非但不会收敛，反而会让自己的演技更加精进，因为聪明的孩子知道，越让父母下不了台，他们胜算的把握就越大。

坦白地说，在我没有孩子之前，看到那些哭得可怜兮兮的孩子，我自己心中的天平也是倾斜的，我非但没有用同理心看待那些父母，更是跟那些孩子沦为一伙，心里不断地说："买给他们吧！怎么忍心让那么可爱的孩子哭得那样伤心呢？"

当事情真的发生在我的身上时，我的处理方式却与以往背道而驰了。

那次，我去朋友家中做客，我陪着她一岁半的儿子在院子里玩，时逢玫瑰花盛开的时节，小男孩指着盛放的玫瑰花让我摘给他，我摇了摇头说："宝贝，阿姨知道你很喜欢那朵花，我也很喜欢它，可是阿姨觉得它开着的样子更好看，是不是？"

"我想要！"男孩伸出手去摘。

我挡住了他的手："宝贝，咱们不要摘它好不好？摘下来，它会痛的，而且它会很想念那些还在玫瑰园里的朋友们，你觉得呢？"

小男孩富有同理心，虽然还在扁着嘴，但伸出的手已经缩了回来，我给他拍拍手说："你真的好棒哦，我们约定，你不要摘它们，每天保护它们，让它们继续开得美美的，阿姨下次还来陪你一起看花好不好？"

还不等小男孩点头，一旁的男孩奶奶看不过去，伸手用指甲一掐，把盛放的玫瑰花递到了小男孩的手里，老人家还不忘把我教训一番："阿姨怎么那么小气，不就一朵花吗？又不要你花钱买，摘给他也不愿意？"

老人家不明白，她错过了一次多么好的教育机会。一次野蛮的给予，让孩子的品格世界完全颠覆，他会更加予取予求。此后，个性原本温顺的小男孩，只要看到他想要的东西，就靠大哭和耍赖来让家人妥协，每每得逞，将来也许就会变本加厉。

朋友询问我："这样错了吗？"

我原本是那个"怎么忍心让孩子哭得伤心"的旁观者，到后来亲身感受到孩子内心世界的变化如此迅速，我突然有了转变。正因为疼爱那个小男孩，面对他的索要，我的态度变得理智和清晰了，我帮朋友想了很多方法，"耳提面命"会招人嫌，有时候我们自己一直重复说同一件事情，说得连自己都沮丧了，而"机会教育"并非时刻出现。

当我有一天也身为人母，在陪伴女孩们时，我突然发现，阅读中隐藏了很多品格教育的机会，我给朋友的锦囊就是陪他阅读吧。

但是，陪伴阅读就能够完成品格教育了吗？

最初，我在陪伴女孩们读绘本时，都会习惯地停下来问："你们觉得他这样做对吗？"女孩们此时已经建立了非常好的是非观，说："不对，他不应该这样做。"

那时候的我，心灵是满足的，但是放下书本后，姐妹俩为了谁先玩玩具还是发生了争执，大女儿扁着嘴巴大叫："那是我的东西，还给我！"

小女儿也会扯着嗓子叫起来："你已经玩过很多次了，现在轮到我玩了。"

原来当事情发生在自己的身上时，她们处理事情的态度和方式，与阅读绘本时截然不同。那她们当时一脸认真地回答，俨然一副训练有素的样子，是在敷衍我吗？当然不是，孩子没有我们想象得那么复杂。遇到这样的情况时，我不急于检讨，也不用讲大道理来给女孩们洗脑。要想给她们树立规则，规范她们该怎么做，与其大费周章地浪费口水，不如把自私的小兔子遇见热爱分享的猫咪的故事重新再读一回。这一次阅读，我将不会发问，留时间和空间让她们自己思考。我发现，女孩们居然能够回想起自己所做过的事情，找出自己做错的地方，并向对方道歉。

此时从阅读中延伸出来的品格教育，已经不再局限于自私或分享的思考，还达到了看清自我的境界。在阅读中，我没有让她们必须接受我的意见，我只是让她们从阅读中去发现和思考。

发现要通过眼睛，而思考则要通过内心，唯有她们由衷地认为自己的错误必须改正，这样的阅读才能达到品格教育的目的。

有一次，我陪女孩们读了一本书《糖糖和 100 只猫》，书中讲的是一个女孩跟 100 只猫的故事，其实买这本书的初衷，是因为女孩们刚进入学习数学的阶段，我每天都在跟她们玩数字相加的游戏，而在这个绘本中，每一只猫都长得不一样，读这本书也许可以让孩子拥有更敏锐的观察力。然而当我们读完这本书之后，我跟女孩们都感触良多，因为我们所获得的，不单是观察力和数字，还有藏在故事深处令人动容的细腻情感。

绘本中的糖糖很想养一只猫，她为自己理想中的猫列出了各种条件：尾巴要长长的，长得要可爱，不能随地大小便，不可以挑食……

在她的筛选下，符合标准的猫咪越来越少，在糖糖筛选的同时，我的女孩们也在想："如果是我想养一只猫咪，又会列出什么条件呢？"

这一次，我依旧让读完故事的她们沉淀一下自己的心情，慢慢地想，在这本书中，除了糖糖与那些猫咪之外，作者还想表达什么呢？

小女儿说："我们不应该列出那么多的条件。"

大女儿则说："我们要去发现猫咪的优点，而不要以自己的喜好去挑选它们。"

小女儿又说："我们想要的每一件东西不一定都能拥有。"

大女儿说："我们要学习对自己决定的事情负责。"

小女儿说："对，就像我们决定养一只猫，我们就要把它照顾好。"

大女儿说："就像爸爸妈妈那么耐心地照顾我们一样。"

糖糖与她的 100 只猫，让我们看到了一件事情的多个思考角度，我们从故事中学到的又何止是一条主旨呢？

时至今日，我陪伴女孩们阅读了无数个绘本故事，而在绝大多数的绘本中，创作者想要传达的故事主旨都非常明确，如当自私的小兔子遇见热爱分享的猫咪，当说谎者的嘴巴里不断地爬出虫子，必须靠说出真相才得以痊愈……

不管是绘本、小说、散文，还是诗歌，只要价值观正确，故事的内容感人、正面，都足以引发孩子们的同理心，都足以让他们去感受那一幕幕的动人画面，都可以帮助他们塑造优良的品格。

阅读可以帮助塑造优良的品格，女孩们谦让有礼，对待小动物的态度就像是对待自己的朋友。

大女儿上三年级之后跟同学认养了一块地，她在那块地里种植蔬菜。一个学期结束后，唯有她种的菜没有受到菜虫侵袭，原来她不仅通过查资料，知道如何预防害虫，还会把益虫放进自己的地里，其他同学避之不及的蚯蚓，大女儿却待它如贵宾。大女儿说："蚯蚓的作用非常大，它不仅可以翻土，还可以保持土壤的湿度。"青菜长成时，女孩特地采了一把菜给我，她除了感谢大自然以外，还感谢蚯蚓先生以及不断给予她帮助的"百科全书老师"。

陪孩子读懂一本书的N种方式

我会查字典

说起字典，我想起了自己，儿时的我拥有第一本字典是小学四年级以后的事了，我的那本字典很小，且字义的解释都很浅。长我一岁的阿姐对于附有图片讲解的《新华字典》尤其钟爱，她一直都想拥有那本非常非常厚的字典。在阿姐看来，知识才是硬道理，但那时一本字典的价格在我们的眼里简直就是天价，懂事的我们从来没跟父母提出要一本字典。阿姐比我有志气，她用自己存了大半年的零用钱，终于在初二的下学期买了一本属于自己的《新华字典》。字典的扉页，阿姐用娟秀的笔迹郑重地写下自己的名字。也正因为受到阿姐的影响，我了解了知识在生命中存在的意义，从没有停止过对知识的渴求。

说来惭愧，大女儿的第一本字典并不是我送的。女孩从幼儿园毕业时，校方非常贴心地为每位毕业生准备了一本字典。教女孩查字典这件事情，包含了我对于未能在第一时间送给女孩字典的小小愧疚。当时我想，如果没能送给女孩一本字典，那么，至少查字典这件事情，应该由我来教她，这将是个很棒的体验。

于是，在女孩即将成为小学新生的那个暑假，我们除了常去图书馆报到，养成固定的阅读习惯之外，还有一件事情就是查字典。

在教女孩查字典之初，我就因为“自作聪明”而碰了钉子，因为女孩觉得自己认识所有的字，根本不需要用另一种方式去查她自以为认识的字。

“宝贝，你相信我，字典真的很好用。”

女孩很坚定地摇摇头：“不，我不需要，所有的字我都认识。”

“怎么可能？妈妈直到现在，还有很多字都不认识呢！”

女孩自信满满地从书架上随意抽了一本书，当着我的面念了起来。果真，她读起来颇顺，丝毫看不出有哪里不对劲，我甚至觉得自己太大惊小怪，心里也暗自得意：“或许是我平时教女有方，她们或许根本就不需要字典。”

下午，我跟女孩们一起在书房看书，只见大女儿手里捧着书，正在逐字地拼着拼音，我才恍然大悟，女孩之所以觉得所有的字她都认识，是因为每一本绘本上都有拼音符号！女孩可以照着拼音读出文字的发音，我才误以为所有的字她都认识。

我特意去图书馆借了几本没有拼音符号的童书，作为我们第二天的阅读书籍。一如往常，我将书递到女孩的手里：“我们今天读这一本好不好？”

女孩爽快地答应：“好！”

她打开书本，脸上立刻露出了迟疑的表情：“妈妈，我们要不要换一本？这里面很多字我都不认识。”

“宝贝，你毕业的时候，老师送给你一本‘秘籍’，红色封面的，你要不要拿出来看一下？”

女孩打开毕业时收到的盒子，她拿出字典，问我：“是这本吗？”

“这本书真的很神奇哦，这么小小的一本，里面却藏着你将碰到的所有的字！”

“哇，那不就是哆啦A梦的神奇口袋？”

因为女孩提到了哆啦A梦，我马上将话题跟那个温暖的蓝胖子联系在一起：“对呀，哆啦A梦总在大雄需要的时候出现并帮助他，而这本胖胖的小字典，也会在你遇到问题的时候帮你解决困难。”

“要怎么用呢，妈妈？”

“你只需要找到通关的密码就可以喽！”

女孩反问我：“查字典还需要通关密码？”

“我们来查‘哆’好不好？”

女孩的眼睛亮闪闪的，连声说：“好！好！”

“‘哆’是由什么字组成的呢？字通常都会有一个部首，像这个‘哆’的部首，我们称为‘口’部。”我把字典翻到了部首的“口”部，说：“宝贝，你看，这里好多字都有‘口’部哦，我们找到了通关的密码，接下来，我们要数一数，‘口’旁边的‘多’一共有几笔呢？”

见女孩一笔一画地算着“多”的笔画，我索性拿一张纸给女孩，让她完整地将“多”字写出来。其实在孩子们数笔画的时候给他们递上一张纸，是非常必要的。直到现在，我跟女孩们都在沿用这个好习惯。在查字典的过程中，我发现我跟女孩在某些字的写法上有差别，趁着查字典之余，我跟女孩们重新学习了书写笔画的正确顺序。

我们顺利地查完了“哆”“啦”“梦”这几个字，此前，女孩觉得自己认识这三个字，但当我把字的意思又解释了一次时，女孩突然颇有深意地跟我讲：“妈妈，我觉得今天重新认识了这三个朋友。”

那一刻，我从女孩的话语里感到了惊喜，她将文字视为她最亲密的朋友，更重要的是，她重新认识和定义了这些“朋友”。

女孩举例告诉我，除了“做梦”和“哆啦A梦”以外，她一直找不到与“梦”字有关的其他词汇，直到今天才发现，原来还有“梦想”，“梦幻”，以及她没听说过的词汇，“解梦”。

我发现我跟女孩间的话题因一个“梦”字而打开了。那天，女孩问了我很多关于“梦”的问题，她甚至充满童稚地问我：“如果我哪天没有做梦，那么，我的梦是不是白色的呢？”

掌握了查字典的方法之后，女孩读书的时候常会将字典放在一旁，即便她会用拼音的方式读出那个字，只要不理解字义，还是会查字典，直到把字义都理解了才愿意继续往下读。

因为养成查字典的习惯，女孩查字典的速度也越来越快。有一次，我跟她一起读书的时候，她突然又问我："妈妈，近义词和反义词是什么意思呢？"

"近义词是意思相同或相近的词，比如藏起来或躲起来，这两个字的字面意思是不是很接近？它们就是近义词。"

"那什么是反义词呢？"

"就是意思相反的词，比如冷和热、新和旧……"

为了让女孩自己整理出她所理解的词句，我送给她一个笔记本，她可以记下查过的所有生字。我建议她，不仅可以将生字的解释记下来，还可以写下该生字的近义词和反义词，这样多多练习，就可以熟能生巧。

女孩的笔记本上，记的内容越来越多。最近，她已经开始记录学到的成语了，学成语时，她依旧沿用了学生字的方法，不仅记成语的字面解释，还记含义类似的成语，以及含义相反的成语。

女孩现在常常得意地说："妈妈，你虽然没有送我一本字典，却教会了我查字典的方法呢！"

其实，在学习查字典的过程中，有所收获的不仅是大女儿，还有我。以前我在看书的时候，看到不认识的字总是习惯跳过去，现在，我会认真地从书架上抽出字典，去掉部首之后，一笔一画地计算着字的笔画，以便迅速查到我要找的字。至于日夜都像口香糖一样黏着我和姐姐的小女儿，则出口成章："据我所知……"瞬间成了文化人呢。

大家来找茬

女孩们的阅读渐入佳境，此时，家长陪读的作用就显得至关重要。因为我不仅要比她们读得更深，要看到故事内容的核心，还要灵活地记住故事书中的所有内容。为此我想出了一个游戏——“大家来找茬”，这并非吹毛求疵，纯粹是我们在阅读之后的另一项小娱乐。

有一次，我跟女孩们一起读绘本《小鼹鼠看四季》。翻开封面，我就被内页的颜色吸引了，一棵茂密且翠绿的大树，结实的棕色树干看起来非常健康，树上还有一个树洞。鸟儿三两成群，有的停歇在枝干上，有的正扑扇着美丽的羽毛准备停靠。除此之外，树上还有松鼠，仅露出半张脸的小猫咪，几只或许正在鸣叫的蝉，树下花草郁郁。因为色彩柔美好看，在未进入故事情节之前，我已经迫不及待地跟女孩们分享我所看到的画面。

“当你们看到这幅画时，你们觉得这是哪一个季节的场景呢？”

妹妹的语言组织能力还不强，她用求助的目光看着姐姐。

大女儿很专心地看着那幅画，然后说：“很像是春天，因为在春天，大树发出新的芽，才会有这样的绿色，而且路边的小花全都开了。”

“再仔细看看哦，这些树上还有什么呢？”

“瓢虫！”妹妹的手指向画中，脸上带着惊喜。

细心的姐姐依旧在书中找寻线索，她胸有成竹地抬头看向我：“妈妈，我知道了，这张画是在夏天，你看，树上有几只蝉，它们只有在夏天才会出现哦。”

我鼓励道：“哇，姐姐真的很棒，给自己鼓鼓掌好不好？”

她们特别想尽快读完故事，对于画得如此精美的扉页并未流露过多的欣赏，姐妹俩都伸手去翻书的下一页。而我的“大家来找茬”的点子，此时在脑海中渐渐成形。

绘本《小鼹鼠看四季》有精彩的文字介绍，还有美丽的插画。作者画出鼹鼠在地底的家，将树洞下方的景象呈现得淋漓尽致，不仅如此，画中的各种小动物也展现出生气勃勃的气息。

关于春天的景象，作者写道：“枝叶冒出嫩芽。”简洁直白地道出了季节特征。在整个画面中，一窝刚出生的鸟儿正张大嘴巴等着母亲喂食，蝴蝶和蜜蜂勤劳地扇动着翅膀，地底下还有蝉蛹、蚂蚁……

我给女孩们介绍这些动物的时候，小女儿只是指着字对我说：“念，妈妈，你快点念！我想听后面发生了什么事情……”

当我把简短的几行字念完之后，女孩的手又哗啦地翻过一页。

我把她的手挡住，说：“宝贝，我们这一页的内容还没有看完……”

大女儿微皱着眉，神情中带着不解：“念完就代表我们已经看完啦，我好想快点看到小鼹鼠……”

就这样，每当我读完一页文字时，书页就被她们随之翻过去，纵然我将读书的速度不断放慢，还是在短短的五分钟内读完了。

我之所以用“读”，是因为从字面意义上来说我们读完了这本书，但书中好多有趣的细节都被女孩们忽略了。我决定用自己的魅力来吸引她们：“妈妈想再读一遍《小鼹鼠看四季》哦，有谁想再听妈妈读这个故事呢？”

小女儿直接拒绝我：“不要！”

大女儿则又抱了另一本绘本给我：“妈妈，我要听这一本！”

小女儿跟着附和：“我也要！”

应她们要求，半小时以内，我便读完了四本绘本，女孩们有时会认真地听我读几句，但大多数时候，她们都在我读完本页文字后，伸出她们的小手迅速翻到下一页，她们很期待了解后面的情节，想知道下一页还藏着怎样的惊喜。

再后来，女孩们酣畅地睡了一场午觉，我从书架上重新翻出了那本《小鼹鼠看四季》，取一张薄纸，用我很笨拙的画功，照着原画作拓了一次。我并没有照着原来的画作完整地拓，而是做了小小的改变，例如原本是两只蝉，在我的笔下成了一只；原本该有的两只瓢虫，我将其添成四只，诸如此类。

画完那几幅画，又过了好几天，有一天，我和女孩们闲来无事，我就拿出那几幅画和原书，让她们从中找出有什么不同，而这个游戏就是最初我想的——“大家来找茬”。

“颜色很不一样。”大女儿对我的画作向来很挑剔，她的画功比我好，她不用薄纸拓，都能画出原画作的人物。

“拜托，赏个脸，妈妈画很久的。”

听到我这么说，大女儿突然朝我一笑：“妈妈，是你画的哦？我觉得画得很漂亮，给你拍手鼓励鼓励！”

我不是玻璃心的妈妈，对于女孩们每次安慰我的话语，我还是倍感安慰。

在每幅画中，我都藏了五个与原作不同的地方，姐妹俩埋头比对两幅画，在找到问题的地方用笔圈起来作为记号。《小鼹鼠看四季》扉页的右下角，有一只藏在绿叶旁边的青蛙，是她们最后才找到的，我原本很担心女孩们因为难度太高而放弃，没想到女孩们的兴趣逐渐变得浓烈，还不时地对我说：“妈妈，你画得会不会太简单了？这么快就让我们找到了。”

“没关系呀，你们找到了我再画新的。”我也是乐此不疲啊。

在《小鼹鼠看四季》的夏天，小鼹鼠躺在绿荫之下，陪着朋友们一起聊天。那幅画中，小鼹鼠的朋友们纷纷出现，我将蜗牛和瓢虫换了位置，将原本趴在树叶旁的独角仙悄悄地移到了小鼹鼠的旁边。

女孩们发挥了侦探的本领，细心地观察每一个细节，将每一张图中的五个不同于原作的地方全都找到了。

我仅拓了绘本中的三页内容，女孩们为了找出这三页共十五处的不同，花费了长达一小时的时间，而在找茬的过程里，我又趁机将故事慢慢地讲了一次，期间，女孩们就不再用她们的小手快速翻动绘本的画页了。

故事讲完了，女孩们还意犹未尽，她们希望我将书中的其他页都拓下来，还跟我商量："妈妈，你可以把难度再提高一点，不要只有五个地方，可以再多一点……"

我用"大家来找茬"游戏将故事完整地讲了若干回，她们在重复听故事的过程中，通过小鼹鼠的眼睛，重新看到了四季的变化，看到了小鼹鼠怀着珍惜和感恩的心，更看到了人类与大自然的紧密连接。

因为我的画功的确不太好，且照画拓下来再着色实在太耗费时间，于是我用了一个更好的方法：将书中的图拍照，一幅是原作，另一幅则是用修图软件将某些人物或背景用马赛克巧妙地处理，用两幅画做对比，这是个非常实用的方法。当然，大女儿也会上阵，以她特有的角度和逻辑，在自己完成创作之余，还能让我和妹妹都参与其中。

有个小小经验要分享哦，"大家来找茬"仅仅是家长在陪读中的一个游戏环节，其目的是让孩子们深入了解绘图者在创作时的用心，以读懂故事为原则，千万别在"到底藏在哪儿"一事上较真，不要模糊了陪伴孩子们读一本书的重点。

我们的重点依旧是，如何陪伴孩子用 N 种方式去读懂一个故事带给我们的感动。

不只是为读而读

成为小学一年级新生的大女儿常常跟我分享她的崭新生活："妈妈，你知道吗？我们的图书馆有很多的书！"女儿把她新办的阅读证递给我，说："我有自己的阅读证啦！"女儿很开心地拿出一个粉红色封面的本子，一脸神秘地问："你知道这是什么吗？"

"是什么？"我好奇地问。

"阅读存折！"

原来学校为了培养孩子的阅读能力，制作了一本"阅读存折"，发给了孩子们，只要孩子们每天将读过的书的书名写在存折中，再由老师确认签名，就可以将读过的书像存进银行似的成为孩子们的"财富"，以此让孩子们保持良好的阅读习惯。

自从有了这本"阅读存折"，女儿对书的渴求陡然攀升，每天从学校回到家，都会抱着一大摞书，沙发、书桌、卧室里的床，甚至是厨房的餐椅，都成了她的阅读小天地。每次她读完一本，都会迫不及待地把书名记在"阅读存折"中。女儿从小虽有看书的习惯，但并没有到如此饥渴的程度，看着她的转变，我笑称女儿进入小学后像是被打开了任督二脉，以前虽然也爱好书本，但从来没有如此"深爱"！

有一天，女儿在看绘本《地球之舞》，我对书的内容感到好奇，想在女儿看完后跟她分享一下心得。很快，女儿就合上了书，我很惊讶女儿看书的速度，疑惑地问："你看完了？"

女儿伸着懒腰，一脸骄傲地回应我："对呀，全都看完了。"

“书里讲了什么？”

我满心期待地等着女儿滔滔不绝地跟我谈论她所看到的内容，然而女儿只是淡淡地回答我：“地球。”

“还有呢？”我没有放弃。

女儿打开书本，认真地一字一句读给我听，但对于我提起的关于书中的内容，她并不能顺畅地谈起。这让我意识到，女儿并没有真正读透这本书。

女儿的阅读能力并不是在进入小学后才陡然培养起来的，在此之前，我跟绝大多数妈妈们一样，陪伴孩子们读书，从女孩们牙牙学语时背诵《唐诗三百首》起，就形成了很好的阅读习惯。以前我读一本故事书给女儿听，她心里都藏着无数个“为什么”，自从有了“阅读存折”之后，她虽然阅读量增多，但提出的“为什么”反而慢慢减少了。

一本小小的“阅读存折”具有神奇的魔力，让她有了阅读的目标，但这是一把为孩子打开阅读之门的钥匙吗？还是关闭阅读之门的一把锁，锁住了她对知识的渴求，而被另一种诱惑蒙蔽了呢？

抱着“她真的看过这本书吗？”的疑惑，我开始观察阅读中的女儿，发现她每本书的阅读时间都非常短，当一本书读完后，停留在她记忆中的内容很快被下一本书的内容所覆盖。

经过观察，我终于说出了心里的疑问：“你怎么那么快就读完了一本书？”

“我看书可是很快的！”女儿的语气里带着骄傲，“这样才能把存折存满呀！”

我恍然大悟，接着问：“存满之后可以换什么？”

女儿的眼里透出兴奋的光芒：“一本书就可以换一个点数，妈妈，我现在已经集满 67 点喽，50 点可以换一支铅笔，可是我想集满 100 点，

100 点可以换一支自动铅笔。”

学校为了鼓励孩子们阅读，可谓用心良苦，全班那么多的同学，让老师逐一验收阅读成果是个劳心劳力的大工程，而在那些努力将“阅读存折”存满的孩子中，是真心想从书本中获得知识，还是仅仅想集满 100 点换取自动铅笔呢?

第二天，趁着女儿正在看书的时候，我又拿起昨天她看过的《地球之舞》，不经意地问她：“这一本书你昨天刚看过，要不要讲给我听，里面讲了什么？”

“地球啊！”女儿的回答真是简单扼要。

“它讲了关于地球的什么内容呢？”

“呃……我忘记了。”

短短几个月的时间，为了将“阅读存折”填满，我跟女儿过去几年创建的阅读世界就这样被一种“恶势力”逐渐瓦解。身为家长的我责无旁贷，在过去的这段时间，在女儿阅读这件事上，我原以为可以放手让她自己成长，我原以为只要给她创造安静的读书环境就足够了，然而，我为她创造了阅读空间，却从未真正了解她从阅读中吸收了多少养分。

我绝对不能再任由她这样发展下去，于是对女儿建议道：“宝贝，从今天起，我们再读一遍‘阅读存折’上的书好不好？”

“不要，我全都读过了。”女儿非常不乐意，她正在往积分 100 点的终极目标迈进!

“对，你读过了，但是你并没有记住书里讲了些什么呀！”

“我没有忘记！不相信，你现在问我啊，我一定都记得。”

我问：“这本书讲地球转向了哪里？”

“转向了月亮？不，转向了哪里？”女儿一脸茫然地问我，“它转向了哪里？”

我指着书里的内容读道："地球将脸转向了太阳，城市苏醒了，在晨光里打呵欠……"

女儿沉默着。

我又问："你愿意跟我把'阅读存折'上的书再读一次吗？"

"那样的话，我就拿不到自动铅笔啦！"

我打开书，告诉女儿："宝贝，读书才不是为了得到什么自动铅笔呢！书是带给我们知识的，它可以让我们学到很多很多知识，你知道吗？光是这本关于地球的书，书里用的词就美得不得了，它不仅教会了我们怎么认识地球身边的各种行星，还教会我们怎么爱地球。"

那天，我陪女儿重新读了一遍《地球之舞》，这趟阅读之旅很长，欢乐无穷，女儿心底"十万个为什么"的模式似乎被启动了。看完后，女儿说："我觉得像是又看了一本新书！"

"我也时常有这种感觉，你看……"我举起自己书桌上的一本书说，"这本书我都读了好几遍了，可是每次再读，它对于我来说还是一本新书，可以不断地带给我新的东西。所以呀，宝贝，我们读书不是为了增加'阅读存折'的厚度，不是为了填满它，更不是为了自动铅笔，我们是为了自己的兴趣而读书的。"

后来很长一段时间，女儿的"阅读存折"上都没有新增的书名，她把为了增加存折上的数字而读的书又读了好几回，而且每次都有不同的惊喜和感动。

女儿现在即将上小学三年级，我们在"阅读存折"一事中学到了很多东西，阅读不是轻舟落花无痕，不是为了累积读了多少本书，而是要理解和吸收书中的内容。

现在女儿不再是为了读书而读书，而是因为自己真的热爱阅读，并且愿意读懂故事所传达的道理。

前几天，我们还在探讨百慕大三角洲的奥秘呢！

阅读是一幅有趣的记忆拼图

某天晚上，大女儿睡着了，还没有跟周公约会的小女儿来我的房间找我，她满脸委屈地说："妈妈，姐姐把我画得好丑哦。"小女儿伤心地把一张画递给我，"妈妈，你看！"

我接过小女儿递来的画，画中的一个小女孩正在打扫卫生，而另一个人则叉着腰满脸凶悍的样子，似乎在指责小女孩，画中小女孩的脸上写满了委屈，我问女儿："你觉得哪个人是你？"

"我想，应该是那个很凶的吧。"

"为什么呢？"我很好奇，她平常就是姐姐的小跟班，个性乖巧可爱，怎么可能是那个凶悍的角色？

小女孩的回答为我解了惑："因为姐姐不可能把她自己画得那么丑嘛！"

我在心里偷笑小女孩的思维逻辑，我问她："那你是否曾像画里这样让姐姐打扫呢？"

"当然没有啊。"她连忙否认，"我怎么可能这样对姐姐呢？明天早上，你一定要记得帮我问姐姐，问她为什么把我画得那么丑。"

次日早上，我拿出那张画询问大女儿画画的意图，原来大女儿将《灰姑娘》的故事以分场的形式画出来，小女儿拿到的不过是其中一幅，而且很委屈地对号入座了。

消除了姐妹俩的误会后，我也受到了一个新的启发，以前我都是以图画的形式带领她们进入故事世界，现在随着她们年龄的增加，她们阅读的绘本中的字越来越多，故事也变得多元化，我们要不要试着反其道而行之，用画图的方式来还原整个故事呢？

我选择了一本故事很简单的绘本《其实，我想和你玩……》，绘本的正文约十页，每一页的文字虽然少，但都是有故事情节的。在读这本书之前，我很神秘地说：“等一下啊，我们要从故事中开始挖宝大探险哦，所以一定要认真地听故事。”女孩们不知我葫芦里卖的什么药，好奇心使然，她们对接下来的探险充满了期待。

我依旧按平常阅读的速度进行，女孩们好期待接下来的小游戏，每读完一页，小女儿就焦急地问我：“到底读完了吗？我好期待哦，妈妈，你到底要做什么？可以读得再快一点吗？”

“妹妹，我问你，我刚才读的那一页，为什么‘雨越来越大，池塘也越来越大了呢’？”

小女儿一脸疑惑地看着我问：“你刚才读到这一页了吗？”

大女儿回想着反问：“读到啦！妈妈刚才读到，池塘为什么变大，是不是因为雨水越来越多了？”

“姐姐好棒哦，所以好听的故事不能讲得太快，一定要带着耳朵慢慢地听。”

女孩们终于静下心来认真地听我把故事读完，当我们读完以后，我学习姐姐的方式，把故事里的所有场景和事件都画了下来。虽然我的绘画功力是原图作者的万分之一，但女孩们很赏脸地开始了我们的探险之旅。

我画的画并没有标注页码，我将它们平摊在书桌上，希望女孩们可以依照刚才所听的故事顺序，将画像拼图一样拼成一个完整的故事。

因为第一次玩这个游戏，女孩们都有点忐忑，大女儿不安地拿起画又放下，对自己的记忆非常没有把握，我给出了提示：“故事刚开始的时候，是什么慢慢地飘过来了，才会下起毛毛雨呢？”

“是一小片乌云！”女孩们将乌云的图片拿在手里，很顺利地找到了第二、三、四片拼图，并将记忆重新整理，将我刚才讲的故事完整地拼了出来。

“太棒了！给自己拍手鼓励一下！”

女孩们的笑意在嘴角扬起。紧接着，大女儿开始说话了：“可是这些不算是探险吧？”

“对呀，太简单了。”小女儿也跟着附和。

的确，这么简单，根本就是无惊无险嘛！那就来点刺激的吧，我将刚才画的画反过来放，请女孩们随便抽一张，女孩们面面相觑地说：“这样我们就看不到画的内容，要怎么讲故事啊？”

我解释说：“我们每个人都随便抽一张画，抽到哪一张，就从哪里开始讲故事。”

见女孩们还是疑惑，我先抽出一张画开始讲述故事，小女儿好奇地举手提问：“妈妈，我记得书中故事开始的时候不是这样的。”

“对呀，我们虽然画了故事里的图，但是不一定要照着书里的顺序讲故事，我们试着抽到哪一张，就从哪里讲，看看能不能讲得跟原故事一样，好不好？”

看着小女儿一脸疑惑，我解释说：“就像姐姐画的《灰姑娘》，你也没有看到第一张啊，而只是拿了你感兴趣的一张，现在，你凭感觉抽一张，抽中一张就开始往下讲，看看你讲的还是这个故事吗？”

小女儿在我们的鼓励下挑选了其中的一张画，刚开始她讲得很不顺利，因为她不知道要怎样才能按着抽中的图画把故事完整地讲一次。每当她想放下手中的画时，我都会鼓励她：“讲得很棒啊！你再抽一张试试看，故事是不是就要讲完了？”

在我的鼓励下，女孩们的故事讲得越来越好，我惊喜地发现，她们不管挑中了哪一张，都可以很完整、通顺地将整个故事讲完，原来她们的记忆模式在此时被启动了！

读完一本书，通过拼图的方式将故事重新讲一次，不仅可以让女孩们对故事的印象更深刻，还可以让她们在玩乐的过程中增加姐妹之间的默契。如果妹妹讲得不太完整，姐姐可以快速举手帮妹妹补充；妹妹看着姐姐这样做，也很积极地配合，她会仔细地聆听姐姐讲故事的方式和内容，以便随时补充姐姐的不足！

我们的故事讲得完整有趣，气氛也比前两次来得更欢快！

当这个故事结束之后，女孩们问我："要不要给这个新的探险故事取个名字啊？"

"呃，就叫拼图故事吧！"

"拼图？"

我解释说："用拼图的方式把原本读过的故事再讲一次，能让你们的手和脑都得到训练，妈妈在陪你们一起找拼图的过程中也觉得好有趣，我们今天的拼图故事是不是很棒呢？"

女孩们很兴奋地说："那我们以后常常来玩拼图故事好不好？"

"可是妈妈的画太丑了。"我有自知之明。

"不会呀，我觉得妈妈画得很好啊，我跟妹妹都能看得懂啊！"

"是啊！妈妈最厉害了！"

姐妹俩对我的画丝毫没有嫌弃，这让我放宽了心。后来我想了想，也对，画得是否像似乎也不是重点，带着她们找到阅读的乐趣，让阅读与游戏结合得更密切，才能从孩子的慧眼童心中找到故事的本质。结合了拼图探险的小游戏，让整个故事变成了一块小小的芯片，从此住进了孩子的心灵世界。

道具让阅读变得丰富有趣

希望孩子们爱上阅读，应该是每位家长的心愿，自古不是说“书中自有黄金屋”吗，到底要怎样才能让她们爱上书，知道可以从书里获取无穷的“财富”呢？

年幼的女孩们并不知道这么深的道理，所以我不仅要从她们小时候开始就陪她们读书，还要通过读书将人生的道理传授给她们。在没有养成阅读习惯的初级阶段，孩子们的耐心有限，我常常把书摊开，跟孩子们边读边玩，先生有时候会好奇地问：“这样算是在读书吗？”

“当然。”因为陪孩子们读书的模式已经渐渐形成，我深知她们的喜好和节奏，就像在高速公路上开车一样，我知道何时变换车道，也知道何时躲避准备插道而入的车辆。

先生见我游刃有余地陪伴女孩们读书，也想加入我们，这对于孩子们来说是个快乐的消息。女孩们欢呼着开始挑书，还在牙牙学语的小女儿给爸爸挑了一本《形状之书》，里面都是图，只配有简单的形状介绍。先生看到后自鸣得意地耸耸肩道：“五分钟搞定！”

“不要急，慢慢来……”

先生却不以为然。因为先生体谅我还有未完成的工作，他决定全程带领女孩们读书，我知道他成为超级“读爸”不容易，但人生总要有所尝试。跟女孩们商量之后，我决定先回书房工作，由她们的“读爸”陪她们。

十分钟后，自信满满的“读爸”变成了沮丧落魄的“毒霸”，先生神情疲惫地坐在我面前，好奇地问：“为什么你每次可以读两三个小时？”

“我会利用‘小道具’啊！”

“该不会还要做个手偶吧？那么复杂，我恐怕不太行吧。”

“没关系，书接着读就好。”我轻松回答完，放下手中的工作，走出书房去找女孩们，此时的女孩们已经乐翻了天，玩具箱里的玩具全都被倒在地板上。见到我来，女孩们开始解释：“爸爸把故事读完了。”“对呀，我们都认真听完了！”

如果在此时急于争辩，肯定不会有任何效果，我并不想责怪任何人，我陪女孩们一起坐进了玩具区。

先生充满疑惑地轻声问：“不是要让她们继续读书吗？”

我不动声色地拉过积木箱说：“对呀，现在就在读啦。”

针对孩子的不同时期，读书的方式也要有所调整，况且，那本关于认识形状的书，如果只读五分钟是远远不够的。孩子们看到我陪她们一起玩都很高兴，两个人并排坐在我面前，打开积木箱，从里面翻出了积木。

大女儿问：“妈妈，你想要玩什么呀？要不要堆个房子给你呀？”

牙牙学语的小女儿好奇地看着姐姐问：“房子？”

“对呀！”我拿起不同形状的积木，“你们要不要试试看，从这些不同形状的积木中挑出适合盖房子的吧！”

姐姐保守地选了正方形积木和三角形积木，妹妹则依样画葫芦地参照了姐姐的做法。

“要不要试试别的形状？”我试着问，“再挑一些其他形状的积木，这样不仅可以把房子搭得更高，还可以让它更好看哦，像是一个城堡。”

大女儿拿了圆柱形状的积木，小女儿不再参照姐姐的选择，女孩们都按照各自的意愿搭建着她们想要的房子造型。

“形状如果单一摆放，就只能是圆形或长方形，如果我们把它们组合在一起的话，是不是就可以有无数种变化啦？”

“还会有什么变化？”大女儿好奇地问。

“那我们就要去书里再找答案喽，书里讲到那么多的形状，或许我们根本就没有了解清楚……”

“好，我们继续看书吧！”

先生惊讶地看着我，他万万没想到，我会先跟孩子们一起玩积木，然后利用她们的好奇心再度将她们带回书的世界。

“她们又能够坚持几个十分钟呢？”先生还沉浸在他刚才的沮丧中。

“我也不知道，哪怕只有一分钟的热情也是好的，我要让她们一直保持对读书的热情。”

先生知道多问无益，因为答案总是出乎他的意料，他决定全程参与，看看我到底是用了什么方法让孩子们对已经读过的《形状之书》再度产生热情。

我们又把这本书读了一遍，认识了正方形的开关，具有美感的圆形吊灯，尖尖的高山，还有不规则的心形湖，我们对生活中能接触到的所有形状进行联想，当女孩们对这些形状有了自己的概念之后，我决定动手做道具，让阅读与道具相结合，让内容变得更加丰富有趣。

“道具很难吧？”大女儿问我。

“所以我才需要你们的帮助啊，你们刚才记住了那么多的形状，现在除了帮我找到需要的材料外，还要和我一起想想看，怎么用这些形状来做最完美的道具。”

女孩们顿时觉得她们的存在变得无比重要，两个人都愿意成为我的超级小助手！

“我们做一只恐龙好不好？”这是大女儿的提议。

“乱七八糟的恐龙？”这是小女儿的疑问。

“当然好！只要决定去做，就要努力地做好，不要还没有做就轻易放弃啊！”这是妈妈的鼓励。

“好！我也来帮忙！”爸爸也要加入。

“哇！妹妹，你看，一个人的想法，如果四个人一起去努力，就一定可以实现的！”

小女儿听了之后，虽然似懂非懂地笑着，但她第一个找到了适合的道具，她拿了一个空的牛奶盒给我说：“妈妈，正方形！”

我们开始搜集具有各种形状的物品，牛奶罐、糖果盒、礼物包装盒，甚至是饼干盒都被我们加以利用。当收集完所有的材料后，我再度把决定权交给女孩们，让她们用这些形状拼出一个恐龙的形象。

女孩们的创意超出我的想象，很快，她们的恐龙构图就完成了。我再和她们一起涂上白胶，将所有的盒子粘在一起，由各种形状组成的恐龙就完成啦！

此时，我们的游戏时间已经过去了N个十分钟，这让先生对我刮目相看，他说：“没有想到你利用小小的道具，把孩子们的热情再度抓住了。”

“所以才让你慢慢来，不要急。”我说。

先生早上曾夸口五分钟就搞定一切，此时他笑着说：“原来读书是要让知识渗透进她们的记忆，用时间长短来判断是否读完一本书太肤浅了。”

如果只是泛泛阅读书的内容，她们就无法产生深刻的记忆，我利用道具激发了她们的创意，让她们亲手做，自己想，形状才会像那只小恐龙一样，天衣无缝地进入她们的记忆中。

她们对形状到底有多热爱呢？后来她们又利用各种彩纸，在小恐龙的身上贴满了不同形状的“花衣裳”。

她们对书到底有多热爱呢？

她们会说：“我要认真读完，等一下才能跟妈妈一起完成道具。”

让她读，不如陪她一起读

跟朋友聊天，朋友感叹：“现在的孩子命真好，家长挖空心思地想把最好的一切给孩子，为孩子创造优良的读书环境，时刻观察童书的出版动态，只要有新的童书，恨不得第一时间交到孩子的手里。”可是尽管做得如此充分，她还是忍不住抱怨：“她根本不爱看书！每次都是草草翻过就算读完了！我已经尽力挑选好书了，要知道我挑的书都是有口碑的，是蝉联畅销榜榜首的好书！我为她打造的书房不亚于书城！”

相信普天下的妈妈都是一样的，都渴望孩子拥有无敌的智慧，而阅读无疑是认识人生和宇宙最实用的方法，我们要尽自己所能去培养孩子的阅读能力。现今社会信息发达，孩子们拥有丰富的阅读资源，童书五花八门，坐拥书城，简直堪称拥有整个宇宙，好像世界上所有的奥秘都可以在书中找到答案，但是孩子们身处网络时代，各种娱乐游戏随时都在“绑架”孩子们对于阅读的兴趣，我们要怎样才能让孩子们爱上阅读呢？如何让他们持续地保持阅读的热情呢？

正当我若有所思时，朋友问我：“到底是哪里出了问题？”

面对朋友，我替孩子们说了句心里话：“孩子们坐拥书城，但真的是有兴趣读那些书吗？”

听到我的回答，朋友快要吐血了，她瞪着眼睛，难以置信地看着我说：“怎么可能？我花钱为她创造了一切，就是希望她好好读每一本书！为什么那么困难？”

“她或许对读书并没有兴趣呢？”

朋友笑起来：“读书要什么兴趣，照着读就好啦，不然你会怎么做？”

“陪她一起读。”

朋友耸耸肩：“我可没有那么多时间，我要工作啊！”

“你别小看这五个字哦，陪她一起读，往往受益的还是我们呢！我在陪女孩们读书的时候学到了很多东西，而且让她们爱上阅读，是有窍门的！”

我邀请朋友参加我跟女儿们的读书会，朋友推托没有空，我转而邀请她的女儿小兔一起参加，朋友临时改变主意决定加入，不过撂下一句话：“我倒要看看你是怎么把读书会变成马戏团的。”

读书会当然不能变成马戏团，但会是一场很奇妙的探险之旅，因为谁也不知道孩子们会为我们创造什么样的惊喜。

我还记得那天下午，我们选读的是一本文字简短、画风唯美的绘本《我会做任何事》，朋友对于我挑选的书籍感到疑惑，她随手翻了翻说：“双双，我觉得三分钟就可以读完这本书了。”

“三个小时都读不完呢。”

朋友惊呼：“怎么可能？”

“阿姨，真的有可能哦！”大女儿此时已经主动倒水招呼新朋友坐下。

我们从第一页开始读：“我长大以后，可以做什么呢？”

女孩们由此开始了无限的畅想，各自表达了长大后可以做的事情。

我继续提问：“‘可以’做什么跟‘想’做什么，这两者不同哦。”我请她们继续发散思维，由此延伸出这两个词汇可能用到的地方。

“我可以摸到姐姐的头，因为我长高了。”

“我想摸到姐姐的头，可是我还不够高。”

这两句就将“可以”与“想”完全地区分开了，一旦我举出一个例子，孩子们脑袋里就有无数个词汇，像雨点一样啪啪地掉下来。朋友的女儿小兔个性比较害羞，对于我的提问只是腼腆一笑，还没有开始参与回答。

朋友开始着急了，她把话题丢给了小兔：“宝贝，双双阿姨在问，你怎么不回答呢？‘可以’跟‘想’，你想到了什么？”

小兔低着头不回答，朋友的火暴脾气被点燃了：“你怎么不说话！”

“不着急，这本书里藏了很多的问题呢！”

在孩子们第一轮激烈讨论后，我们将书翻到了第二页：“世界上有那么多的工作，哪一个才是最适合你的呢？”

看我的两个女儿依旧开始抢答，朋友用眼神示意小兔：“赶快跟着抢答呀！”

小兔轻轻地回答：“我觉得画画的工作适合我。”

朋友开始吧啦吧啦地数落小兔：“有那么多选项，你怎么选了画画？你看双双阿姨的孩子们选得多好啊！”

我把朋友带出房间说：“你怎么啦？那么激动，我们现在的问题都是在‘假设’，我们在进行创意想象，你不觉得这是很亲密的亲子互动时间吗？”

我只好请我的朋友待在另一个房间里，我跟孩子们继续在文字世界中探险。书中列举了各种工作，针对每一项工作，我们都做了非常棒的联想，甚至将工作时的表情等场景全都假想出来。小兔终于不再觉得拘束，加入了我们快乐的读书时光，我的朋友终于耐不住性子，决定再次加入我们。

那个下午的读书时光很愉快，我们的阅读不再只是停留在表面，而是开展了“十万个为什么”的探究。

为什么书中列举了这些工作？还有哪些工作是作者没有想到的呢？

我让孩子们开动自己的小脑瓜，让她们想一些作者没有提到的工作。孩子们又开始争先恐后地列举。

最后，我们挑了一些工作，假设我们是书中的人物，在工作中将会遇到什么困难？我们遇到了什么人和什么事？又该如何解决呢？

给孩子们讲完这个故事，竟比原本预计的三小时还要长，而且经历了犹如过山洞般的惊奇冒险，我们相约找时间再来酣畅淋漓地读一次！

朋友对我们阅读的方式感到新鲜有趣，但对最后一条“重新读一次”感到困惑不解：“你已经把刚才那个故事读得够透彻啦，为什么还要重新读一次浪费时间呢？”

我却摇头说：“怎么会浪费时间呢？书里一定有我们错过的，或许有一些宝藏被我们忽略了！”

不久以后，小兔再次和我们一起读书，我选的依旧是与上次相同的一本书。刚开始的时候，朋友觉得乏味，对讨论的问题也兴致索然，但孩子们的眼睛竟然越来越亮，欢呼声也越来越响，跟着孩子们的脚步，我们似乎又获得了一个新的故事，而且小兔的思维也更加活泼！

朋友惊喜地问我：“怎么可能？”

“坐拥书城却无人陪伴，无人分享阅读的乐趣，是毫无兴致的。相反，有一本令她感动的书，还有人陪伴共同阅读讨论，她不仅可以背得滚瓜烂熟，还可以在原来的故事中不断地加入新故事，加入自己的创意和思想，让故事延伸出更多的道理。有时候，书不在多寡，也许一本就足够了。”

“我下次在家里让她试试来读这本书！”朋友很好奇地拿过书说，“这本书的魔力真的这么强吗？”

我笑着说：“魔力不在书，而是你与其让她读，不如陪她一起读。”

书中的世界实在太奇妙，简直就是一个巨大的宝藏，它不仅包括纸面上的图画和文字，而且可以让我们通过故事的轮廓，描绘出我们最想要的颜色。陪伴孩子们阅读，不仅收获了稳固的亲情，还让孩子们的阅读智慧得到增长，还能让孩子们获得文字表达能力，以及更丰沛的创意和情感。

孩子的童年多么短暂，家长不要只是给孩子一座书城，让他孤独地与书为伴，而阻隔了最亲密的亲子互动与交流。陪孩子一起阅读，跟他一起与书为伴，以书为媒介，让我们再度认识彼此，以书为桥梁，走进孩子成长的新世界，也走进他的心里。

我的好朋友丁丁是资深的育儿图书策划人，她一直都很想独立策划一本陪伴孩子们阅读的书。当初我把我这篇稿子发给丁丁看，她眼前一亮，她觉得我陪伴孩子们阅读的方式不仅独特，而且与她所接触过的育儿书有所不同。

我的书中，不仅记录了我与女孩们的互动，还分享了我引导她们看待事物的态度以及如何阅读的N种方法。

希望看到这篇文章的您，也能为之眼前一亮，并从中找到属于自己的独特伴读方式。

人生有很多小道理，都藏在这个苹果派里

为了鼓励女孩们多看书，我将阅读比喻成一条食物链，她们从图书中寻找自己想要的内容，就像在寻找自己需要的食物，她们将那些内容消化了再吸收，留在脑海里的就成了她们的养分，让她们的内心逐渐变得更加丰富，就像食物让她们的身体变得更加强壮一样。

女孩们常把这一本书比作她们的甜点，而那一本书则是她们的挚爱玉米浓汤。虽然我实在弄不清楚她们是如何区分的，但女孩们的心思，又何必去猜呢?

有一次，台风来袭，我们闲来无事，难得有这样的宁静时刻，我们索性各自捧一本书在沙发上看起来。窗外是滂沱大雨， 屋内静谧的气氛显得格外温馨，女孩们看书时不断发出的咯咯笑声就像一首欢快的乐曲。

就在我埋头看书的时候，小女儿捧着绘本《环游世界做苹果派》走过来，给我介绍她刚看完的绘本故事：“妈妈，你看看这一本书，我相信你一定会很喜欢。”

“哦，这个故事讲什么？”

“这本书讲的是一个女孩为了要做一个苹果派而环游世界。 她必须收集到做苹果派的所有食材，她选用的都是当地最新鲜的食材，女孩为了找到世界上最好吃的肉桂粉，不远万里来到了斯里兰卡……”

“听起来好有趣，我也想看。”大女儿也围坐了过来。

“姐姐，我们读故事给妈妈听好不好？妈妈也没有读过这本书呢。”

就这样，我成了那天最大的受益者，听女孩们给我讲故事。女孩们将故事读给我听时，不知是台风带来了清凉，还是女孩们阅读的声音太动听，我闭上眼睛听着，突然觉得自己的嗅觉被打开了，空气中有鲜甜的苹果味、香醇的牛奶味，还有那气味芬芳的肉桂粉……它们蔓延在我的四周，我的指尖仿佛都触碰到那带着温热的苹果派了。

读完绘本的女孩们意犹未尽，我向女孩们提议道："我们要不要也做个苹果派？"

女孩们立刻发出惊呼："妈妈，你会做苹果派吗？"

那时我刚对烘焙产生了浓烈的兴趣，但只会做桂圆蛋糕、烤吐司以及手工饼干，我坦白地告诉女孩："妈妈还不会。"

两个女孩反过来安慰我："没关系，我们可以照着书学着做呀！"

是的，在我迷上烘焙时，也买了好多本烘焙手册，以便随时为我这只菜鸟增添战斗力。

带上烘焙手册，我们就这样欢快地走进厨房，亲手制作我们的苹果派啦！

小女儿负责念出苹果派需要准备的食材，大女儿则依次将食材从冰箱或橱柜中取出，我们按照顺序将所有的食材摆放整齐，接下来就要准备称称它们的重量。

"妈妈，为什么你煮菜的时候从来都没有称重量，做苹果派的时候却要把每一样食材都称一下呢？"小女儿好奇地发问。

我煮菜的时候，油盐酱醋全凭自己的手感，煮汤的时候随意捏起的一撮盐巴会恰到好处，不淡不咸，而我的那些烹饪达人朋友们在厨房准备露一手的时候，我也未见他们真的将每个食材都称重。

其实不仅西式料理书标有食材用量，我们的中式烹饪书中，也都标有几人份以及食材的分量，之所以有如此严谨的用量规定，是因为这些都是给新手读的，如果是一等厨师，他们的味觉就是最好的秤吧。

大女儿还帮我这样分析："其实，用秤的好处还有一个，就是我们要尊重我们称出的重量，也要更加珍惜这些食物，20 克的糖就会让我们的苹果派变得更甜更好吃了。"

"姐姐说得好棒哦。"总是崇拜姐姐的小女儿此时已经拍起了巴掌，还学起了姐姐的口吻，"这颗鸡蛋也能给我们的苹果派加分哦！"

我拿出了家里所剩不多的肉桂粉，小女儿问我："妈妈，这是来自斯里兰卡的肉桂粉吗？"

我拿起肉桂粉的瓶子开始研究："不知道，瓶子上只标注了原产地在印度。"

"好可惜哦，绘本中说斯里兰卡的肉桂粉最好吃。"

大女儿也跟着附和："对呀，还有欧洲的麦子。"

我搂着两个女孩说："作者真的好棒，它列举了每个地方的特产，将做苹果派所需的食材都连成一条线，让女孩可以乘船或飞机去将它们一一获得。那个女孩真的很棒，你们从她的身上看到了什么呢？"

"坚持！"

"很努力，认真！"

"对，做一个苹果派看着似乎很简单，但要做出一个好吃的苹果派，就要历经千辛万苦，女孩乐观积极地去寻找每一种食材，而她所遇到的好心人都会给予她帮助。"我看着她们说，"妈妈知道你们很想做出一个好吃的苹果派，我相信，只要我们用心做，去体验这个过程，做出来的苹果派一定是最好吃的。"

我跟女孩们分享我儿时外婆教我做鸡蛋面的场景："面条是外婆亲手擀的，她往面粉中打了两颗鸡蛋，还在鸡蛋面上放了小青菜，面条的颜色看起来是淡淡的黄色，再配上绿油油的小青菜，清爽好吃，让我至今都回味无穷。外婆的那碗面条，并没有使用欧洲的面粉呀，为什么我却觉得那样好吃呢？”

“因为那是外婆用心去煮的面条。”

如果我说用爱煮出来的食物都特别美味，是不是有点太文艺？但我想传达给女孩们的，同时也是绘本中一直想要传递的道理，就是，如果你想做好一件事情，就尽力去做，做到最好。

所以那个女孩才会带着环游世界的心，去寻找世界上最美好的食材，以便能做出一个好吃的苹果派，然后跟好朋友一起分享。

那天，我们按照书中的食谱，女孩们用稚嫩的小手一点点揉着面团，做出了跟绘本中一样香甜四溢的苹果派，在这个过程中，女孩们互相帮忙，给予彼此最棒的赞美以及适时的鼓励。外面世界的大风大雨与我们无关，与我们相关的，似乎只有那些正等待出炉的苹果派。

而我在陪伴她们共度的时光中所收获的，似乎又不单单是一个苹果派……

文字的奇妙化学作用

曾经有这样的励志口号："给他鱼，不如给他一支钓竿！"道理很简单，与其让人拥有一条鱼，不如给他一支钓竿，以及钓鱼的知识；不是给他鱼吃，而是教他钓鱼的方法。

听到这句口号，我心里有着前所未有的共鸣，内心澎湃且震撼！培养女儿阅读的习惯和能力，又何尝不是给她一支钓竿，教她怎么使用，让她能随时随地从书的海洋里钓出一个故事，丰沛心灵，充实自己，让智慧在她的身上用之不尽。

我虽明白这个道理，但如何让她们读懂文字，读懂每一位作者在创作时的良苦用心呢？

为了让阅读的层次变得更丰富，激发女孩们对文字及故事产生兴趣，让她们对阅读的热情如火苗般持续不灭，我曾经想了很多种方法，比如看图说故事、创意比比看等，但除此之外，如何能够让她们对文字产生更浓烈的情感，知道文字和语言的力量是息息相关的呢？

有一次，我陪女孩们读一本画风唯美的绘本《其实，我想和你玩……》，这本书的文字很简约，全书在讲述一件事情，故事中的人物很少用言语表达自己的内心世界。我突发奇想，除了用看图说故事的方式以外，如果让孩子们仔细观察绘画，是不是也有助于提高她们的观察力，让她们能够快速了解创作者最想表达的故事核心？

没想到，此举竟让我有了更多的收获，文字原来就像有情感与影响力的种子，在此时被我悄悄放进了女孩们的心里。

书中第一页写道：“一朵小乌云飘过来，天空开始下起毛毛雨。”

我问女孩们：“小乌云飘过来，这时候风在哪里？风是呼呼地用尽力气，还是轻轻地吹呢？”

“应该是非常大的力气吧？”大女儿的语气中显然没有太多的自信。

“为什么呢？”我询问。

大女儿沉默了一会儿，低头看着捧在手心的绘本，再度抬起头的时候，她的眼睛闪着亮光：“风应该是微微的，因为天空除了那片乌云以外，其他的颜色都是淡淡的蓝色，草地上没有水珠，所以说明雨才刚刚下。”

我没有想到我提出的一个问题会引起女孩一连串的逻辑思考，看着姐姐如此有兴致地回答问题，妹妹也活泼地朝书中的草地喊话：“蚂蚁宝宝，快点跑哦，下雨喽。”

小女孩的这番话让我觉得很有趣，我问她：“刚才你是代表你自己对蚂蚁宝宝喊话吗？”

小女孩摇摇头：“我应该是那片小乌云吧。”

“那你叫什么名字呀？”我好奇地问。

“我叫毛毛！”

“我们跟着毛毛一起去看看发生了什么事情吧！”

翻到书中的第二页，姐妹俩的观察力更强了，通过文字与绘画的结合，她们了解了动物们身处的环境。此时我在想，既然绘本里都是简单的文字，且毫无对话，那么为何我们不替动物们发言，为阅读再添一笔色彩呢？

在阅读的时候，集眼、耳、心于一体，投入我们的注意力，提高对故事的敏锐度，再加上创意大集合，就会让我们的故事更加活泼有趣。

继续往下读，故事已经进行了一大半，故事中的金鱼很想有人陪它玩，可是它始终不愿意说出自己的心声，后来它终于要开口了，此时我很想听听孩子们的心声，如果她们是故事中的金鱼，会怎么做呢？

“我会睁开眼睛结束午睡，问能不能和它们一起玩游戏！”大女儿的想法较为成熟，在处理事情的时候显得有分寸和有礼貌。

小女儿呢，她的眉微微皱着：“我也不知道哦，我也想跟它们玩，可是我担心它们不理我。”

“你刚才是小乌云，现在要不要当一下小金鱼？我跟姐姐当正在玩的青蛙和小鸟好不好？”

“那我要怎么说，你们才愿意跟我玩呢？”

“你要不要试试？”

在我跟姐姐的期盼中，小女儿有点害羞地询问：“请问，我可以跟你们一起玩吗？”

“好哇！”姐姐的回答声非常清脆。

知道了扮演者心中的答案，那书里的答案是怎样的呢？我跟女孩们同样好奇，我翻开书慢慢地念着：“金鱼终于忍不住了……”

我卖了个关子，气氛变得有些紧张，女孩们开始不断地询问：“它会开口吧？它到底会不会说呢？”

我继续读：“它张开眼睛，生气地对大家说……”

女孩们面面相觑，很好奇小金鱼究竟说了什么。

“你们不要打扰我睡午觉！”

听到这里，女孩们的神情里带着惊讶，妹妹捂着脸说：“它这么说，青蛙和小狗会很难过的。”

“我们来猜猜，它这么说，将会发生什么事情。”

我让女孩们自己捧着书，由她们读接下来发生的事情。

她们发现一句话带来的巨大改变，乌云吓了一跳，缩小了一点；动物们吓了一跳，全都跳出了池塘……

女孩们用惊讶的目光看着我，异口同声地说："它一定很后悔自己说出这样的话吧！"

"它为什么要这样说呢？"

"明明可以说得更好啊！"

原来文字和语言如此神奇，它可以带给我们力量，一句"我爱你"让你得以拥抱身边的人，但一句"不要吵我"足以让所有的人都远离你。

我们都期待孩子可以独立地"钓"出一个内涵丰富的故事，然后与我们分享，但在分享前，我们是不是要先教会孩子握竿的方式？

钓出什么样的鱼取决于孩子握竿的方式。

如果把每个故事都比作一条活泼有趣且藏有秘密的鱼的话，我们的生活就像是变幻莫测的海洋，阅读习惯和能力就像是一支钓竿，那么，教会孩子如何对文字产生感情，让孩子知道文字和语言背后隐藏的巨大力量，不正是我们教孩子握竿的方式吗？随着阅读水平的提高，钓竿的等级也在不断地攀升。

身为家长的你，准备好怎么教宝贝们使用手里的钓竿了吗？

▼
我们来创造一个新故事

有一次机缘巧合，我有幸参与公司内部一档电视剧的故事创作，这部电视剧曾以漫画和卡通剧的方式呈现，集数已经过万，且爆红时间长达二十年。此番以真人的形式搬上荧幕，除了尊重原创之外，我们还需要以现今电视剧的走向，将故事中的人物剧情化，让人物角色更加多元且饱满，为此，我需要时刻沉浸在漫画故事中，同时还要将原漫画故事改编成电视剧情。

因为该漫画和卡通剧集数量惊人，除了晚餐和睡前必须陪孩子们没有看漫画外，其余时间我都在看，在家里看，在上下班路上看，那段时间的我真可以用“疯狂”二字来形容了。

有一次，因为小女儿的幼儿园临时放假，无人陪伴，我只好带她一起到公司开会。我们在开脑力激荡的会议时，小女儿坐在一旁专心画画，她也会停下画笔，带着好奇心听我们究竟在讨论什么。那天回家后，妹妹就迫不及待地跟姐姐分享：“姐姐，你知道吗？妈妈今天在公司讨论的居然是 XXX 漫画。”

大女儿惊讶地看着我：“妈妈，真的吗？为什么会讨论那一部？”

我回答：“因为我们计划把它制作成一部电视剧呀，会有真人来演。”

“好酷！那电视剧里讲的所有事情都跟卡通剧里的一样吗？妈妈，你知道吗？那部卡通剧里面我最喜欢的就是她的同学了……”

“我也喜欢她！对了，妈妈，我还喜欢……”

因为这部卡通剧实在太红了，在亚洲地区可谓无人不知，给女孩们看的电视节目，很多我都过滤过，但唯独这部卡通剧，拥有太多我跟女孩们的共同记忆。我跟女孩们分享我的工作内容，她们觉得将一部卡通剧用真人表演的方式再度呈现是一件很棒的事情，我鼓励她们："宝贝，你们也可以帮妈妈来改编呀。"

女孩们的眼睛里闪着光芒："我们，我们可以吗？"

"只要有足够的创意，不断地想出新的点子，就可以了。"

"什么是点子？"

我说："你们知道《小红帽》的故事吧？如果那天小红帽去外婆家，遇到的不是大灰狼，而是其他的玩伴，那么故事的结局是不是完全不一样了？"

"那她会遇见谁呢？"

"这就需要我们去创造新故事，我们需要安排不同性格的人，并且让小红帽合理地遇见他们，跟他们发生一些小故事，如果要把这个故事讲得完整，就必须有很多创意，也就是不同的点子。"

"所以你们开会的时候，就是在不断地想新点子吗？"

见我点头，女孩们开始摩拳擦掌了，因为创造一个新故事，在她们的眼里是一件非常酷的事！

女孩们刚刚踏入创作空间，我并不打算刚开始就让她们天马行空地凭空想象，我决定选一个绘本作为原故事，让女孩们在这个故事的基础上进行发展和创造，女孩们对于我的提议欣然接受。

我选择的绘本是《早起的一天》，故事讲述的是女孩小珍珠早早就起床了，因为她要帮奶奶的忙，清晨时光，她看到了很多的人和事物，她忙碌了一整天，原来是为了给爷爷庆祝生日，当这个特别的日子结束时，小珍珠也累了，因为她太早起床了。

这个故事的结构简单，书中的人物与事件都不多，也是女孩们从小就喜欢的绘本之一，因为她们喜欢，所以对于书中的人物非常了解，在原故事的基础上再创造一个新故事就比较简单了。

万事开头难，我们在刚开始就遇到了难题，小女儿撇着嘴说："故事都讲完了啊，我们怎么才能创造一个新的故事？"

我鼓励她们："新故事的开始，可以跟原故事一样，全家人都还在熟睡，唯独小珍珠起床了，接下来的故事会怎样发展呢？你们可以想一个点子。"

妹妹走的是保守风，她还在原故事的套路中："小珍珠走进奶奶的房间，因为奶奶也起床了。"

姐姐长妹妹两岁，理解力比较强，她则说："也许小珍珠没去找奶奶，她决定由自己独立完成一件生日礼物，她想要给爷爷一个惊喜！"

"妹妹，你觉得姐姐的点子如何？"

"一点也不好！她明明就是要跟奶奶一起，她还那么小，怎么可能自己独立完成一件生日礼物嘛！我不喜欢！"

大女儿也撇着嘴说："你讲的根本就是原来书中的故事呀，小珍珠起床去找奶奶，那就和原来书中的故事一样了，怎么创造一个新故事呢？"

看着姐妹俩因为意见不合而发生争执，我想起自己初进编剧圈时的往事，身为菜鸟的我不管提出怎样的意见，都会被另一个同事随即否定，会议一度延宕，我也倍感压力，产生很大的挫败感，觉得自己的创意太落后，才会被同事一直否定。

会议的主持人是编剧圈内享有名望的前辈，他开口说："脑力激荡，不断想出创意的人比一直沉默的人更棒。不好的创意，我们可以做出删减，但是沉默的前方是没有路可走的。面对别人苦心想出的创意，即使我们本身不认同，也可以以别人的创意为基础，将相关的点子综合起来，变成更棒的创意。”

前辈语重心长地说：“脑力激荡的时候，最要不得的就是批评，如果你只会不断地否定别人的意见，那么很抱歉，这个会议不需要你，请你出去。”

前辈之所以如此讲话，不是因为他觉得我是个需要给予支持的弱者，而是因为他很清楚，共同创作的前提一定是自由思考，只有融入自由和游戏的氛围，我们的创意才得以释放，跟故事相关的点子才会滚滚而来。

我将自己的工作经验分享给女孩们，让她们知道在脑力激荡前，必须明白的几大原则，女孩们听了之后，果真没有再反驳彼此的意见，她们想出的创意越来越多，不再否定对方提出来的点子，而是学会了肯定对方的意见，然后再补充上自己的想法，让创意更加成熟。

我看到一个新故事慢慢有了雏形，继续鼓励她们：“可以再加入一些疯狂的想法，再想想，看会不会有更好的创意。”

在创意开发中，我发现女孩们有个非常棒的优点，那就是姐妹俩一直耐心地将对方的话听完，如果听不懂，会请对方再详细地说明，不管何时，姐妹俩对彼此的态度都是充满尊敬的，两个女孩在讲完自己的创意之后，也非常尊重我，希望我给予意见，给她们提供帮助。这是姐妹俩很久以来养成的好习惯，也是好的素养与品德，给予彼此尊重和空间，才是合作无间的不二法则。

我沿用了我自己的创作习惯，取一张白纸，将她们创造的故事全都列举出来，并将人物与事件做了连接，我的任务就是将跑题的情节再拉回来，比如主角小珍珠早起之后，要去完成某一件事情，而此时妹妹坚持让小珍珠玩一次荡秋千……

妹妹说："我真的很希望我的故事中可以出现秋千，即使没有玩也没有关系。"

我提议："那我们来想一想，怎么才能让故事中出现秋千的情节？"

在原故事的基础上，女孩们创造了一个新的故事：

"珍珠是个很爱睡懒觉的小姑娘，每次都是最疼爱她的爷爷哄着叫她起床，然而从来不爱早起的小珍珠，最近却常常第一个起床，原来是爷爷快过生日了，小珍珠要准备一个惊喜给爷爷。在早餐店工作的姑姑答应教小珍珠做蛋糕，所以小珍珠每天都要早起去学习。在通往早餐店的路上，小珍珠会路过公园，公园里有小珍珠最爱的秋千，但为了尽快学会做蛋糕，小珍珠每次路过的时候都跟秋千约定，下一次，下一次她一定会坐上去荡一下……小珍珠在学习的过程中，得到了很多人的帮助，当她将亲手制作的蛋糕送给最爱的爷爷时，那种快乐，比她坐在秋千上荡出去的快乐多得多。通过早起，小珍珠发现了早起的好处，还发现，勤劳的人们都早早起床了，小珍珠跟爷爷约定，以后每一天，她都要陪着爷爷早起去运动……"

女孩们将视角转移到小珍珠一个人的身上，通过小珍珠的早起，描写了爷爷与她的情感，而那种想荡秋千却又忍住的心情，充分表现了小珍珠认真负责的态度。改编完这个故事后，她们也将书名做了微调，把《早起的一天》改成了《早起的每一天》。

通过创造一个新的故事，我们发现了脑力激荡的诸多乐趣，也让我们在欢乐互动的氛围中，感受到了共学共创的合作精神。

如何让孩子成为“百科全书”

陪伴女孩们一起看书时，我常常鼓励她们提问，因为通过提问和回答“为什么”可以学到很多知识。女孩们有时候觉得问“为什么”非常有趣，所以不管她们懂或不懂，她们都会一直问：“妈妈，这是为什么呢？”问话时她们仰着头，一双眼睛水汪汪的，显得楚楚可怜，所以即使知道她们是在恶作剧，我也会耐心地回答她们。

除了解答她们所有的问题外，我还让她们去发现生活中的问题，我会尽一切可能去协助她们，帮她们解惑，因此，女孩们一有问题就会找我，我会利用图书和网络帮助女孩们解决难题。

某天我去学校接大女儿放学，她一脸焦虑地对我说：“妈妈，你快看，我们学校门口的这些金橘树都快要死掉了。”

我放眼望去，平日里绿意盎然的金橘树的叶子布满了白色斑点。

大女儿担忧地问我：“它到底怎么了？”

“会不会是太渴了，需要浇水吗？”

“早上刚下了一场雨呀。”女孩跑到金橘树前确认，“妈妈，你看，这泥土还是湿的，叶子上还有水滴。”

我也疑惑道：“难道是下雨让它的土壤变得太潮湿了？”

女孩心疼地抚摸着叶子：“真的好可怜哦，它看起来像是生病了，我们要想办法救救它，妈妈，我们快点回家，你帮我查资料好不好？”

女孩拖着我的手就往家里跑，当我们到家时，碰巧有朋友来访，女孩拉着我的手说：“妈妈，你先帮我查资料嘛，好不好？”

“妈妈要先招呼客人，我先去煮咖啡，你要不要来帮忙？”

大女儿嘟囔着发起了脾气："如果不赶快找到它的病症，那棵树会死掉的！"

我突然想起我曾经给女孩买过植物和动物的百科全书，我提议："宝贝，你之前不是在书店里挑了好几本百科全书吗？你要不要去查查有没有关于金橘的内容？"

"可是那本书很厚呀，要怎么查？"

"那本书有目录呀，你可以从目录中找到有关金橘的条目，就像查字典那样，找到相对应的页码就可以了。"

"好主意！谢谢妈妈！"

女孩迫不及待地跑向书房，没多久，女孩又跑出来说："妈妈，我在那本百科全书里找到了金橘树，书里只介绍它生长的环境，没有说它生病了应该怎么办呀！"

"宝贝，你还记不记得，妈妈有一次去帮倩倩阿姨搬家？"

"记得呀。"

"那回妈妈从阿姨家搬回了很多书，我记得除了漫画以外，还有一些怎么照顾植物的书，那些书在书房最下方的格子里，你去找找看。"

"好！"

当初帮好友倩倩搬家，她家珍藏的书如同大千世界，她有很多书都不要了，爱书如命的我把那些书搬回来，将适合自己的书摆放在大书架上，把其余的书则放置在书柜下方。

"找到了！"女孩欢喜地抱着一本厚厚的书跑出来，她一屁股坐进沙发里，迫不及待地找方法。

前来做客的朋友此时也不闲着，加入到女孩"拯救金橘树"的行动中。不久，女孩就通过书中的索引找到了金橘树的相关介绍，终于找到了方法。原来金橘树叶的白斑是由一种害虫引起的，虫体分布在树干及枝条中，它们的取食使金橘树的树叶出现白色斑点。

女孩从书里查到了防治害虫的方法，她很认真地记在笔记上，说明天要交给老师处理。

朋友看着还在记录笔记的女孩，感慨地说道："她真的好乖巧哦，知道关心植物。"

朋友临行前，还特别嘱咐女孩："你不要太担心了，阿姨相信那些金橘树一定会好起来的。"

此后，每当我去接女孩放学的时候，我都会在那排金橘树前驻足，观察绿叶上是否有斑点，查看它们的土壤状况。而最近呢，树上挂满了深绿色的小金橘，待秋天来临时，它们会慢慢披上橘色彩衣，成为点缀学校的一道风景，成为点亮女孩向往善良和求知的万盏灯火。

有了这次的金橘树事件，我鼓励女孩们发现问题的做法依旧不变，但我不再是她们的字典，我希望她们能够以自己之力，去发现问题，同时也能够找到解决问题的方法。

某天晚上，女孩问了我一个问题："妈妈，你知道八大行星距离太阳从远到近的顺序吗？"

对于文学问题，我或许能说出一二三来，但对于八大行星，我真是不太熟悉。我只能跟女孩说："真不好意思，我不知道啊。"

"哇，妈妈居然也不知道答案！"大女儿听到我的回答觉得很震惊，表情既怀疑又兴奋。

小女儿贴心地维护我："不会的，妈妈什么都会。"

我笑着对小女儿说："妹妹，妈妈真的不知道这个问题的答案。"

小女孩一脸难过地安慰我："妈妈，你不要难过，这问题真的太难了，连我也不会。"

小女儿的安慰让我感到颇为温暖，此时大女儿也说："没关系！我们学校的图书馆有这类书，我明天去找答案。"

第二天女孩回来，兴冲冲地跟我分享她找到的答案。其实在此之前，我已偷偷做了笔记，知道了它们的顺序，为了避免忘记，我把它记在便利贴上，放进我围裙的小口袋里。女孩竟然凭着她的记忆，将围绕太阳运转的八大行星按照距离的远近顺序全都背了出来。

我给女孩拍手道："哇，姐姐，你真的好棒哦，怎么这么快就全记住啦？"

"因为你不会嘛，我想回来告诉你。"

"所以你也算是我的小老师喽。"

"妈妈，你真的愿意让我成为小老师吗？"大女儿仰头看着我。

我一直以来都在等待能让她们自主探索问题答案的机会，我立刻很认真地向她点头："你好，小老师，以后请多多指教。"

直到现在，女孩们依旧具备探险家的精神，发现问题的时候还是会忍不住问我，她们问的问题，我大部分都知道答案，但是我会故作无知状："那是什么？真可惜，我不是特别清楚，你们告诉我好不好？"

女孩们果真没有放弃，她们绞尽脑汁地寻找问题的答案，更棒的是，她们并不是照着课本的原文念给我听，而是将书中的介绍文字转换成日常生活的语言，再解释给我听。

让孩子寻找问题，发现问题，最终去解决它，我们大人虽然需要偶尔"装不懂"，但对于知识的渴求，要和孩子们一样强烈，只有这样，当孩子在给我们讲解答案的时候，我们才不只是简单点头回应。

当孩子对问题解释得不够详尽时，我们可以举手提问："请问这里真的是这样的吗？"等孩子流利清晰地解释完毕，请不要吝啬赞美的语言和拍到手心发红的掌声。

角色扮演让故事主题更清晰

陪伴女孩们阅读渐入佳境，女孩们有了独立创造新故事的经验，我向女孩们建议，何不各自认领书中的一个角色，用自己的风格将那个角色再演绎一次呢？我们选用的第一个故事，是女孩们最喜欢的经典童话《小红帽》，可是在选择角色的时候，两个女孩开始了争执。

“我很想演小红帽。”大女儿说。

小女儿红着眼眶说：“我也想演小红帽呀！姐姐，我有好几顶红色的帽子，我戴着它们去上学的时候，同学们都说我就是小红帽。”

“小红帽不是每个人都可以演的，还需要背台词呢。”大女儿灵敏的反应虽在我的意料之中，但她说的“台词”让我觉得新鲜，这些女孩说不定暗地里已经演了多少回呢。

我出面调停道：“妈妈觉得，你们每个人都可以扮演一次小红帽！”

女孩们对这个提议非常赞同，我便扮演除了小红帽之外的所有角色。

在演这个故事之前，我原本的想法很纯粹，让女孩们照着原来的故事演一遍，只是女孩们对这个故事太熟悉了，要怎样才能玩出新意呢？

我提出了我的想法：“宝贝，我们要不要换一种演法？我们还是演小红帽去外婆家的故事，但是小红帽不能再那么单纯，她不能把自己的安排告诉大灰狼。妈妈会演大灰狼，也会演小红帽的朋友，你们自己去判断我究竟是大灰狼，还是你们真实的朋友，好不好？”

“啊，这个太难了。”小女儿此时打起了退堂鼓，“我怎么知道哪个是我的朋友，哪个是大灰狼要来伤害我呢？”

“我们面对困难的时候要勇于挑战，宝贝，你每一次发现我是大灰狼时，你就可以任意处罚一下大灰狼，好不好？”

小女孩的坏心眼立刻动起来了：“我可以打你的手心吗？可以弹你的额头吗？”她说完又特别强调：“妈妈，我打的可不是你哦，我打的是那只讨厌的大灰狼，我不能让它知道我要去哪里，我要保护外婆，是不是？”

拜托，我也有表演家的精神，我点点头，我们的表演就此开始了。

我以大灰狼之姿登场，跟扮演小红帽的小女儿演起了对手戏。

“你好呀！小红帽。”

“你怎么知道我叫小红帽？你是不是大灰狼？”小女儿的警惕性够高呀。

“我是大灰狼，你好呀，小红帽，森林里谁不认识你呀，大家都说你是个活泼可爱、美丽的姑娘。”

小女儿害羞地低头一笑，脚尖还踮起来在地板上转动，害羞扭捏的神情非常可爱，她低眉道：“谢谢。”

“你穿得这么漂亮，是要去哪里呀？”

“我才不告诉你呢。”

“我今天很无聊，可以跟着你吗？”

“不行。”女孩佯装背上背包躲闪着我。

我突然坐下摸着肚子哀嚎：“好痛呀，小红帽，求求你救救我。”

小女儿果真停住了脚步，她回头看着我问：“你还好吧？”

姐姐在一旁轻声提醒：“妹妹，不要相信它，这个大灰狼是在骗你。”

小女儿气得一跺脚：“哼，要不是姐姐提醒我，我就上当受骗了，我才不会告诉你，我现在要去外婆家看外婆呢！”

小女儿说完这话，自己也反应过来，拍着额头大叫：“救命啊！我怎么可以上当呢？你这个大灰狼。”

“好啦，我们换姐姐饰演小红帽好不好？”

小女儿不忘给姐姐加油打气：“姐姐，你一定不要掉进妈妈的陷阱里哦，她真是太厉害了。”

“放心吧，我一定帮你弹到大灰狼的额头。”

大女儿的自信不是盖的，我用跟妹妹类似的方法想要套出她的话，可是失败了，女孩洒脱地跟我扮演的大灰狼说了声再见，就一溜烟地甩掉了我。

我以大灰狼之姿再度与小红帽在路上“偶遇”，此时我扮演的角色是只小花猫，我靠近小红帽：“喵，小红帽，你好，我是猫咪花花，你还认得我吗？”

没想到大女儿比我还投入：“哇，花花你好，好久不见了，上次我送你的鱼好吃吗？”

“太好吃了……”

大女儿立刻打断我的话：“你是假冒花花的大灰狼，我根本就没有送过你鱼，而且我认识的花花只喜欢吃猫草。”

“说，你到底是不是大灰狼？”

我此时也灵机一动：“你记错啦，我跟我姐姐花花长得很像，我们一只叫晓晓，一只叫花花，她爱吃猫草，我爱吃鱼呀。”

“真的吗？可是你怎么认识我的呢？”小红帽的单纯个性立刻展露无疑。

“我姐姐告诉我，森林里有一个可爱的小女孩，她的名字叫小红帽。小红帽，你现在要去哪里呀？”

果然，女孩对我失去了防备：“我要去看外婆。”

“可不可以带我一起去呢？我可以把我的鱼饼干分享给你哦。”

妹妹在一旁起哄：“姐姐，你就带上它吧，这只叫晓晓的猫咪看起来好可爱呀，它一定不是大灰狼。”

此时，我故作狰狞地扑向女孩：“哇，我是大灰狼！”

两个女孩都觉得我的演出有争议，她们觉得，一旦她们相信我是小红帽的朋友时，我就会露出大灰狼的本色。

“我觉得姐姐最初的防备非常棒，她故意问我一个问题，说我不是她的朋友花花，但当我说我是晓晓的时候，她突然就放松警惕了。可是妈妈还是觉得你们都好棒哦，你们保持了小红帽的个性，小红帽的个性是什么呢？”

“单纯。”女孩们异口同声。

“对，她相信每一个人，不愿意欺骗别人，相信每个人都是她的好朋友，但要怎么从那么多的‘好朋友’中筛选出她的‘真朋友’呢？除了单纯以外，她还需要机智，这样才能成功地救出外婆，是不是？”

此后，我和女孩们又表演了很多版本的《小红帽》，而原本只钟情于演小红帽的女孩们，竟勇于挑战大灰狼的角色，通过编造各种理由来骗取小红帽的信任，而我这个小红帽的扮演者，必须想办法跟女孩们扮演的大灰狼斗智斗勇。

至今，我们已经表演了无数个童话故事，每演一个故事都可以让我们更加了解角色的心声，让故事更生动。另外，我们还看到了故事的主旨和作者所诠释的能量，通过这些能量的引导，女孩们更加了解善恶，会灵活运用自己的思维，机智地保护自己，这虽不是我的初衷，却是我最愿意看到的结果。

阅读带来的改变

我希望用自己的影响力让女孩们从阅读中获得爱，活出别样的丰富人生。至今仍不乏有人问我：“阅读可以带来怎样的改变呢？”这是我在陪伴她们阅读的最初从来没有想过的问题，我不是亲子教育专家，也不愿照本宣科，我只是以一个母亲的本能，将我所有的爱化成各种方式交到女孩的手中，让她们自己转换成需要的养分。

阅读所带来的改变，不仅是给身为人母的我加分，而且让女孩们在学习的道路上永不停歇。我常对女孩们说：“读书是最愉快的成长，而这种成长，不是为了任何人，而是为了你们自己的价值，是为了成为属于自己的‘你’。”

通过阅读，我慢慢地发现，女孩们在面对困难和挫败的时候不再是孤独的，她们还可以向书本求助；我还看到女孩们身心都在成长，从而认识了女孩们内在的灵魂。

有一天，阳光正浓，倾洒在房间的地板上，我打开双臂，踮起脚在房间里来回走动。两岁半的小女儿还没有上幼儿园，每天都在家里跟我玩乐，她看着我的影子突然说：“妈妈，你这样好像天使。”

“天使？”我对女儿的描绘感到好奇。

“你看，你的身边都是光，你的胳膊好像翅膀哦。”

我们见过天使吗？身处穹顶之下的我们虽未见过，却看过各类描述，其中图片及文字描述更是多见，但女儿是如何知道的呢？ 我感到好奇。

“宝贝，你怎么会知道？”

“我在书上看到的。”

原来美丽的词汇就是这样进入了孩童的世界。从此之后，阅读与我们的生活更加密不可分，女孩口中蹦出的字眼常常让我感到惊喜。

还有一次，她陪着我到顶楼去收衣服，因为是白天，我并没有开楼梯间的电灯，女孩循着阶梯而上，顶楼明晃晃的太阳照亮了我们，女孩欢呼着：“妈妈，好神奇哦，阳光刚才用力地‘撞’到了我的眼睛。”

我跟文字打了十多年的交道，如果换了我，我就绝对不会用“撞”这个字眼，但是此话从女孩的嘴里说出来，让阳光具有了生命力。

我们常在阅读中提问，这也为女孩们的逻辑思考带来了很大的进步。

女孩们的皮肤很敏感，尤其是大女儿，只要被蚊虫叮咬就会起包，抓破后更是严重，医生诊断为过敏性湿疹，每次只要有伤口，我们就得小心地帮她处理。某天晚餐时，我们聊到现今人类对于环境的过敏状况，我让女孩们列举了生活中常遇到的过敏原。

大女儿说：“有的人会对尘螨过敏。”

我问：“对，尘螨是什么呢？”

大女儿回答：“我知道，我从书上看到过，它非常小，我们的肉眼看不到它，它会藏在棉被里，床铺下面，潮湿的地方它最喜欢了。”

小女儿则用食指托着下巴：“如果把棉被洗一洗，它们是不是就被水冲跑了？”

“洗完之后还要晒一晒，你们有没有发现，每次被阳光晒过的棉被，都特别特别香。”我回答。

“都是阳光的味道。”大女儿一脸陶醉。

“其实那些香喷喷的味道都是螨虫被杀死的味道。”我话一出口就后悔了，担心把气氛搞坏了。

女孩们却丝毫不介意：“太阳把螨虫烤熟了，我们就不会过敏了。”

小女儿突然提到，她和姐姐的共同朋友小凡哥哥也曾出现过敏症状，小女儿很苦恼地说："我不清楚他对什么东西过敏了！"

大女儿说："我知道，他对所有动物的毛都过敏。"

小女儿问："小凡哥哥告诉你的？"

"不是，我自己想的。"

"你到底是怎么想的？我也好想知道。"

"小凡有次去亲戚家里做客，他的亲戚家养猫，他对猫毛过敏；小凡的妈妈很喜欢狗，他们家却没有养狗，我猜他对狗毛也过敏。"

我表扬女孩："姐姐，你的逻辑很棒。"

"什么叫逻辑？"

"你虽然不知道答案，但是你会用减法，去筛选出正确的答案，你这样的思考方式就是逻辑。"

那天，我跟女孩们讲述了我的父亲，即女孩们的爷爷（我们家没有外孙女一说，也足见我的父亲与两个女孩的感情有多亲密）。父亲的过敏症状是由气候的变化引起的，换季时期是他最痛苦的日子。听我这样说，女孩们不仅对爷爷的状态表达了担忧，还祝愿爷爷不要再受到过敏的困扰。

不久后的一天，大女儿回家兴冲冲地跟我说："妈妈，我想要打电话给爷爷，我有急事要告诉他。"

拨通电话后，女孩跟父亲聊天："爷爷，我跟您讲哦，您要多吃莲藕，这样鼻子就不会一直痒痒，也不会一直流鼻涕，没有莲藕也没有关系，有藕粉吗？用它来泡水喝，要记得哦。"

原来女孩一直惦记着爷爷的过敏情况，她心疼爷爷，特意查了相关的书籍，得知吃莲藕可以改善过敏症状，除此之外，女孩还贴心地提醒爷爷，在过敏期间，不要吃燥热的食物。

原来，图书带给女孩们的不仅是逻辑的思考，还有对亲人的关爱。

从一年级开始，我只教女孩学习的方法，对于女孩的功课，我只负责签名。每次考试前两周，我都会陪女孩一起温习。温习也有小窍门，我会陪她一起读课本，还会总结老师过去几周发的考卷，我们把每一张考卷都过滤一次，若是时间允许，我还会随机出一些题目让她做。

女孩最近在准备期末考试，晚上我陪她在书房温习时，女孩照例将所有的考卷摆放整齐，再将题目分类总结，她指着分类好的题目笑着对我说："妈妈，我跟你讲哦，老师最喜欢出这些数学题了，每次都会考到。"

我分析道："老师之所以会出这些题目，也许是因为这些题目可以让我们打好基础，以后才能更灵活地运用，老师真是用心了。"

我边说边拿过考卷看，果真，女孩分好类的这些题目几乎都出现在每一张考卷里，也正如我所说的，的确都是需要扎实基本功的基础题。

"不仅这些题目会出现，还会有一些陷阱题哦。"

我第一次听女孩这样讲，所以好奇地问："陷阱题？"

"妈妈，你知道吗，老师有时候出'正方形'的题，有时候出'正方体'的题，我们要认真地读题目，这两个题目的答案是完全不一样的。"

我向来对数学没有概念，但是我愿意听女孩的讲解，她拿出一张纸，画出各种形状给我看。

女孩又说："还有一种陷阱题，是把题目的顺序打乱，老师常问我们，正方体有几个边？几个面？几个点？"

"要怎么打乱呢？"

"有的同学不记它有几个边，几个面，几个点，他们只记数字，比如 12 条边，6 个面，8 个点，对应的数字就是 12，6，8，当老师把边、面、点的顺序打乱的时候，他们如果还按原来的顺序回答，就答错了。"

我故意问女孩："所以呢？"

"所以一定要认真读老师出的题目，只有把题目读懂了，才不会答错题。"

我感叹："好深奥哦。"

"不深奥呀，就像是读书，你不是也让我们反复不断地读，才能把内容好好地记下来吗？"

女孩跟我说的这句话，直到现在，我还一直记得。阅读不仅能够让我们的想象力变得丰富，提高我们的逻辑思维能力，让我们具备同理心，还教会我们读懂每一道人生的课题。我似乎为"阅读可以带来怎样的改变"找到了很好的注解。

书籍可以让我们原本贫瘠的内心变得富饶，阅读是生命的探照灯，让孩子们从阅读中找到兴趣，将书中的道理转化为生活习惯，让孩子们更加了解自己。阅读还能将书本转换为身体的能量和学习的能力，还能提高学习的兴趣。阅读所具备的正向特质与潜力会越来越强大……

由误会而起的日记旅程

大女儿学校举办慈善拍卖会，拍卖会上，学生可以将家中闲置的物品拿到学校拍卖，也可以购买点数，十元即买十点，以点数购得拍卖品，当日所得的款项将全数捐给基金会。

女孩回来跟我商量要买多少点数，我问："老师有没有设定最高额度的点数？"

"老师说最多可以买五十点。"

大女儿此时已经有零用钱，我让她自己选择点数的额度，她说助人是快乐之本，就选择了最高额度的五十点，为此我也颇为赞同。第二天女孩放学回来，兴冲冲地跟我分享她的慈善初体验，给我看今天拍回来的"战利品"，有粉色的玩偶熊，三只可以放在手心把玩的小熊，一个斜挎背包，还有一条会发光的项链。单看玩偶熊和项链的价值都不止五十点，我决定在晚餐后找机会问女孩。

晚餐后，照例是我们全家人围坐在一起读书的时光，当故事书读完之后，我问女孩："姐姐，你那个粉色熊好可爱，摸起来非常柔软。"

大女儿一听，立刻跟我分享是怎么得到那只粉色熊的："我觉得我好幸运，那是我玩抽抽乐抽中的，花了十点。"

"那还真是蛮幸运的呢！另外的三只呢？"

"那三只小熊是我同学带来拍卖的，她一直拜托我把它们拍下来，为了那三只小熊，我花了二十个点数。"

我了解了大半点数的去处，那个斜挎包和会发光的项链，单凭二十个点数是换不到的吧？可是当我询问点数的时候，女孩一定会提高警惕，所以我只能改变策略询问："妈妈很喜欢这个发光的项链。"

"妈妈，这是我特别挑来送给你的，来，你低一下头。"

女孩抬高双臂，将那个荧光项链系在了我的脖颈上，即使是在明亮的客厅内，也能看到项链本身的亮光，女孩的贴心举动让我犹豫了片刻，但我还是问出口："宝贝，这个一定花光了你所有的点数吧？"

"花了我四十五点，是所有东西里面点数最多的。"

"十点的抽抽乐，加上三只小熊的二十点，再加上这条项链的四十五点，宝贝，这样的点数加起来等于多少？"

"等于……"女孩突然顿了顿，她开始变得局促不安，头也低下来，不敢看我。

"看着妈妈。"

"妈妈，对不起……"

"你做了什么事情，为什么要跟我说对不起呢？"

"我答应你只买五十点的点数，可是我又答应了我同学一定买她的三只小熊，当我看到这条项链的时候，我又想把它送给你。"

"那你购买的顺序是怎样的？"

"我先买了同学的三只小熊，又去玩了抽抽乐，当我看到那条会发光的项链时，我觉得你一定会喜欢……"

"所以呢？你又买了多少点数？"

女孩不再说话，任我怎么问她都不愿意说。

我趁此机会教育她："妈妈送你的双肩背包，你不喜欢吗？为什么还要去买一个斜挎包呢？"

女孩依旧倔强地不说话。

"我现在问你话，你回答我行吗？"

倔强的金牛座女孩沉默起来是致命的，我的耐心也到达临界点："我现在只是在问你问题，你回答我就好了啊！"

倔强的她，不说就是不说，任我怎样苦口婆心地规劝都无效，我再度看着女孩说："妈妈很感谢你送礼物给我，现在我只是想问你还买了多少点数，为什么不愿意再回答了呢？"

女孩的嘴巴闭得紧紧的。

我跟女孩偶尔会发生这样的冷战，每一次我都忍耐住，劝自己不要发脾气，让自己离开，先去处理别的事情，也给她一个思考的空间，等到双方的情绪都冷静下来再谈问题。

可是这一次，我不想再用这个方法，或者说我不想每一次都由我主动打破这个僵局。我当时不知怎么的，心里冒出一个念头，或许我们家长经常以自己的主观意识来判断对错，却从没有给孩子解释的机会，既然她现在会写字，那么为何不给她一纸一笔，让她记录下今天发生的事情经过呢？

给她一个安静的空间，通过记录，将记忆重新整理，或许能让我更加了解事情的全貌。不仅听女孩的回答，还要看看女孩怎么写。抱着这样的想法，我拿出送给女孩的日记本："姐姐，妈妈没有怪你的意思，既然你不想说，那就把今天发生过的所有事情都写下来，可以吗？"

女孩知道我略带怒意了，她没有拒绝，接过日记本在书桌前写起来。

女孩坐在书桌前，一板一眼地记下了她人生中的首篇日记。

女孩洋洋洒洒地写了满满两页，包括对慈善拍卖会的期待，还有对环境的描写，以及老师对所有同学们慷慨表现的鼓励等。最令我难忘的是，女孩在日记中这样记录，她看到了觉得适合妈妈的项链，原本只是想买差额的点数，但想到可以帮助更多的人，询问老师后得知可以再买五十点的点数，她才毫不犹豫地又选择了五十点。她还写道："看着手中还剩下的点数，不知如何是好，一旁的老师提醒我要将所有的点数用完，我还在犹豫不决，老师们便很贴心地帮我挑选。最后，老师帮我选择了一个斜挎包，老师们都觉得我背起包的样子很漂亮。”

我一直以为女孩在找理由为自己解释，想以此来标榜自己“多伟大”，但其实错的人是我。

我问她：“你当时怎么没给妈妈解释是老师帮你挑的包呢？”

“我怕你生气，一时忘记了。”

“对不起，妈妈刚才错怪你了。”

一个人在生气的时候，的确会忽略很多事情。女孩对于慈善的定义非常清楚，她在日记中写道：“可以帮助别人，是一件多么快乐的事情，帮助别人是为了别人笑，我觉得天都变得更蓝了。”

我从女孩的日记里反省了自己，告诫自己遇到事情不要急，给她时间慢慢思考和表达，等她理顺了思绪，再将来龙去脉解释给我听，而在这个解释的过程中，我必须保持理性，不要加入自己主观的想法，要耐心地听孩子们说完。

有了这次教训之后，我常鼓励女孩拿起笔记录自己的生活，女孩则给自己规定一周至少要写三篇日记。每一次写日记前，女孩都会安静地思考，慢慢地回顾最近发生了什么事情，然后将其记录下来。

有趣的是，我们时常翻看过去的日记，会在日记中发现自己当时的不妥之处，我们可以从中检讨和学习。

我们与文字结缘的旅程，也就此展开了。

女儿的伤心日记

某天，大女儿突然跑来问我："妈妈，你有没有看我的日记？"

"那是你自己的心情日记，我没有看哦。"

得知我没有看她的日记，女儿竟然神情低落地说："你怎么不看呢？那些日记就是写给你看的！"

看到女孩的表情，我问："妈妈可以看吗？"

"当然可以啊！"女儿把日记本递给我。

女儿在日记本里写了什么？是跟我特别相关的事情吗？抱着这样的好奇心，我打开了女儿的日记本，标题是《伤心的一天》。

伤心？我看到这个词觉得很可怕，心想到底发生了什么事情。是因为女儿闯了什么祸，还是因为我做了什么事情惹得女儿不开心？我的脑袋里出现了好多的小问号，密密麻麻，要把我淹没。我继续往下看："我们原本享有快乐的抽抽乐时间，可是最近变得一点也不快乐。我抽到了'看电视一小时'的内容，可是爸妈根本就没有时间陪我；我抽到了'全家人一起出去散步'的内容，可是爸妈根本就没有带我们出去，我好伤心！因为我抽到的事情，他们都没有做到！"

提到抽抽乐，这是我和女儿们自由发挥的小创意，女儿们裁了大小相等的小纸条，然后想出了各项内容，由姐姐负责写下来，她们想出的内容包括帮妈妈捶背十次，拖地一次，全家人外出散步，爸妈陪看电视一小时，晚上可以搂着妈妈睡，写考卷一张，洗碗一周，等等。

女儿们制作完毕，邀请爸妈一起来玩游戏，既然是游戏，就一定要有规则，我跟女孩们约法三章：“虽然是游戏，但我们一定要认真遵守哦，抽中的事情一定得去做，不能反悔！”

女儿直接伸手出来跟我拉钩，还念念有词：“拉钩上吊一百年不许变，拉钩盖章！”

回想跟女儿们玩抽抽乐的时候，刚开始我们都因为新鲜而觉得有趣，但时间长了，我也感到累了。每当女儿们抽中某件事时，我都让她们先记着，几周后的一个周末，女儿开始跟我商讨怎样才能尽快兑现那些抽到的“内容”。

女儿手里举着一沓厚厚的抽中的纸条，她念着：“今晚看电视好不好？我要一次把两个小时全用掉，看完电视我要去散步，把抽中的三份都用掉，我明天要吃你煮的便当，我……”

“姐姐，妈妈最近好忙，没有那么多的时间，怎么可以一次用完你所有的限额呢？”

“可是当时你制订游戏规则的时候没有讲明不可以同时使用啊！”

“可是你抽到三次写考卷，我也没有让你真的一次写三张啊。”

女孩很认真地回答我：“可是我真的把三张考卷写完了。”

我们在“可是”之间徘徊着，女儿沮丧地说：“当初你答应我的嘛！”

“可是妈妈现在每天都很忙啊！而且爸爸也忙，一直在加班，你快要考试了，长时间看电视真的不好……”

“妈！”女孩跺脚抗议，“这是我们当时说好的。”

“好啦，你去看看你的房间是不是需要整理，我还有好多事情没有做完！”

女儿气呼呼地转身走进书房。

这篇日记应该就是在那段时间写的吧？

看到日记的我，是该生气吗？工作焦头烂额却依旧没有完成，一堆家务事等着自己去做，而我们的午餐还完全没有着落，我该大声训斥她吗？或许刚好为自己正窝着的一肚子火找到一个宣泄的出口！

我觉得自己没有资格对一个需要陪伴的女孩发脾气，回想我跟女孩约定要遵守游戏规则，回想女孩跟我许下“拉钩盖章一百年不许变”的誓言，再到她转身走进书房时的一脸失落，我后悔因工作太忙碌而疏于照顾她的内心世界。

更让我觉得惊讶的是，当初是我制订的游戏规则，又怎么可以为自己找那么多冠冕堂皇的借口，来推掉跟女儿们约定好的事情呢？

面对女孩的日记，我庆幸我们之间还有一条沟通的渠道，它让我更清楚地看到自己，更清楚地看到女儿的内心世界，她如此诚恳地向我表达自己心中的感受，她渴望的是被重视和了解，我一定要让她知道，妈妈全都知道了。

“姐姐！”我叫女儿。

“怎么了？”

“我看了你的日记啦！”我扬了扬手里的日记本，走向女孩，她的神情有点紧张，估计在担心妈妈的情绪会不会在此时大爆发。我伸手拍拍她的肩膀说：“妈妈知道你很委屈，来，我们来聊聊天好不好？”

那天的阳光很好，我跟女儿坐在窗前，阳光洒进来，照在她的小脸上，她始终看着我，可能是在观察我脸上是否藏着怒意。

我向她道歉，告诉她我不该一直想着没有完成的工作，而把跟她约定的事情放在一旁。

“妈妈，你不怪我把日记写得那么糟糕？”

“不会呀，还好你写下来了，不然我永远都不知道你心里想什么，妈妈也永远不知道自己错过了什么。”我向她提议，“太阳这么好，我们一起去散步好不好？”

“可是你的工作还没有完成。”女孩竟开始为我担忧了。

“工作晚上还可以再做，但是到了傍晚太阳就要下山喽！我们一起去晒太阳散步好不好？”

那天，牵着女孩们的手外出散步，我们的双眼不只停留在路过的风景上，我还跟她们分享了工作中遇到的很多趣事，还提到了我所遇到的困难。女孩突然伸手拍了拍我的肩膀说：“妈妈，你一定可以的，加油！”

晚上我们回到家，我继续忙着做家务，女孩们主动跟我一起打扫整理，在整理的间隙，女儿突然问我：“你平常上班一定很累吧？”

我很庆幸我跟女孩们之间有日记的沟通方式，让我及时发现自己的错误，及时进行改正，学会对自己承诺过的事情负责，还学会如何跟孩子们通过文字这个渠道进行心灵的沟通。

现在的我们，每周还会玩抽抽乐，彼此相约的事情再也不会赖账，而且我跟女孩们的聊天内容更多了。此后，女孩们都会自发地打扫自己的房间，帮妈妈一起做家务，并且坚持记日记。

前几天，女孩刚写完一篇作文，她将作文念给妹妹听，她念得抑扬顿挫，非常有感情，她在结尾处写道：“我拥有这么好的家人，我好快乐！”

让孩子用自己的语言去记录

因误会而起的日记旅程，其实大女儿记录得断断续续，碰上感兴趣的事情，她倒可以写上满满几页。我深知，文字是发自肺腑的声音，是另一种表达方式，所以我并不急着让她写，免得让这样一个好端端的兴趣变了质。

大女儿常见我坐在电脑前写文章，有时来了兴致就会搬张椅子坐在我旁边，时不时发出一些小感慨：“妈妈，你打字好快哦。”“妈妈，你怎么不写了？还在想主题吗？”

如果我思绪正浓，我会啪啪地敲完脑海里已经想好的情节，等写完了再跟女孩聊聊天；如果我的思绪正处于一片空白，我很乐意停下来，跟她聊聊关于“主题”的话题。女孩们可以给我很多建议，她们的想法天马行空，活泼新鲜，稍做转换就可以成为一个很有趣的情节。往往在热火朝天的畅聊之后，女孩心头也会涌起记录的念头，此时她就会回到她的书桌前，拿着纸笔安静地写起作文。

女孩的第一篇作文，标题是《我的家人》，在她的笔下，爸爸像太阳，是可以给予她温暖的人，每一天都照亮她；妹妹像只调皮的小猴子，因为她活泼可爱，一刻都停不下来；我的父亲，即女孩的爷爷，她形容爷爷像大熊，因为有非常结实的臂膀，可以随时保护她，她非常爱她的爷爷；介绍完爷爷，奶奶自然是要登场了，奶奶在女孩的笔下变成了一只母熊……

看到这里，我忍不住询问：“为什么奶奶会像一只母熊呢？”

"因为爷爷是大熊呀。"

如果照女孩这样的理论，爸爸像太阳，那我又像什么呢？带着这样的好奇心，我继续看下去，她写道："我的妈妈，她很亲切，她是一个厨师，她会煮很多很多好吃的给我和妹妹吃。"

我有点失望地问："为什么你把其他人都形容成动物或太阳，唯独妈妈还是'人'的状态呢？"

"厨师的工作是人来做的吧，而且妈妈煮的菜比厨师煮的还要好吃……"女孩突然眼睛一亮，继续说，"哦，你不像是厨师！"

我以为女孩想到了更好的形容词，满心期待地问："那是什么？"

"你是魔术师，因为不管冰箱里有什么菜，只要我跟妹妹想吃，你就有办法帮我们变出来！"

我点点头："写得很棒。"虽然嘴上这样说，但我的心里颇为介怀，为什么我不是挂在星空中的皎洁月亮，不是给予她温暖的大熊，不是给予她温暖的太阳呢？

我知道我很幼稚，但我无法不在意，我为这件事情闷闷不乐了好几个小时，最后实在憋不住了，我看着大女儿说："你再写一篇描写家人的作文好不好？"

"可是我已经写了呀。"

"宝贝，全家人都在那一篇日记里，我们朝夕相处，每天都发生那么多有趣好玩的事情，光靠这一篇怎么写得完呢？"

女孩对我的话丝毫没有兴趣，她摇摇头："可是我不想写了。"

因为钢琴一事对我造成的影响巨大，我变得小心翼翼，生怕将女孩的另一个兴趣扼杀在摇篮里。我虽然没有再用言语或行动"逼迫"女孩，但心里一刻都没有安分下来，我在等待机会。

不久后，我带女孩们去公园玩，我们原本说好了绕着公园散步五圈，但是小女儿临时耍赖："五圈，好累啊！我不要！"

我悄悄跟大女儿说："你现在观察一下妹妹，看她像什么？"

"像一只赖皮又会撒娇的猴子。"

我故意诱导："你可以用别的词形容哦，不一定非得是猴子吧？"

女孩却将身体蹲低，紧接着迈出步伐，她竟然跑步去了！

我不死心地慢跑着跟上女孩："你要不要考虑我的建议呢？如果你不想写妹妹，你可以写写我呀。你觉得我像什么呢？"

"蝴蝶！"女孩尖叫着。

正当我得意忘形地陶醉时，女孩已经蹲下来观察在草丛中展翅的蝴蝶，原来女孩说的根本不是我，而是真的蝴蝶。

"妈妈，我想好今天回家要写什么主题了，我要写蝴蝶！"

既然孩子是独立的个体，那就按着她的天性成长吧，由着她的喜好去记录，会不会更好呢？我决定不影响女孩，让她自己拿笔记录。

从公园回家后，女孩进入书房，不久就拿着她写好的作文《蝴蝶》给我看。在她的笔下，蝴蝶有了各种颜色，不管是展翅飞翔，还是停留在草地上，女孩都用她自己的感受去描写蝴蝶的心情，她写道："绿色的叶子看起来很美，形状却是尖尖的，蝴蝶的翅膀好脆弱，我很担心它会受伤。"

此时，我庆幸自己没有鲁莽限制女孩记录的主题，也是从那时起，每当女孩想要提笔记录的时候，我都以鼓励为主，让她自己寻找主题，自己记录经历的事情。

不久后，女孩又写了一篇关于蝴蝶的作文，这一次，她自己化身为蝴蝶，在花丛中与勤劳的蜜蜂嬉戏和对话，甚至把自己描写成一个被蜘蛛网捕获的蝴蝶，最终冲破重重难关，重获自由……

"那篇作文写得好吗？"我在心底问过自己，我的回答是："生动、活泼、有趣、有画面感，让人浮想联翩，创意无限。”我觉得，鼓励孩子用自己的思想去记录事件，是多么难能可贵。

在女孩不断记录的过程中，我发现，她的词汇远比我想象得更丰富，因为不受限制，她的想象愈发天马行空，语言表达水平也长进了很多。

有一天，我在房间叠衣服，大女儿有一件白色 T 恤，衣服的中间有一个用粉色绣片拼成的爱心形状，绣片已经开始脱落，在爱心的中间出现了一条白线，我跟女孩相约，彼此都找出一句话来形容这颗爱心。

我说：“我的心破了一个洞。”

大女儿却颇具巧思地说：“我的爱心在笑耶！它的牙齿好白！”

单凭这一点，是不是就不该阻止她用自己的语言去发展呢？

我们不仅要给予她们爱，让她们看到自己的爱心在成长，还要给予她自由的爱，让她在学习的路途上，思想和创意都呈现出飞跃式成长……

附录

▶ Appendix

作者陪伴女儿们阅读的故事书

《糖糖和100只猫》

糖糖想养一只猫，但是糖糖列出了很多的条件：尾巴要长长的、要长得可爱、不能用爪子抓墙壁、不可以随地大小便……结果没有任何一只猫咪愿意跟糖糖回家，直到糖糖遇见第100只猫，糖糖才知道：这个世界上，不是所有的事情都如我们所愿，我们要学习对自己决定的事情负责。这本绘本中不仅有深刻的故事主旨，还可以带领孩子进入数字的世界。

《大嗓门妈妈》

我将这本书特别推荐给各位妈妈。很多妈妈在陪伴孩子成长的过程中，都有情绪失控的时候，我们总以为那样可以教育孩子，可以成功驯养孩子，但其实我们在吼叫的同时，早已让孩子们的身心遭受到惊吓。

我曾经也是那样的企鹅妈妈，说实话，妈妈发脾气，孩子所表现出来的“听话”，只是害怕和不希望妈妈那么生气，但是“听话”并未在此时真正进入孩子的潜意识中。相反，家长及时承认错误，以爱的一点一滴建造孩子的世界，沟通的管道才能永远畅通无阻。读完这本书，记得给孩子一个拥抱，告诉孩子我们有多爱他。

《小琪的房间》

小琪（长发女孩）的房间像一个垃圾箱，这里那里全是东西，有玩具，有书，有糖果纸，有脏袜子……每天早上，妈妈都要帮小琪收拾房间，要是妈妈不来收拾，小琪的房间不知道会变成什么样子。

有一天下午，小琪的好朋友小珍珠（短发女孩）来家里玩，她羡慕地说：“小琪，你的房间好整齐，好干净啊！怪不得你上学期得了整洁奖！”可是，第二天以后，小琪的房间又像平常一样乱糟糟的，直到有一天，小琪到小珍珠家里玩，发现……

亲子共读这本书，不妨用这个故事作为新的转机，挑选家里的一个小角落，妈妈与宝贝一起整理吧！

《超级理发师》

这一天，巴鲁巴鲁先生的店里来了“特别”的客人，他要怎么办呢？拒绝他们，还是……这是一本幽默且具有包容力的绘本，让孩子学习用正向的态度拥抱“意外”。巴鲁巴鲁先生是个亲切温柔的理发师，虽然面对意想不到的状况，但他还是尽力做好自己的工作，给客人最好的服务。孩子可以通过巴鲁巴鲁先生的正向态度，学习如何面对突发状况。除此之外，书中有许多动物，经过巴鲁巴鲁先生的巧手，造型变得可爱有趣，不仅幽默，还能激发孩子的想象力！

《地球之舞》

书中插画用鲜艳的色彩和大色块，抽象地画出了地球的生命力、缤纷与奥妙，以及宇宙的壮阔。以跨页的黑暗地平线、深蓝星空与蓝色光束，让读者瞬间恍如置身在幽深的宇宙里，一切仿佛都变得无边无际，充满了各种可能性。这些画面似乎正对孩子发出一个清楚的邀请信号：“我们已经高高地站在宽广的太空里了，请尽情地想象吧！想象你就是地球！”

《我会做任何事》

翻开绘本，和孩子一起为他们的未来找寻所有的可能！我长大以后，可以做什么呢？孩子对于未来所要从事的各种工作，无不充满想象和期待，这是一本关于希望和梦想的想象之书，它也提醒了我们，生命中充满了无限的可能。让我们带领孩子徜徉在无限的想象中吧！

《其实我想和你玩》

小金鱼在池塘里睡着午觉，这时飘来了一朵小乌云，天空下起了毛毛雨，但是小金鱼毫不在意，依旧安稳地睡着午觉，雨越来越大，池塘也变大了，青蛙们来到池塘边，很开心地扑通跳下水，小金鱼想要和青蛙一起玩，只是说出的话却是……因为没有说出自己内心的想法，小金鱼让自己很苦恼。这个故事告诉我们，真实地说出心里话，我们收获的快乐一定会更多！

《早起的一天》

这本书从清晨写到傍晚家人团聚，在丰盛的晚餐和欢欣的祝福中结束。早起活动和在市场买卖的人群、花店、隐身花草间的虫儿、室内和餐桌的布置等，均见巧妙的安排；而蓝色的拂晓、橙黄的阳光、绿意盎然的花店和红色的聚餐图中，作者成功地用色彩表现沉静清新、光芒耀眼、活力和热闹的气氛，故事温馨，让阅读的孩子体会到家人的珍贵，值得亲子共读。

0~5 岁推荐绘本

《亲爱的动物园》

有一个小小孩想要养宠物，他给动物园写信，动物园寄来了各种宠物，可是都没有他想要养的，直到他收到了一只狗……这个绘本常常被翻阅，从中我们可以认识不同的动物，还可以学习很多形容词。

《好饿的毛毛虫》

这本书充满了诗意，却也不失创意，蝴蝶、绿叶、大地、果实……

作者用充满欢乐的语言带领宝宝进入成长的故事，陪伴阅读的家人还可以跟宝宝一起与书中的毛毛虫互动，认识毛毛虫蜕变成蝴蝶的过程，不仅如此，还可以学到很多与数字相关的知识。

《七只瞎老鼠》

作者很大胆地挑战了黑色背景，暗示七只瞎老鼠的世界是黑暗的，但同时也突显出红、绿、黄、紫、橙、蓝、白七色瞎老鼠的色彩，营造强烈的对比，书中很多造型，如蛇、长矛、峭壁等，通过对触觉的联想，启发孩子们的创意发展。

《我讨厌妈妈》

这本书非常温暖有趣，具有童心，小兔子总是抱怨妈妈，对妈妈有太多不满，其中最令小兔子生气不满的，居然是妈妈不愿意和他结婚！这是一本看似无理取闹却无比温馨的故事书，充满了真挚的情感。这本书颜色活泼，色彩变化大，主人公表情生动，读故事的同时还能看到画面的真实感。

《小金鱼逃走了》

这是一本非常适合亲子共读的绘本，颜色鲜明，形象生动，可以让孩子认识很多物品与形状，书中每一件物品都是生活中必不可少的，如车子、电话、垃圾桶、香蕉、苹果等，而小金鱼究竟藏在哪里呢？

3~7岁推荐绘本

《小鼹鼠看四季》

通过小鼹鼠的眼睛观察四季的变化，绘本不仅画风温馨，文字也充满了诗情画意，更重要的是，小鼹鼠不仅与朋友们分享它所看到的、听见的，而且怀有感恩之心，感谢给自己居住之所且带来四季讯息的大树。

《环游世界做苹果派》

通过阅读这个绘本，可以来一趟世界之旅，每一个国家都有代表性建筑或食物。究竟要搭乘何种交通工具才能到达这些国家呢？我们用带回的最新鲜美味的食材制作的苹果派又是什么滋味呢？我们不仅认识了各种食材，还可以学会在遇到困难时要坚持努力，才能吃到美味可口的苹果派。

《短耳朵罗里》

罗里是只短耳朵的兔子，他担心自己的短耳朵会被伙伴嘲笑，他离开伙伴们去扮演不同的角色，但是不管在任何角色里，罗里都不快乐，当他重回兔子群时，发现伙伴们都知道短耳朵的罗里很聪明，罗里做回自己，它发现做自己最快乐。我们时常为了扮演别人而丢了自己，要记得，做自己才是最快乐的哦。

《不要随便跟陌生人走》

六岁的蕾娜每天都自己上学，妈妈都会叮咛：“不要随便跟陌生人走哦。”作者用轻松诙谐的故事，引出“如何避免遇到坏人”“遇见坏人该怎么办”等比较严肃的儿童安全问题。通过这个故事，我们也可以问问孩子，如果你是蕾娜，你会有哪些方法呢？

《不要随便摸我》

很多家长对孩子的成长环境都有担忧，但孩子的世界天真无邪，我们要如何教孩子保护自己，对那些企图伤害我们的人勇敢说“不”呢？我们要让孩子相信自己，当对方让你有不舒服的感觉时，一定要赶快离开；我们要培养孩子正确的观念，即使真的发生了什么事，也绝对不是你的错，一定要及时告诉父母。

后记

▶ Postscript

你过得好比什么都好

1

创作迈入第十四年，出版逾十本小说，参与了电影及电视剧的创作，我的身份从不谙世事的少女变为拥有两个女孩的母亲。在过往的作品里，可以或多或少地探得我的青春往事，往事如同缓慢流进生命的河流，使得我的文字之舟可以一路航行至今。在我与文字相伴的近五千多个日日夜夜里，我怎会想到有朝一日会出版与我亲爱的女孩们相关的点点滴滴呢？

从未想过，是因为身为母亲的我，觉得陪伴她们成长是自己的本分，更是荣幸，我拥有两个阳光灿烂且独立向上的女孩，她们给我的甜蜜养分是我十年相伴付出的N倍。在多少个乡愁正浓、午夜梦回的时刻，我只要听见她们均匀的呼吸声，感受到她们温热的气息，乡愁的酸涩会神奇地化为一勺蜜，在心里久久不能化开，一如两个女孩对我的爱意。

在我对未来彷徨不清，不知是该继续走文字之路还是另觅他职时，我询问的对象，竟是我的两个女儿。她们给予我的答复让我惊叹，她们尊重我，也看到了我的努力，她们鼓励我继续写作。

机会不经意间就来到眼前。资深育儿图书编辑丁丁，是我相识多年的好友。我们在某次聊天的时候，偶然聊起了亲子书籍，她一直很期待做一本关于阅读的书籍，而我陪伴女孩们阅读的方式与丁丁的理念不谋而合。

巧合的是，女孩在某天读完了我创作的第二本小说，她说，那个故事太悲伤了，女孩询问我能否写一些可以让她跟她的朋友一起看的书。于是，《听孩子说，胜过对孩子说》有了雏形。

记录过往十年与她们相伴的每一时刻，我在书写时，内心丰盛宽阔，不慌不忙，我说过："写跟她们的过往十年，话题有多好，十年的沉淀，怎样都是有滋有味的。"

这些滋味，不仅让我们对于新的人生旅程有了更多的体验与认知，而且从彼此身上获得了正面能量和积极态度。

2

回想初嫁的心，觉得为爱走天涯多么潇洒，直至为人母，才知走天涯的洒脱与日后每每思念父母时的孤寂无助形成了鲜明的对比。然而，父母给予我的爱，一直都是不捆绑，不蛮横，我是那个独立活出生命色彩的双双，他们接受我远嫁异乡的决定，又成为我在异乡努力奋斗的坚强后盾。有的朋友说我的个性中带了果敢，还有朋友说我向来性情坚韧，处事稳重，他们相信不管在何种环境中，我都能够独立安好地生活。但倘若没有父母给予我源源不断的爱，我就不会有如此淡定平和的勇气。而这些勇气，我将它们吸收内化成了另一种养分，又给予了我的女孩们，这算不算是一种家族精神的传承？

我可以很肯定且有底气地说：“算！”

3

《听孩子说，胜过对孩子说》顺利完稿后，出版社的编辑贴心地将排好版的稿件打印出来并寄至台湾请我修改。此时正近元旦，我计划在新年伊始带着女孩们去海边看星星、守日出。然而，计划赶不上变化，小女儿因肺炎住院，跨年之夜，我在病房内依稀可以听见路边的倒计时声及人们的欢呼声，我搂着我的女孩，在心里默默许下了我的新年愿望——希望她们都过得好。健康平安即是好。

凌晨时分，女孩在经历又一轮的发烧流汗后陷入昏睡。我虽疲惫至极，却睡意全无，我打开随身携带的书稿开始修改，这篇后记，从那时候就开始酝酿准备。

女孩住院期间瘦了一大圈，出院当天，我在整理行李，她则坐在床边看着我不发一语。正当我想找话题跟她聊天时，女孩用漆黑的眼眸看着我，开心地说道：“妈妈，我担心你拿不了这么多的行李，不过我已经想出办法了，等一会儿，你拿着行李就好，别牵我的手，这样你就能轻松些。你还有我呢，我也可以帮忙呀！”女孩的话惹人心疼，更让人觉得温暖。

我们总想给孩子整个世界，却不知道，孩子用爱将他的全世界送给了我们。但倘若没有朝夕相伴，我们又怎会拥有这样的深情？

4

2016年的春节，我踏上了回故乡的旅程。与好友相聚近一下午的时光，女孩们跟着哥哥们在另一个房间里玩耍，我们坐在客厅的沙发上聊着彼此的生活，孩子们玩耍的笑声从那个房间漫进了客厅，我们不能免俗地聊起了孩子。

每个父母都希望孩子是独立的个体，然而总有一双隐形的手在背后牵引，不想因孩子而打乱自己原有的生活，再加上双职工家庭的压力等诸多因素，孩子自幼由长辈带大，由此引发的问题层出不穷。说到最后，好友赞叹我的两个女孩，她觉得陪伴是最有爱的给予，她夸赞女孩们温暖，愿意分享，个性惹人疼爱，阿姐在一旁轻声说：“妹妹为了她们，牺牲了太多。”

我想起书中有一篇文章《为了她们，成为更好的人》，我并不认同父母照顾孩子是在“牺牲”自己，拥有孩子之后，我们原本的路只会更加宽广，而相伴她们的时光，成就了人生的圆满，试问世间还有什么可与之媲美？

客厅有冷风顺着窗缝吹来，我的手脚冰凉，孩子们却笑声不断，女孩们在表哥们的打造下完成了变装，她们戴着牛仔帽，胸前背了一把木吉他，清脆的笑声一直从房间飘至客厅，我的寒意顿时消失无踪。

我没有回应阿姐的话。

可是我们同时都笑了。

那一刻的我们都了解，我希望为所爱之人付出一切，永远只会担心自己给的是否足够，而温暖贴心的孩子们，生来就是为了抚慰我们在尘世间这颗逐渐冰冷疲惫的心吧。纵然年华老去，我依旧不愿意用“牺牲”来诠释我过往陪伴她们的时光，因为那是身为母亲的我心甘情愿的。

那天下午，女孩不知做了何事，博得阿姐连声夸赞：“宝贝儿，你真的很棒耶！你是怎么做到的？”

女孩腼腆一笑：“是因为妈妈教得好。”

相伴的时光把她们变得温暖、阳光，这就是最珍贵的爱的蜜方。

5

春节假期进入尾声，我们的行囊已经整理完毕。因为心有不舍而失眠的我在客厅完成了《听孩子说，胜过对孩子说》的最后修改。凌晨五点，客厅水族箱的水持续流动，鱼儿们无忧畅游，客厅的灯光明亮，我在这本书中，看到自己陪伴女孩们成长的十年光阴里，自己心境的成长与转变，对于父母与孩子，有了更深的认知。

人生向来不圆满，总有遗憾，我对父母的想念，纵然飞过万水千山依旧说不尽道不完。假期转瞬即逝，再度道别时，女孩泪洒机场，她紧紧抱住相送的父亲哭得不能自已，父亲原定送我们登机，也因担忧自己的情绪无法控制而临时喊停。回到台湾，我们被温暖亲情左右拥簇的场景陡然间消失，而生活仍然需要继续，父亲知道我多愁善感，特地发来微信安慰："你过得好比什么都好。"

简短的九个字，惹得我红了眼眶，而这九个字，与我在新年病房许下的愿望，竟不谋而合。我相信，孩子好，父母就心安。

我会牵着她们的手，彼此相伴，迎接未来每一个崭新且美好的一天。

6

本书的完成，得益于挚友丁丁不断地帮我调整书的方向，她给的鼓励让我拥有无限的动力。

谢谢好友本本将此书推荐给青岛出版社的尹老师。尹老师为人热情、细致，她推敲每一个文案用词，经常跟我分享其他作者的新书动向。在亲子图书领域，我算是个新人，但是她一直亲切地称呼我为老师，实不敢当。

尹老师不仅尊重我的文字和创作本书的初衷，后续的排版及设计，都以我的喜乐为第一要素，她不计成本地将书中文字特地放大，尹老师的想法很简单："字大，看着疏朗、清亮。"希望每一位阅读此书的朋友，内心亦疏朗、清亮。

谢谢女孩们，在投胎为人的时候，义无反顾地选择了我这个母亲，她们画画，写诗，同样义无反顾，我很欣慰。

谢谢母亲，不断给予我人生正面的力量，教会我不计较，教会我爱的能力。

谢谢父亲，每逢我生活陷入困扰，对未来迷茫之时，不管白天黑夜，他都愿意倾听我内心的声音，总以他的智慧指引我正确的方向。

这本书，因为有了父母的爱、朋友的祝福，爱的力量因而得到更大的延展，由衷地感谢你们。

7

读至后记，此书已画上句点，谢谢每一位阅读此书的读者。不管你拥有何种身份，我们都同样拥有童年、现在和未来，同样有机会成为父亲母亲，祝福你将心妥善安顿，学习爱的能力，要尽自己所能陪伴孩子们阅读，带他们在书海中快乐翱翔。

阅读带给我们的震撼力不容小觑，希望有朝一日，能跟大家面对面聊聊心事，聊聊彼此，聊聊孩子。

谢谢。

王双双

2016 年 11 月于台北

图书在版编目（CIP）数据

听孩子说，胜过对孩子说 / 王双双著. — 青岛 : 青岛出版社, 2016.7
ISBN 978-7-5552-4270-3

Ⅰ. ①听… Ⅱ. ①王… Ⅲ. ①家庭教育 Ⅳ. ①G78

中国版本图书馆CIP数据核字（2016）第166926号

书　　名　听孩子说，胜过对孩子说
著　　者　王双双
出版发行　青岛出版社
社　　址　青岛市海尔路 182 号（266061）
本社网址　http：//www.qdpub.com
邮购电话　13335059110　0532-68068026
责任编辑　尹红侠
责任校对　赵慧慧　王　韵　李靖慧
封面设计　祝玉华
照　　排　青岛乐喜力科技发展有限公司
印　　刷　青岛国彩印刷有限公司
出版日期　2017 年 3 月第 1 版　2018 年 2 月第 1 版第 2 次印刷
开　　本　16 开（710mm × 1000mm）
印　　张　19.5
字　　数　200 千
印　　数　10001-14000
书　　号　ISBN 978-7-5552-4270-3
定　　价　39.80 元
编校印装质量、盗版监督服务电话：4006532017　0532-68068638